今注本二十四史

晋書

一〇

志〔八〕

唐　房玄齡等　撰

梁滿倉　主持校注

中国社会科学出版社

晋書　卷三〇

志第二十

刑法

傳曰："齊之以禮，有耻且格。"[1]刑之不可犯，不若禮之不可逾，則昊歲比於犧年，[2]宜有降矣。若夫穹圓肇判，[3]宵貌攸分，[4]流形播其喜怒，禀氣彰其善惡，則有自然之理焉。念室後刑，[5]衢樽先惠，[6]將以屏除灾害，引導休和，取譬琴瑟，不忘銜策，[7]擬陽秋之成化，若堯舜之爲心也。郊原布肅，[8]軒皇有轡野之師；[9]雷電揚威，高辛有觸山之務。[10]陳乎兵甲而肆諸市朝，具嚴天刑，以懲亂首，論其本意，蓋有不得已而用之者焉。是以丹浦興仁，羽山咸服。[11]而世屬僥倖，事關攸蠹，[12]政失禮微，獄成刑起，則孔子曰："聽訟吾猶人也，必也使無訟乎！"[13]及周氏龔行，却收鋒刃，祖述生成，[14]憲章堯禹，[15]政有膏露，[16]威兼禮樂，或觀辭以明其趣，或傾耳以照其微，或彰善以激其情，或除惡以崇其本。至夫取威定霸，一匡九合，[17]寓言成康，[18]

不由凝網，此所謂酌其遺美，而愛民治國者焉。若乃化蔑彝倫，[19]道睽明慎，則夏癸之虔劉百姓，[20]商辛之毒痡四海，[21]衛鞅之無所自容，[22]韓非之不勝其虐，[23]與夫《甘棠》流咏，未或同歸。秦文初造參夷，[24]始皇加之抽脅，[25]囹圄如市，悲哀盈路。漢王以三章之法以吊之，[26]文帝以刑厝之道以臨之，[27]於時百姓欣然，將逢交泰。而犴逐情遷，[28]科隨意往，獻瓊杯於闕下，[29]徙青衣於蜀路，[30]覆醢裁刑，[31]傾宗致獄。[32]况乃數囚於京兆之夜，[33]五日於長安之市，[34]北闕相引、中都繼及者，[35]亦往往而有焉。而將亡之國，典刑咸棄，刊章以急其憲，[36]適意以寬其網，[37]桓靈之季，不其然歟！魏明帝時，宫室盛興，而期會迫急，[38]有稽限者，帝親召問，言猶在口，身首已分。王肅抗疏曰：[39]“陛下之所行刑，皆宜死之人也。然衆庶不知，將爲倉卒，願陛下下之於吏而暴其罪。均其死也，不污宫掖，不爲搢紳驚惋，不爲遠近所疑。人命至重，難生易殺，氣絶而不續者也，是以聖王重之。孟軻云：‘殺一不辜而取天下者，仁者不爲也。’”

[1]“齊之以禮”句：語出《論語·爲政》。意爲制禮使民齊整，知耻愧而自修。

[2]昊歲比於犧年：少昊時代與伏羲時代相比。少昊，傳説爲黄帝之子。伏羲，又稱庖犧氏、伏戲、伏犧、包犧、宓犧等，即太昊，也作太皞，或稱黄熊氏。神話中人類始祖，八卦創始人。早於少昊。

[3]穹圓肇判：天地初分。穹圓，天，此指天地。肇判，初分。

[4]宵貌攸分：白天黑夜之分。宵，原本、殿本作“肖”，宋本作“宵”，據宋本改。

[5]念室後刑：刑獄放在次位。念室，監獄。念，殿本作“合”。

[6]衢樽先惠：仁政放在首位。衢樽，喻仁政。《淮南子·繆稱訓》：“聖人之道，猶中衢而致尊邪？過者斟酌，多少不同，各得所宜；是故得一人，所以得百人也。”

[7]銜策：馬嚼子和馬鞭。喻强制性約束。

[8]郊原布肅：原野上一片肅殺氣氛。

[9]軒皇有轡野之師：《史記》卷一《五帝本紀》：“蚩尤作亂，不用帝命。於是黄帝乃徵師諸侯，與蚩尤戰於涿鹿之野，遂禽殺蚩尤。”裴駰集解：“黄帝斬蚩尤於中冀，因名其地曰‘絶轡之野’。”

[10]高辛有觸山之務：高辛顯示了巨大的征服力量。高辛，即帝嚳，黄帝之曾孫。

[11]丹浦興仁，羽山咸服：堯征苗舜流放鯀之事。丹浦，丹水之濱，傳説堯征討三苗於丹浦。舜流放鯀至羽山。

[12]事關攸蠹：事情關係到害國害民的人。關，原本、宋本作“闕”，殿本作“關”，據殿本改。

[13]“聽訟吾猶人也”句：《論語·顔淵》：“子曰：聽訟，吾猶人也。（何晏注：包曰：‘與人等。’）必也，使無訟乎！（何晏注：王曰：‘化之在前。’）”

[14]祖述生成：效法天地。生成，指天地。

[15]憲章：效法。

[16]政有膏露：利民之惠政。膏露，即甘露，喻惠政。

[17]一匡九合：春秋齊桓公匡扶天子九合諸侯之功。

[18]成康：周代成王和康王，兩世四十餘年，政局穩定，社會安寧，《史記》卷四《周本紀》稱：“刑錯四十餘年不用”，史稱“成康之治”。

[19]化蔑彝倫：無聲教化世間倫常。蔑，驀然無聲。

［20］夏癸：即夏桀，名履癸。暴虐荒淫。汤起兵伐桀，敗之於鸣条，流死於南巢。　虔劉：搶掠，屠殺。

［21］商辛：即商紂王，名受，號帝辛。　毒痡（pū）：荼毒，殘害。

［22］衛鞅：戰國時衛國人，姓公孫，名鞅，亦稱商鞅。初爲魏相公孫痤家臣，後西入秦國。幫助秦國變法，歷任左庶長、大良造等職。秦惠文王時因遭誣害，起兵反抗，兵敗被殺。商鞅被捕前逃亡，至客舍。客人不知其是商鞅，説："商君之法，舍人無驗者坐之。"商鞅嘆道："嗟乎，爲法之敝一至此哉！"事見《史記》卷六八《商君列傳》。

［23］韓非：戰國末韓國人，師事荀子，法家人物。得秦王賞識，入秦後遭李斯陷害，被下獄。因不勝其虐而服藥自殺。

［24］參夷：誅滅三族。《漢書》卷二三《刑法志》："韓任申子，秦用商鞅，連相坐之法，造參夷之誅。"顏師古注："參夷，夷三族。"

《通典》卷一六三《刑法》記"參夷"之起："秦文公二十年，法初有三族罪。（張晏曰：'父母、兄弟、妻子。'如淳曰：'父族、母族、妻族。'）武公三年，誅三父等而夷三族，以其殺出子。（寧公子三人，長武公，爲太子；次德公；次出子。寧公卒，大庶長弗忌、威壘、三父廢太子，而立出子爲君。後三父等復共殺出子，立武公。）"

［25］抽脅：抽去肋骨使其致死。

［26］三章之法以吊之：指劉邦入關後與秦人約法三章。《漢書》卷二三《刑法志》："漢興，高祖初入關，約法三章曰：'殺人者死，傷人及盗抵罪。'蠲削煩苛，兆民大説。"吊，來，此指使民心歸附。

［27］刑厝：刑措，刑法放置不用。指犯法的人少，幾至没有。

［28］犴（àn）逐情遷：根據心情、情緒來斷獄。犴，牢獄。

［29］獻瓊杯於闕下：事見《史記》卷二八《封禪書》："其明

年，新垣平使人持玉杯，上書闕下獻之。平言上曰：‘闕下有寶玉氣來者。’已視之，果有獻玉杯者，刻曰‘人主延壽’。平又言‘臣候日再中’。居頃之，日却復中。於是始更以十七年爲元年，令天下大酺。平言曰：‘周鼎亡在泗水中，今河溢通泗，臣望東北汾陰直有金寶氣，意周鼎其出乎？兆見不迎則不至。’於是上使使治廟汾陰南，臨河，欲祠出周鼎。人有上書告新垣平所言氣神事皆詐也。下平吏治，誅夷新垣平。”

[30]徙青衣於蜀路：典出《漢書》卷三四《彭越傳》：“陳豨反代地，高帝自往擊之，至邯鄲，徵兵梁。梁王稱病，使使將兵詣邯鄲。高帝怒，使人讓梁王。梁王恐，欲自往謝。其將扈輒曰：‘王始不往，見讓而往，往即爲禽，不如遂發兵反。’梁王不聽，稱病。梁太僕有罪，亡走漢，告梁王與扈輒謀反。於是上使使掩捕梁王，囚之雒陽。有司治反形已具，請論如法。上赦以爲庶人，徙蜀青衣。西至鄭，逢吕后從長安東，欲之雒陽，道見越。越爲吕后泣涕，自言亡罪，願處故昌邑。吕后許諾，詔與俱東。至雒陽，吕后言上曰：‘彭越壯士也，今徙之蜀，此自遺患，不如遂誅之。妾謹與俱來。’於是吕后令其舍人告越復謀反。廷尉奏請，遂夷越宗族。”顔師古注引文穎曰：“青衣，縣名。”徙，流放、流徙、因罪而遷徙。古代刑罰。《尚書·舜典》：“流共工於幽洲。”孔安國傳：“象恭滔天，足以惑世，故流放之。”清沈家本《歷代刑法考》考述晋及前代此刑説：

“遷（亦曰徙。）

“《史記·秦始皇紀》：八年，王弟長安君成蟜將軍擊趙，反，死屯留，軍吏皆斬死，遷其民於臨洮。《正義》：‘言屯留之民被成蟜略衆共反，故遷之於臨洮郡也。’九年，長信侯毐作亂，車裂以徇，滅其宗。及其舍人，輕者爲鬼薪。及奪爵遷蜀四千餘家，家房陵。十二年，文信侯不韋死，竊葬。其舍人臨者，晋人也，逐出之；秦人六百石以上奪爵，遷；五百石以下不臨，遷，勿奪爵。《正義》：‘若是秦人哭臨者，奪其官爵，遷移於房陵。不哭臨不韋者，不奪官爵，亦遷移於房陵。’按：此三事皆有罪而遷。

“《漢書·彭越傳》梁大僕有罪，亡走漢，告梁王與扈輒謀反。於是上使使掩捕梁王，囚之雒陽。有司治反形已具，請論如法。上赦以爲庶人，徙蜀青衣。西至鄭，逢吕后從長安東，欲之雒陽，道見越。越爲吕后泣涕，自言亡罪，願處故昌邑。吕后許諾，詔與俱東。至雒陽，吕后言上曰：‘彭越壯士也，今徙之蜀，此自遺患，不如遂誅之。妾謹與俱來。’於是吕氏令其舍人告越復謀反。廷尉奏請，遂夷越宗族。

“按：漢無流罪，此言徙者，乃由死罪減等，不忍誅而赦之也。越雖未至徙所，而漢世言徙者自越始，此後淮南、濟川諸王皆用此法。雖謀反大逆，亦得減死，親親之誼，與常人不同也。

“《文紀》：六年十一月，淮南王長謀反，廢遷蜀嚴道，死雍。

“按：丞相等奏長所犯不軌當棄市，帝不忍，徙蜀，行至雍，不食而死。

“《武紀》：建元三年，濟川王明坐殺太傅、中傅，廢遷房陵。

“元鼎元年，濟東王彭離有罪，廢徙上庸。

“按：《表》云‘坐殺人’，《傳》云‘昏莫私與其奴亡命少年數十人行剽，殺人取財物以爲好。所殺發覺者百餘人’。

“三年，常山王舜薨。子勃嗣立，有罪，廢徙房陵。

“按：《表》云‘坐憲王喪服奸’。

“《宣紀》：本始四年秋，廣川王去有罪，廢遷上庸，自殺。

“按：本《傳》云：‘悖虐，聽后昭信讒言，燔燒亨煮，生割剥人，拒師之諫，殺其父子。凡殺無辜十六人，至一家母子三人，逆節絶理。其十五人在赦前，大惡仍重。’

“地節四年十二月，清河王年有罪，廢遷房陵。按：《表》云‘坐與同産妹奸’。

“甘露四年夏，廣川王海陽有罪，廢遷房陵。按：《傳》云‘與從弟調等謀殺一家三人，已殺’。

“《元紀》：建昭元年冬，河間王元有罪，廢遷房陵。

“按：《表》云‘坐殺人’。

“《梁孝王武傳》：元始中，立坐與平帝外家中山衛氏交通，新都侯王莽奏廢立爲庶人，徙漢中。立自殺。

“按：立，孝王七世孫。

“《成紀》：永始二年十二月，詔曰：‘前將作大匠萬年知昌陵卑下，不可爲萬歲居，奏請營作，建置郭邑，妄爲巧詐，積土增高，多賦斂繇役，興卒暴之作。卒徒蒙辜，死者連屬，百姓罷極，天下匱竭。萬年佞邪不忠，毒流衆庶，海内怨望，至今不息，雖蒙赦令，不宜居京師。其徙萬年敦煌郡。’

“《哀紀》：建平元年春正月，侍中騎都尉新成侯趙欽、成陽侯趙訢皆有罪，免爲庶人，徙遼西。

“《平紀》：元始二年，遣執金吾候陳茂假以鉦鼓，募汝南、南陽勇敢吏士三百人，諭説江湖賊成重等二百餘人皆自出，送家在所收事。重徙雲陽，賜公田宅。注：‘服虔曰，重，成重也。作賊長帥，故徙之也。’

“《後書·顯宗紀》：永平十三年，楚王英謀反，廢，國除，遷於涇縣，所連及死徙者數千人。

“《阜陵王延傳》：建武十五年封淮陽公，十七年進爵爲王。延性驕奢而遇下嚴烈。永平中，有上書告延與姬兄謝弇及姊館陶主婿駙馬都尉韓光招奸猾，作圖讖，詞祭祝詛。事下案驗，光、弇被殺，辭所連及，死徙者甚衆。有司奏請誅延，顯宗以延罪薄於楚王英，故特加恩，徙爲阜陵王，食二縣。

“《順紀》：永建元年，詔‘坐法當徙，勿徙；亡徒當傳，勿傳’。

“《桓紀》：建和三年五月，詔‘昔孝章皇帝愍前世禁徙，故建初之元，并蒙恩澤，流徙者使還故郡，没入者免爲庶民。先皇德政，可不務乎！其自永建元年迄於今歲，凡諸妖惡，支親從坐，及吏民減死徙邊者，悉歸本郡；唯没入者不從此令’。

“《靈紀》：建寧二年冬十月丁亥，中常侍侯覽諷有司奏前司空虞放、太僕杜密、長樂少府李膺、司隸校尉朱寓、潁川太守巴肅、沛相荀昱、河内太守魏朗、山陽太守翟超皆爲鈎黨，下獄，死者百餘人，妻子徙邊。

"《楊終傳》：建初元年，大旱穀貴，終以爲廣陵、楚、淮陽、濟南之獄，徙者萬數，又遠屯絶域，吏民怨曠，乃上疏曰：'臣聞"善善及子孫，惡惡止其身"，百王常典，不易之道也。秦政酷烈，違牾天心，一人有罪，延及三族。高祖平亂，約法三章。太宗至仁，除去收孥。萬姓廓然，蒙被更生，澤及昆蟲，功垂萬世。陛下聖明，德被四表。今以比年久旱，灾疫未息，躬自菲薄，廣訪失得，三代之隆，無以加焉。臣竊按《春秋》水旱之變，皆應暴急，惠不下流。自永平以來，仍連大獄，有司窮考，轉相牽引，掠拷冤濫，家屬徙邊。加以北征匈奴，西開三十六國，頻年服役，轉輸煩費。又遠屯伊吾、樓蘭、車師、戊己，民懷土思，怨結邊域。傳曰："安土重居，謂之衆庶。"昔殷民近遷洛邑，且猶怨望，何况去中土之肥饒，寄不毛之荒極乎？且南方暑濕，障毒互生。愁困之民，足以感動天地，移變陰陽矣。陛下留念省察，以濟元元。'肅宗下其章。司空第五倫亦同終議。太尉牟融、司徒鮑昱、校書郎班固等難倫，以施行既久，孝子無改父之道，先帝所建，不宜回異。終復上書曰：'秦築長城，功役繁興，胡亥不革，卒亡四海。故孝元棄珠崖之郡，光武絶西域之國，不以介鱗易我衣裳。魯文公毁泉臺，《春秋》譏之曰"先祖爲之而己毁之，不如勿居而已"，以其無妨害於民也。襄公作三軍，昭公舍之，君子大其復古，以爲不舍則有害於民也。今伊吾之役，樓蘭之屯，久而未還，非天意也。'帝從之，聽還徙者，悉罷邊屯。終兄鳳爲郡吏，太守廉范爲州所考，遣鳳候終，終爲范游説，坐徙北地。帝東巡狩，鳳皇黄龍並集，終贊頌嘉瑞，上述祖宗鴻業，凡十五章，奏上，詔貰還故郡。

"按：詔還坐楚、淮陽事徙者四百餘家，令歸本郡。事在二年，見《本紀》。

"《梁竦傳》：後坐兄松事，與弟恭俱徙九真。顯宗後詔聽還本郡。有三男三女，肅宗納其二女，皆爲貴人。小貴人生和帝，竇皇后養以爲子，而竦家私相慶。後諸竇聞之，恐梁氏得志，終爲己害。建初八年，遂譖殺二貴人，而陷竦等以惡逆。詔使漢陽太守鄭據傳考竦罪，死獄中，家屬復徙九真。辭語連及舞陰公主，坐徙新城，使者護守。

"《馬融傳》：先是融有事忤大將軍梁冀旨，冀諷有司奏融在郡貪濁，免官，髡徙朔方。

"《蔡邕傳》：初，邕與司徒劉郃素不相平，叔父衛尉質又與將作大匠陽球有隙。球即中常侍程璜女夫也，璜遂使人飛章言邕、質數以私事請託於郃，郃不聽，邕含隱切，志欲相中。於是下邕、質於洛陽獄，劾以仇怨奉公，議害大臣，大不敬，棄市。事奏，中常侍吕强愍邕無罪，請之，帝亦更思其章，有詔減死一等，與家屬髡鉗徙朔方，不得以赦令除。會明年大赦，乃宥邕還本郡。邕自徙及歸，凡九月焉。

"《魏志·杜畿傳》：子恕爲幽州刺史，加建威將軍，使持節，護烏丸校尉。時征北將軍程喜屯薊，尚書袁侃等戒恕曰：'程申伯處先帝之世，傾田〔國〕讓於青州，足下今俱杖節，使共屯一城，宜深有以待之。'而恕不以爲意。至官未期，有鮮卑大人兒，不由關塞，徑將數十騎詣州，州斬所從來小子一人，無表言上。喜於是劾奏恕，下廷尉，當死，以父畿勤事水死，免爲庶人，徙章武郡。

"《吴志·虞翻傳》：翻性疏直，數有酒失。權與張昭論及神仙，翻指昭曰：'彼皆死人，而語神仙，世豈有仙人邪！'權積怒非一，遂徙翻交州。注：'《吴書》曰，翻雖在徙棄，心不忘國，常憂五溪宜討，以遼東海絶，聽人使來屬，尚不足取，今去入財以求馬，既非國利，又恐無獲。欲諫不敢，作表以示吕岱，岱不報，爲愛憎所白，復徙蒼梧猛陵。'

"按：魏、吴並有徙者，用漢法也。

"《晋書·殷浩傳》：兵敗，桓温上疏罪浩，坐廢爲庶人，徙於東陽之信安縣。

……

“徙

“《史記·始皇紀》：二十八年，始皇南登琅邪，大樂之，留三月。乃徙黔首三萬户琅邪臺下，復十二歲。三十五年，因徙三萬家麗邑，五萬家雲陽，皆復不事十歲。

“按：秦、漢徙民有二端：如秦時成蟜、嫪毐、吕不韋諸事，有罪而遷者也；至二十八年之徙，因樂其地。三十五年，除道，道九原抵雲陽，塹山堙谷，直通之。作阿房宫，或作麗山，因徙民實其中。並與有罪而遷者不同，漢代徙民亦如是。

“《始皇紀》：三十六年，於是始皇卜之，卦得游徙吉。遷北河榆中三萬家。拜爵一級。《正義》：謂北河勝州也。榆中即今勝州榆林縣也。言徙三萬家以應卜卦游徙吉也。

“《六國年表》：始皇三十六年，徙民於北河、榆中，耐徙三處，（《集解》：徐廣曰：‘一作“家”。’）拜爵一級。

“按：此一事也，《表》言徙民，是無罪之人，非特以應卜兆，亦爲實邊計也。

“《漢書·高紀》：五年後九月，徙諸侯子關中。九年十一月，徙齊、楚大族昭氏、屈氏、景氏、懷氏、田氏五姓關中，與利田宅。

“《婁敬傳》：敬從匈奴來，因言：‘匈奴河南白羊、樓煩王，去長安近者七百餘里，輕騎一日一夕可以至。秦中新破，少民，地肥饒，可益實。夫諸侯初起時，非齊諸田，楚昭、屈、景莫與。今陛下雖都關中，實少人。北近胡寇，東有六國强族，一日有變，陛下亦未得安枕而卧也。臣願陛下徙齊諸田，楚昭、屈、景，燕、趙、韓、魏後，及豪傑名家，且實關中。無事，可以備胡；諸侯有變，亦足率以東伐。此强本弱末之術也。’上曰：‘善。’乃使劉敬徙所言關中十餘萬口。注：師古曰：‘今高陵、櫟陽諸田，華陰、好畤諸景，及三輔諸屈、諸懷尚多，皆此時所徙。’

“按：此爲强幹弱枝之計，所徙者並大族也。

"《景紀》：五年春正月，作陽陵邑。（張晏曰：'景帝作壽陵，起邑。'）夏，募民徙陽陵，賜錢二十萬。

"《武紀》：建元二年夏四月，初置茂陵邑。（應劭曰：'武帝自作陵也。'）三年春，賜徙茂陵者户錢二十萬，田二頃。元朔二年，徙郡國豪傑及訾三百萬以上於茂陵。太始元年，徙郡國吏民豪傑於茂陵、雲陵。（師古曰：'此當言雲陽，而傳寫者誤爲陵耳。茂陵帝自所起，而雲陽甘泉所居，故總使徙豪傑也。'）

"《昭紀》：始元三年，募民徙雲陵，賜錢田宅。四年，徙三輔富民雲陵，賜錢户十萬。

"《宣紀》：本始元年春正月，募郡國吏民訾百萬以上徙平陵。（文穎曰：'昭帝陵。'）二年春，以水衡錢爲平陵，徙民起第宅。元康元年春，以杜東原上爲初陵，更名杜縣爲杜陵，徙丞相、將軍、列侯、吏二千石、訾百萬者杜陵。

"《元紀》：永光四年冬十月，以渭城壽陵亭部原上爲初陵。（服虔曰：'元帝所置陵也。'）詔曰：'安土重遷，黎民之性；骨肉相附，人情所願也。頃者有司緣臣子之義，奏徙郡國民以奉園陵，令百姓遠棄先祖墳墓，破業失産，親戚别離，人懷思慕之心，家有不安之意。是以東垂被虚耗之害，關中有無聊之民，非久長之策也。《詩》不云虖："民亦勞止，汔可小康，惠此中國，以綏四方。"今所爲初陵者，勿置縣邑，使天下咸安土樂業，亡有動摇之心。布告天下，令明知之。'又罷先后父母奉邑。

"《成紀》：建始二年，以渭城延陵亭部爲初陵。鴻嘉元年春二月，行幸初陵，赦作徒。以新豐戲鄉爲昌陵縣，奉初陵。二年夏，徙郡國豪傑訾五百萬以上五千户於昌陵。賜丞相、御史、將軍、列侯、公主、中二千石冢地、第宅。（師古曰：'並於昌陵賜之。'）永始元年秋七月，詔曰：'朕執德不固，謀不盡下，過聽將作大匠萬年言昌陵三年可成。作治五年，中陵、司馬殿門内尚未加功。天下虚耗，百姓罷勞，客土疏惡，終不可成。朕惟其難，怛然傷心。夫"過而不改，是爲過矣"。其罷昌陵，及故陵勿徙吏民，令天下

毋有動摇之心。’

“《哀紀》：建平二年七月，以渭城西北原上永陵亭部爲初陵。勿徙郡國民。

“按：漢世作陵徙民，自景帝始。《主父偃傳》又説上曰：‘茂陵初立，天下豪傑兼并之家，亂衆民，皆可徙茂陵，内實京師，外銷奸猾，此所謂不誅而害除。’上又從之。是其初尚爲强本之策，後則侈矣。元帝罷之，甚盛德也。成帝初作昌陵，復徙五千户終以作治，勿成而罷。哀帝義陵，勿復徙民，此制遂廢。洎乎東都，光武陵制儉約，後嗣遵守，與西都殊矣。

“《武紀》：元朔二年春，匈奴入上谷、漁陽，殺略吏民千餘人。遣將軍衛青、李息出雲中，至高闕，遂西至符離，獲首虜數千級。收河南地，置朔方、五原郡。夏，募民徙朔方十萬口。元鼎六年秋，遣浮沮將軍公孫賀出九原，匈河將軍趙破奴出令居，皆二千餘里，不見虜而還。乃分武威、酒泉地置張掖、敦煌郡，徙民以實之。

“按：漢代徙民實邊之策，創自鼂錯。此時河南、匈奴昆邪來降，得其地而無人以實之，邊事終不安也。徙民之策，乃事勢之必當行者，攘外以安内，衛霍之功，豈可没哉？

“《景紀》：元年春正月，詔曰：‘間者歲比不登，民多乏食，夭絶天年，朕甚痛之。郡國或磽陿，無所農桑毄畜；或地饒〔廣〕，薦草莽，水泉利，而不得徙。其議民欲徙寬大地者，聽之。’

“按：此聽民自徙。

“《武紀》：元狩四年冬，有司言關東貧民徙隴西、北地、西河、上郡、會稽凡七十二萬五千口，縣官衣食振業。

“按：此移民就粟。

“元鼎六年，東越王餘善反，攻殺漢將吏。遣横海將軍韓説云云，擊之。元封元年，東越殺王餘善降。詔曰：‘東越險阻反覆，爲後世患，遷其民於江淮間。’遂虚其地。

“按：此慮其恃險爲患而遷之。江淮間能容此衆，其人數必不甚多，可以見當時甌越生聚之未蕃也。

“元封三年，武都氐人反，分徙酒泉郡。注師古曰：‘不盡徙。’

“按：此分徙以離其黨。

“《平紀》：元始二年，起官寺市里，募徙貧民，縣次給食。至徙所，賜田宅什器，假與犁、牛、種、食。又起五里於長安城中，宅二百區，以居貧民。

“按：此王莽擾民之政。

“《後漢書·光武紀》：建武九年，徙雁門吏人於太原。十年，省定襄郡，徙其民於西河。十一年，因隴西太守馬援擊破先零羌，徙致天水、隴西、扶風。十五年二月，徙雁門、代郡、上谷三郡民，置常〔山〕關、居庸關以東。注：‘《前書》曰，代郡有常山關，上谷郡居庸縣有關。時胡寇數犯邊，故徙之。’二十年，省五原郡，徙其吏人置河東。二十三年春正月，南郡蠻叛，遣武威將軍劉尚討破之，徙其種人於江夏。二十六年，南單于遣子入侍，奉奏詣闕。於是雲中、五原、朔方、北地、定襄、雁門、上谷、代八郡民歸於本土。遣謁者分將施刑補理城郭。發遣邊民在中國者，布還諸縣，皆賜以裝錢，轉輸給食。注：‘《東觀記》曰，時城郭丘墟，掃地更爲，上悔前徙之。’

“按：建武時，因邊郡被寇，徙民甚多。南單于歸化之後，八郡之民歸於故土，《東觀記》謂帝悔前此之徙，然事有變遷，亦未可遽咎前徙之誤也。

“《顯宗紀》：永平五年，發遣邊人在內郡者，賜裝錢人二萬。

“《獻紀》：初平元年二月，董卓驅徙京師百姓悉西入關。

……

“放（亦曰蔡）

“《書·舜典》：放驩兜於崇山。傳：‘放，誅也。’疏：‘放者，使之自活。《淮南·修務》篇“放驩兜於三苗”。注“放，棄也”。’

“《孟子》：萬章問曰：‘象日以殺舜爲事，立爲天子則放之，何也？’孟子曰：‘封之也；或曰，放焉。’‘敢問或曰放者，何謂也？’

曰：‘象不得有爲於其國，天子使吏治其國而納其貢稅焉，故謂之放。豈得暴彼民哉？’注：‘象不得施教於其國，天子使吏代其治而納貢賦與之，比諸放也。’

“《書·仲虺之誥》：成湯放桀於南巢。疏：‘桀奔南巢，湯縱而不迫，故稱放也。’

“《孟子》：齊宣王問曰：‘湯放桀，武王伐紂，有諸？’孟子對曰：‘於傳有之。’

“《史記·夏本紀》：湯遂率兵以伐夏桀。桀走鳴條，遂放而死。

“《書·太甲序》：太甲既立，不明，伊尹放諸桐。傳：‘不知朝政，故曰放。’《正義》曰：‘舜放四凶，徙之遠裔。《春秋》“放其大夫，流之他境”。嫌此亦然，故辨之云。不知朝政，故曰放。使之遠離國都，往居墓側，與彼放逐事同，故亦稱放也。’

“《孟子》：公孫丑曰：‘伊尹曰：“予不狎於不順，放太甲於桐，民大悦。太甲賢，又反之，民大悦。”賢者之爲人臣也，其君不賢，則固可放與？’孟子曰：‘有伊尹之志，則可；無伊尹之志，則篡也。’

“《史記·殷本紀》：帝太甲既立三年，不明，暴虐，不遵湯法，亂德，於是伊尹放之於桐宫。

“《周禮·夏官·大司馬》：放弒其君則殘之。注：‘放，逐也。鄭以逐解放，則若季氏逐昭公之類是也。’

“《左傳》：莊六年夏，衛侯入，放公子黔牟於周，放寧跪於秦。注：‘宥之以遠曰放。’

“《春秋》宣元年經：晋放其大夫胥甲父於衛。《公羊傳》：放之者何？猶曰無去是云爾。然則何言爾？近正也。此其爲近正奈何？古者大夫已去，三年待放，君放之非也，大夫待放正也。注：‘古者刑不上大夫，故有罪放之而已。’《穀梁傳》：放猶屏也。稱國以放之，無罪也。注：‘屏，除。’《左傳》注：‘放者，受罪黜免，宥之以遠。’疏：‘《舜典》云，流宥五刑。孔安國云，以流放之，法寬五刑，是放者有罪，當刑而不忍刑之，寬其罪而放棄之也。三諫不從，待放。而去者，彼雖無罪，君不用其言，任令自去，亦是放棄之義。放之與奔，俱是去國，而去情小異。《釋例》曰，奔者，迫窘而去，逃死四鄰，不以禮出也。放者，受罪黜免，宥之以遠也。臣之事君，三諫不從有待放之禮，故《傳》曰義則進，否則奉身而退，迫窘而出奔。及以禮見放，俱去其國，故《傳》通以進爲文。仲尼修《春秋》，又以所稱爲優劣也。言優劣者，放者，君舍其罪，緩步而出，是其優也。奔者，止則懼死，奔馳而出，是其劣也。昭八年，楚人執陳公子招，放之於越。哀三年，蔡人放其大夫公孫獵於吴。與此胥甲父等皆甘心受罪，黜其官位，宥之以適遠方，是實放而書放也。襄二十九年《傳》稱齊公孫蠆、公孫竈放其大夫高止於北燕。書曰'出奔'，罪高止也。高止好以事自爲功，且專，故難及之。彼罪高止，故實放而書奔也。然則文十四年《傳》稱宋高哀不義宋公而出，遂來奔。高哀無罪，亦改放而書奔者。放者，緣遣者之意。爲義奔者，指去國之人立文據，其所往之處，皆是從外來耳。高哀身來至魯，自魯而稱來奔，不書宋人之意，故不得言放，此乃外内之文異耳。叛者，以地適他稱叛入，魯則稱來奔，亦此之類也。

"《左傳》：成四年，晋趙嬰通於趙莊姬。五年春，原、屏放諸齊。

"襄二十九年《傳》：秋九月，齊公孫蠆、公孫竈放其大夫高止於北燕。書曰'出奔'，罪高止也。高止好以事自爲功，且專，故難及之。注：'放者，宥之以遠，實放，書奔，所以示罪。'

"昭元年《傳》：鄭放游楚於吴。

"《春秋》昭八年經：冬十月壬午，楚師滅陳，執陳公子招，放之於越。

"哀三年經：蔡人放其大夫公孫獵於吴。

"《史記·屈原傳》：屈平既嫉之，雖放流，眷顧楚國。頃襄王怒而遷之。《集解》：'《離騷》序曰："遷於江南"。'

"按：屈原是遷而亦曰放。

"《列女傳·貞順》篇：卿大夫外淫者，放。

"《書·蔡仲之命》：惟周公位冢宰，正百工，群叔流言，乃致辟管叔於商，囚蔡叔於郭鄰，以車七乘。

"《左傳》：昭元年，周公殺管叔而蔡蔡叔。杜注：'蔡，放也。'《釋文》：'上"蔡"字，素達反。《説文》作"𣲖"，音同。下蔡叔如字。'疏：'《説文》云，𣲖，散之也。从米殺聲。然則"𣲖"字，殺下米也，𣲖爲放散之義，故訓爲放也。隸書改作，已失本體，"𣲖"字不復可識，寫者全類"蔡"字，至有重爲一"蔡"字，重點以讀之者。定四年《傳》正義同《五經》文字。𣲖，放也。《春秋》多借"蔡"字。'段氏（玉裁）云：'𣲖本謂散米，引伸之，凡放散皆曰𣲖，字訛作"蔡"耳。亦省作"殺"。《齊民要術》凡云"殺米"者，皆"𣲖米"也。《孟子》曰"殺三苗於三危"，即"𣲖三苗"也。'

"按：《説文》：'放，逐也。'《大學》：'唯仁人放流之，迸諸四夷，不與同中國。'屈原遷於江南，《史記》謂之放流，是放、流一義。放者，流之别名也。《周禮·司刑》五刑之法，《書·吕刑》言五刑，並無流之名。以《春秋》經傳考之，周蓋名曰放，或以情減，或以恩降，即《舜典》之流宥。鄭子産執子南而數之有云：'君曰，余不女忍殺，宥女以遠，勉速行乎，無重而罪。'可以見周之放亦由五刑而減降之。其地分遠近，若衛之於周、於秦，晋之於衛、於齊，齊之於燕、鄭，蔡之於吴，楚之於越。或在千里之外，或在九州之外，與馬融三居之説亦堪印證也。

"《禮·王制》：司徒修六禮以節民性，明七教以興民德，齊八政以防淫，一道德以同俗，養耆老以致老，恤孤獨以逮不足，上賢以崇德，簡不肖以絀惡。命鄉簡不帥教者以告，耆老皆朝於庠。元日，習射上功，習鄉上齒，大司徒帥國之俊士與執事焉。不變，命國之右鄉簡不帥教者移之左，命國之左鄉簡不帥教者移之右，如初禮。不變，移之郊，如初禮。（郊，鄉界之外者也，稍出遠之。）不變，移之遂，（遠郊之外曰遂。）如初禮。不變，屏之遠方，終身不齒。（遠方，九州之外。齒，録也。）凡入學以齒，將出學，小胥、大胥、小樂正、簡不帥教者以告於大樂正，大樂正以告於王，王命三公、九卿、大夫、元士皆入學。不變，王親視學。不變，王三日不舉，屏之遠方。西方曰棘，東方曰寄，終身不齒。（棘當爲'僰'。僰之言偪，使之偪寄於夷戎。不屏於南北，爲其太遠。）

"按：前節謂鄉學，後節謂國學。國學之中，王太子、王子、群后之大子、卿大夫元士之適子、國之俊選皆造焉。其不帥教者，雖王子亦屏之，此政教之所以畫一也。然王子而欲實行之，恐亦多阻礙。疏云，王子、公卿之子雖屏夷狄，但居夷狄内畔，故下注云，不屏於南北，爲其太遠，明鄉人則屏於南北也。此亦爲鄭氏斡旋其説耳，然究非整齊畫一之道。《王制》'屏之四方'，鄭注：'屏，猶放去也。'故此條列於此。

"流

"《書·舜典》：流宥五刑。傳：'宥，寬也。以流放之法寬五刑。'《正義》曰：'流謂徙之遠方，放使生活，以流放之法寬縱五刑也。鄭玄云，其輕者，或流放之，四罪是也。王肅云，謂君不忍刑殺，宥之以遠方，然則知此是據狀合刑，而情差可恕，全赦則太輕，致刑即太重，不忍依例刑殺，故完全其體，宥之遠方。應刑不刑，是寬縱之也。'

"朱子曰：'流宥五刑者，其人所犯，合此五刑。而情輕可恕，或因過誤，則全其肢體，不加刀鋸，但流以宥之，屏之遠方，不與同齒，如五流有宅，五宅三居之類。'蔡傳：'宥，寬也，所以待夫罪之稍輕，雖入於五刑，而情可矜，法可疑，與夫親貴勛勞而不可加以刑者，則以此而寬之也。'

"流共工於幽州，放驩兜於崇山，竄三苗於三危，殛鯀於羽山。孔傳：'殛、竄、放、流，皆誅也。'《正義》曰：'《釋言》云，殛，誅也。傳稱流四凶族者，皆是流，而謂之殛、竄、放、流，皆誅者。流者移其居處，若水流然，罪之正名，故先言也。放者使之自活，竄者投棄之名，殛者誅責之稱，俱是流徙，異其文，述作之體也。四者之次，蓋以罪重者先，共工滔天，爲罪之最大，驩兜與之同惡，故以次之。祭法以鯀障洪水，故列諸祀典，功雖不就，爲罪最輕，故後言之。'

"五流有宅，五宅三居。傳：'謂不忍加刑則流放之，若四凶者。五刑之流，各有所居，五居之差有三等之居，大罪四裔，次九州之外，次千里之外。'《正義》曰：'五刑之流，各有所居，謂徙置有處也。五居之差有三等之居，量其罪狀爲遠近之差也。四裔最遠，在四海之表，故大罪四裔，謂不犯死罪也。故《周禮·調人職》云"父之仇，辟諸海外"，即與四裔爲一也。次九州之外，即《王制》云："入學不率教者，屏之遠方。西方曰僰，東方曰寄。"注云，偪寄於夷狄也。與此九州之外同也。次千里之外者，即《調人職》云"兄弟之仇，辟諸千里之外"也。《立政》云中國之外不同者，言中國者，據罪人所居之國定千里也。據其遠近，其實一也。《周禮》與《王制》既有三處之別，故約以爲言。鄭玄云三處者，自九州之外至於四海，三分其地，遠近若周之夷鎮蕃也。然罪有輕重不同，豈五百里之校乎？不可從也。'

"《史記·五帝本紀·集解》：馬融曰：'謂在八議，君不忍刑，宥之以遠。五等之差亦有三等之居：大罪投四裔，次九州之外，次中國之外。'

"《禹貢》：五百里要服，三百里夷，二百里蔡。五百里荒服，三百里蠻，二百里流。傳：'蔡，法也。法三百里而差簡。流，移也，言政教隨其俗。'《正義》曰：'蔡之爲法，無正訓也。上言三百里夷，夷訓平也，言守平常教耳。此名爲蔡，義簡於夷，故訓蔡爲法。法則三百里者，去京師彌遠差復簡易，言其不能守平常也。流如水流，故云移也。其俗流移無常，故政教隨其俗，任其去來，不復蠻來之也。'馬融曰：'蔡，法也。受王者刑法而已。流者，流行無城郭常居。'（《史記·夏本紀》）鄭玄曰：'蔡之言殺，減殺其賦。'（《書》疏）蔡傳：'蔡，放也。'《左傳》云：'蔡，蔡叔是

也，流放罪人於此也。流，流放罪人之地，蔡與流皆所以處罪人，而罪有輕重，故地有遠近之别也。’

“按：蔡傳以二百里蔡、二百里流爲流放罪人之地，與古説不同。竊謂‘蔡’當以鄭説爲是，‘流’當以馬説爲是，蔡説並非也。五服之内，同歸覆幬，乃獨此要、荒二服，各分二百里，專爲流放罪人之地，則此二百里者將有人民乎？無人民乎？有人民則居此區域内者未有罪戾而亦膺流放之名，同居覆幬之中，何獨薄視此區域之人民也？無人民則安得如許空閑之地爲罪人居？又當聲教四訖之時又安得如許罪人也？近來講漢學者，仍遵古説，惟蔡傳久行於世，既有流放之説，仍録之而辨之如此。

“邱濬《大學衍義補》云：虞廷五刑之下有流而無徒，漢世除肉刑，完爲城旦舂、鬼薪、白粲之類，皆徒刑也，而無流。

“梁律有流。（詳總考）

“按：秦、漢以降，未有流刑。梁武天監三年，因任提女之子景慈證成母罪，流於交州。自此復有流刑，蓋亦不在正刑之内。”

“謫戍。

“《始皇紀》：三十三年，發諸嘗逋亡人、贅婿、賈人略取陸梁地，爲桂林、象郡、南海，以適遣戍。（《集解》：徐廣曰：‘五十萬人守五嶺。’《正義》：‘適音直革反。戍，守也。’）西北斥逐匈奴。自榆中並河以東，屬之陰山，以爲四十四縣，城河上爲塞。又使蒙恬渡河取高闕、（陶）〔陽〕山、北假，中築亭障以逐戎人。徙謫，實之初縣。（《索隱》：‘徙有罪而謫之，以實初縣，即上“自榆中屬陰山，以爲三十四縣”是也。故漢七科謫亦因於秦。’）

“按：此亦有罪而遷，爲實邊計。高帝十一年詔云‘秦徙中縣之民南方三郡，使與百粤雜處’即此事也，此策漢亦用之。後世言實邊者，多主此策，然經理不得其宜，利害亦復相因，是在得其人矣。

“《始皇紀》：三十五年，益發謫徙邊。

“按：《集解》引《年表》‘徙民北河、榆中’爲注，非也，彼是三十六年事。此言徙，實永戍也。

"《陳涉世家》：二世元年七月，發閭左適戍漁陽。（九百人）《索隱》：'閭左謂居閭里之左也。秦時復除者居閭左。今力役凡在閭左者悉發之也。又云，凡居以富强爲右，貧弱爲左。秦役戍多，富者役盡，兼取貧弱者也。'

"《漢書·鼂錯傳》：臣聞秦時北攻胡貉，築塞河上，南攻楊粤，置戍卒焉。楊粤之地少陰多陽，其人疏理，鳥獸希毛，其性能暑。秦之戍卒不能其水土，戍者死於邊，輸者僨於道。秦民見行，如往棄市，因以讁發之，名曰'讁戍'。先發吏有讁及贅婿、賈人，後以嘗有市籍者，又後以大父母、父母嘗有市籍者，後入閭，取其左。注：'孟康曰，秦時復除者居閭之左，後發役不供，復役之也。或云直先發取其左也。'師古曰：'居閭之左者，一切皆發之，非謂復除也。'

"《食貨志》：發閭左之戍。注：'應劭曰，戍者曹輩盡，復入閭，取其左發之，未及取右而秦亡。'師古曰：'閭左之釋，應最得之。'

"按：據錯言，先發賈人及有市籍者，則《索隱》後一説似爲得之。此所發者，無罪之人，似即更卒也。

"《食貨志》：秦用商鞅之法，又加月爲更卒，已復爲正，一歲屯戍，一歲力役，三十倍於古。注：'師古曰，更卒，謂給郡縣一月而更者也。正卒，謂給中都官者也。率計今人一歲之中，屯戍及力役之事三十倍多於古也。'

"《昭紀》元鳳四年注：如淳曰：'更有三品，有卒更，有踐更，有過更。古者正卒無常人，皆當迭爲之，一月一更，是爲卒更也。貧者欲得顧更錢者，次直者出錢顧之，月二千，是爲踐更也。天下人皆直戍邊三日，亦名爲更，律所謂繇戍也。雖丞相子亦在戍邊之調。不可人人自行三日戍，又行者當自戍三日，不可往便還，因便住一歲一更。諸不行者，皆出錢三百入官，官以給戍卒，是爲過更也。律説，卒踐更者，居也，居更縣中五月乃更也。後從尉律，卒

踐更一月，休十一月也。《食貨志》云云，此漢初因秦法而行之也。後遂改易，有讁乃戍邊一歲耳。'

"《史記·將相名臣年表》：高后五年，令戍卒歲更。文帝十三年，除戍卒令。

"按：更卒之制，漢因於秦。鼂錯言遠方之卒守塞一歲而更，即高后歲更之法也。《表》言文帝除戍卒令而更賦之名，初未嘗改。《昭紀》元鳳四年詔'三年以前逋更賦未入者，皆勿收'，疑文帝所除者卒更之法。而過更之法終漢之世行之，故有'逋更賦'，下至東京，亦仍有更賦之名也。

"《漢書·武紀》：元狩五年春，徙天下奸猾吏民於邊。

……

"按：《説文》：'戍，守邊也。从人持戈。'《詩·序·采薇》：'遣戍役也，遣戍役以守衛中國。'箋云：'戍，守也。'《揚之水》：'不與我戍申。'傳云：'戍，守也。'莊十七年《公羊解詁》：'以兵守之曰戍。'古者，封建之世，以兵守之皆曰戍，見於《春秋》者多矣，不獨戍邊也。秦滅六國，天下混一，斥逐胡戎，邊地空虛，遣發罪人以守衛，始有戍邊之事。其人充荷戈之役，與軍士無異，即後代之充軍，第其制不同耳。此等戍卒，皆仰給於官朝。錯所謂'戍者死於邊，輸者僨於道'，其敝如此。迨錯上屯戍之議，農戍兼修，文帝用其策。終漢世，皆踵行之，洵守邊至計也。"

"屯戍。

"《漢書·鼂錯傳》：錯復言守邊備塞，勸農力本，當世急務二事，曰：'聞秦時北攻胡貉，築塞河上，南攻楊粵，置戍卒焉。其起兵而攻胡、粵者，非以衛邊地而救民死也，貪戾而欲廣大也，故功未立而天下亂。且夫起兵而不知其埶，戰則爲人禽，屯則卒積死。夫胡貉之地，積陰之處也，木皮三寸，冰厚六尺，食肉而飲酪，其人密理，鳥獸毳毛，其地能寒。楊粵之地少陰多陽，其人疏理，鳥獸希毛，其性能暑。秦之戍卒不能其水土，戍者死於邊，輸者僨於道。秦民見行，如往弃市，因以讁發之，名曰"讁戍"。先發吏有讁及贅壻、賈人，後以嘗有市籍者，又後以大父母、父母嘗有市籍者，後入閭，取其左。發之不順，行者深怨，有背畔之心。凡民守戰至死而不降北者，以計爲之也。故戰勝守固則有拜爵之賞，攻城屠邑則得其財鹵以富家室，故能使其衆蒙矢石，赴湯火，視死如生。今秦之發卒也，有萬死之害，而無銖兩之報，死事之後不得一算之復，天下明知禍烈及己也。陳勝行戍，至於大澤，爲天下先倡，天下從之如流水者，秦以威劫而行之之敝也。胡人衣食之業不著於地，其埶易以擾亂邊竟。何以明之？胡人食肉飲酪，衣皮毛，非有城郭田宅之歸居，如飛鳥走獸於廣野，美草甘水則止，草盡水竭則移。以是觀之，往來轉徙，時至時去，此胡人之生業，而中國之所以離南畝也。今使胡人數處轉牧行獵於塞下，或當燕代，或當上郡、北地、隴西，以候備塞之卒，卒少則入。陛下不救，則邊民絶望而有降敵之心；救之，少發則不足，多發，遠縣纔至，則胡又已去。聚而不罷，爲費甚大；罷之，則胡復入。如是連年，則中國貧苦而民不安矣。陛下幸憂邊境，遣將吏發卒以治塞，甚大惠也。然令遠方之卒守塞，一歲而更，不知胡人之能，不如選常居者，家室田作，且以備之。以便爲之高城深塹，具藺石，布渠荅，復爲一城其内，城間百五十步。要害之處，通川之道，調立城邑，毋下千家，爲中周虎落。先爲室屋，具田器，乃募罪人及免徒復作令居之；不足，募以丁奴婢贖罪及輸奴婢欲以拜爵者；不足，乃募民之欲往者。皆賜高爵，復其家。予冬夏衣，廩食，能自給而止。郡縣之民得買其爵，以自增至卿。其亡夫若妻者，縣官買予之。人情非有匹敵，不能久安其處。塞下之民，禄利不厚，不可使久居危難之地。胡人入驅而能止其所驅者，以其半予之，縣官爲贖其民。如是，則邑相救助，赴胡不避死，非以德上也，欲全親戚而利其財也。此與東方之戍卒不習地埶而心畏胡者，功相萬也。以陛下之時，徙民實邊，使遠方無屯戍之事，塞下之民，父子相保，亡係虜之患，利施後世，名稱聖明，其與秦之行怨民，相去遠矣。’上從其言，募民徙塞下。錯復言：‘陛下幸募民相徙以實塞下，使屯戍之事益省，輸將之費益寡，甚大惠也。下吏誠能稱厚惠，奉明法，存恤所徙之老弱，善遇其壯士，和輯其心而勿侵刻，使先至者安樂而不思故鄉，則貧民相募而勸往矣。臣聞古之徙遠方以實廣虚也，（師古曰：'所以充實寬廣空虚之地。'）相其陰陽之和，嘗其水泉之味，審其土地之宜，觀其草木之饒，然後營邑立城，製里割宅，通田作之道，正阡陌之界，先爲築室，家有一堂二内，門户之閉，置器物焉，民至有所居，作有所用，此民所以輕去故鄉而勸之新邑也。爲置醫巫，以救疾病，以修祭祀，男女有昏，生死相恤，墳墓相從，種樹畜長，（張晏曰：'畜長，六畜也。長音竹兩反。'）室屋完安，此所以使民樂其處而有長居之心也。臣又聞古之制邊縣以備敵也，使五家爲伍，伍有長；十長一里，里有假士；四里一連，連有假五百；十連一邑，邑有假候。皆擇其邑之賢才有護，習地形知民心者，居則習民於射法，出則教民於應敵。故卒伍成於内，則軍正定於外。服習已成，勿令遷徙，幼則同游，長則共事。夜戰聲相知，則足以相救；晝戰目相見，則足以相識；歡愛之心，足以相死。如此而勸以厚賞，威以重罰，則前死不還踵矣。所徙之民非壯有材力，但費衣糧，不可用也；雖有材力，不得良吏，猶亡功也。陛下絶匈奴不與和親，臣竊意其冬來南也，壹大治，則終身創矣。欲立威者，始於折膠，來而不能困，使得氣去，後未易服也。愚臣亡識，唯陛下財察。'

"按：徙民實邊之策實創於錯，不獨漢代行之有效，乃千古至計也，故備録之。今歐洲殖民之政特小變其宗旨耳，其道一也。

"《武紀》：天漢元年，發讁戍屯五原。

"《昭紀》：元鳳五年六月，發三輔及郡國惡少年吏有告劾亡者，屯遼東。注：'如淳曰，告者，爲人所告也。劾者，爲人所劾也。'師古曰：'惡少年謂無賴子弟也。告劾亡者，謂被告劾而逃亡。'

"《西域傳》：地節二年，漢遣侍郎鄭吉、校尉司馬憙將免刑罪人田渠犁，積穀，欲以攻車師。至秋收穀，吉、憙發城郭諸國兵萬餘人，自與所將田士千五百人共擊車師，攻交河城，破之。

“《趙充國傳》：遂上屯田奏：願罷騎兵，留弛刑應募，及淮陽、汝南步兵與吏士私從者，分屯要害處。冰解漕下，繕鄉亭，浚溝渠，治湟陿以西道橋七十所，令可至鮮水左右。田事出，賦人二十畮。至四月草生，發郡騎及屬國胡騎伉健各千，倅馬什二，就草，爲田者游兵。以充入金城郡，益積蓄，省大費。

“按：讁戍者發罪人以守邊也，屯戍者發罪人以實邊，農戍兼修也，其事是一是二？秦之讁戍，一時之計，不以爲常，漢之屯戍，時時行之，後且成爲赦罪降等之常制。讁戍、屯戍二者，遂難區别，兹姑列爲二門，互備參考。”

[31]覆醢裁刑：取消或裁減酷刑。

[32]傾宗致獄：整個宗族都陷於刑獄之中。

[33]京兆之夜：京兆的監獄。夜，夜室，監獄。

[34]五日於長安之市：典出《漢書》卷七六《張敞傳》。張敞因楊惲大逆而受牽連，京兆尹之位即將不保。還未罷免之前，派賊捕掾絮舜辦事，絮舜認爲張敞將被免官，不肯執行，私歸其家。有人勸絮舜，絮舜説：“吾爲是公盡力多矣，今五日京兆耳，安能復案事？”張敞聞絮舜語，即部吏收之繫獄，並判之死刑，棄之於長安之市。臨刑前張敞派人對絮舜説：“五日京兆竟何如？冬月已盡，延命乎？”乃棄舜於市。

[35]北闕相引、中都繼及：《漢書》卷六六《楊惲傳》，楊惲報孫會宗書：“身幽北闕，妻子滿獄。”“諸在位與惲厚善者，未央衛尉韋玄成、京兆尹張敞及孫會宗等，皆免官。”

[36]刊章以急其憲：在捕人文書上删去告發人的姓名而使法令嚴峻苛急。

[37]適意以寬其網：隨意寬緩法網。

[38]期會迫急：期限短促急迫。迫，宋本作“近”。

[39]王肅：三國魏東海郯（今山東省郯城縣北）人，字子雍。著名經學家，司馬昭岳父。歷任散騎黄門侍郎、散騎常侍、領秘書

監、崇文觀祭酒、廣平太守等職。

世祖武皇帝接三統之微，[1]酌千年之範，乃命有司，大明刑憲。於時詔書頒新法於天下，海内同軌，人甚安之。條綱雖設，稱爲簡惠，仰昭天眷，[2]下濟民心，道有法而無敗，德俟刑而久立。及晋圖南徙，百有二年，仰止前規，挹其流潤，[3]江左無外，[4]蠻陬來格。[5]孝武時，會稽王道子傾弄朝權，[6]其所樹之黨，貨官私獄，烈祖惽迷，[7]不聞司敗，晋之綱紀大亂焉。

[1]三統之微：三統精微玄妙。三統指天、地、人三統。

[2]仰昭天眷：對上昭示上天的眷顧。

[3]挹（yì）：以瓢舀取，引申爲汲取。

[4]江左：江東。因自北方視之，江東在左，江西在右，故稱。

[5]蠻陬來格：邊遠地區的少數民族被感召而來。

[6]道子：司馬道子，字道子，本書卷六四有傳。

[7]烈祖：中華本校勘記："孝武帝廟號'烈宗'，'祖'字誤。"

傳曰："三皇設言而民不違，五帝畫象而民知禁"，[1]則《書》所謂"象以典刑，流宥五刑，鞭作官刑，撲作教刑"者也。[2]然則犯黥者皂其巾，[3]犯劓者丹其服，[4]犯臏者墨其體，[5]犯宫者雜其屨，[6]大辟之罪，[7]殊刑之極，布其衣裾而無領緣，投之於市，與衆棄之。舜命臯陶曰：[8]"五刑有服，五服三就，[9]五流有宅，五宅三居。"[10]方乎前載，事既參倍。夏后氏之王天下也，則五刑之屬三千。殷因於夏，有所損益。周人以三典刑邦國，[11]以五聽察民情，[12]左嘉右肺，[13]事均鎔造，而五刑之屬猶有二千五百焉。乃置三刺、三宥、三赦之法：[14]一刺曰訊群臣，再刺曰訊群吏，三刺曰訊萬民；一宥曰不識，再宥曰過失，三宥曰遺忘；一赦曰幼弱，再赦曰老耄，[15]三赦曰蠢愚。《司馬法》：或起甲兵以征不義，廢貢職則討，不朝會則誅，亂嫡庶則繫，[16]變禮刑則放。

[1]“三皇設言而民不違”句：原句爲：“三皇設言民不违，五帝畫象世順機”，唐徐彦認爲出自《孝經説》。詳見《春秋公羊傳注疏·襄公二十九年》。

[2]“象以典刑”句：語見《尚書·虞書》：“象以典刑，（孔安國注：象，法也。法用常刑，用不越法。）流宥五刑，（孔安國注：宥，寬也。以流放之法寬五刑。）鞭作官刑，（孔安國注：以作爲治官事之刑。）撲作教刑，（孔安國注：撲，榎楚也。不勤道業則撻之。）金作贖刑。（孔安國注：金，黄金。誤而入刑，出金以贖罪。）”孔穎達疏：“上言‘典刑’，此言‘五刑’者，其法是常，其數則五，‘象以典刑’謂其刑之也，‘流宥五刑’謂其遠縱之也。‘流’言‘五刑’，則‘典刑’亦五，其文互以相見。王肅云：‘言宥五刑，則正五刑見矣。’是言二文相通之意也。‘典刑’是其身，‘流宥’離其鄉，流放致罪爲輕，比鞭爲重，故次‘典刑’之下。先言‘流宥’，鞭撲雖輕，猶虧其體，比於出金贖罪又爲輕，且《吕刑》五罰雖主贖五刑，其鞭撲之罪亦容輸贖，故後言之。此正刑五與流宥鞭撲俱有常法，‘典’字可以統之，故發首言‘典刑’也。”撲，原本、宋本、殿本作“朴”，據中華本改。本卷下文“薄刑用鞭撲”同。

[3]黥（qíng）：古代刑罰，又稱墨刑，在臉上刺黑字。

[4]劓（yì）：古代刑罰，割掉鼻子。

［5］臏：古代刑罰，挖掉膝蓋骨。

［6］宫：古代刑罰，又稱腐刑。　屨：古代的單底鞋。

［7］大辟：死刑。《漢書》卷二二《禮樂志》："夫教化之比於刑法，刑法輕，是舍所重而急所輕也。且教化，所恃以爲治也，刑法所以助治也。今廢所恃而獨立其所助，非所以致太平也。自京師有誖逆不順之子孫，至於陷大辟受刑戮者不絶，繇不習五常之道也。"

《漢書》卷二三《刑法志》："周道既衰，穆王眊荒，命甫侯度時作刑，以詰四方。墨罰之屬千，劓罰之屬千，髕罰之屬五百，宫罰之屬三百，大辟之罰其屬二百。五刑之屬三千，蓋多於平邦中典五百章，所謂刑亂邦用重典者也。

……

"陵夷至於戰國，韓任申子，秦用商鞅，連相坐之法，造參夷之誅；增加肉刑、大辟，有鑿顛、抽脅、鑊亨之刑。

……

"及至孝武即位，外事四夷之功，内盛耳目之好，徵發煩數，百姓貧耗，窮民犯法，酷吏擊斷，奸軌不勝。於是招進張湯、趙禹之屬，條定法令，作見知故縱、監臨部主之法，緩深故之罪，急縱出之誅。其後奸猾巧法，轉相比況，禁罔寖密。律令凡三百五十九章，大辟四百九條，千八百八十二事，死罪決事比萬三千四百七十二事。文書盈於几閣，典者不能遍睹。是以郡國承用者駁，或罪同而論異。奸吏因緣爲市，所欲活則傅生議，所欲陷則予死比，議者咸冤傷之。

……

"至成帝河平中，復下詔曰：'《甫刑》云"五刑之屬三千，大辟之罰其屬二百"，今大辟之刑千有餘條，律令煩多，百有餘萬言，奇請它比，日以益滋，自明習者不知所由，欲以曉喻衆庶，不亦難乎！於以羅元元之民，夭絶亡辜，豈不哀哉！其與中二千石、二千石、博士及明習律令者議減死刑及可蠲除約省者，令較然易知，條奏。《書》不云乎？“惟刑之恤哉！”其審核之，務準古法，朕將盡心覽焉。’”

《漢書》卷四七《文三王傳》：“哀帝建平中，立復殺人。天子遣廷尉賞、大鴻臚由持節即訊。至，移書傅、相、中尉曰：‘王背策戒，誖暴妄行，連犯大辟，毒流吏民。比比蒙恩，不伏重誅，不思改過，復賊殺人。幸得蒙恩，丞相長史、大鴻臚丞即問。王陽病抵讕，置辭驕嫚，不首主令，與背畔亡異。丞相、御史請收王璽綬，送陳留獄。明詔加恩，復遣廷尉、大鴻臚雜問。今王當受詔置辭，恐復不首實對。《書》曰：“至於再三，有不用，我降爾命。”傅、相、中尉皆以輔正爲職，“虎兕出於匣，龜玉毀於匵中，是誰之過也？”書到，明以誼曉王。敢復懷詐，罪過益深。傅、相以下，不能輔導，有正法。’”

《漢書》卷五一《路温舒傳》：“宣帝初即位，温舒上書，言宜尚德緩刑。其辭曰：……今治獄吏則不然，上下相敺，以刻爲明；深者獲公名，平者多後患。故治獄之吏皆欲人死，非憎人也，自安之道在人之死。是以死人之血流離於市，被刑之徒比肩而立，大辟之計歲以萬數，此仁聖之所以傷也。太平之未洽，凡以此也。夫人情安則樂生，痛則思死。棰楚之下，何求而不得？故囚人不勝痛，則飾辭以視之；吏治者利其然，則指道以明之；上奏畏却，則鍛練而周内之。蓋奏當之成，雖咎繇聽之，猶以爲死有餘辜。何則？成練者衆，文致之罪明也。是以獄吏專爲深刻，殘賊而亡極，媮爲一切，不顧國患，此世之大賊也。故俗語曰：‘畫地爲獄，議不入；刻木爲吏，期不對。’此皆疾吏之風，悲痛之辭也。故天下之患，莫深於獄；敗法亂正，離親塞道，莫甚乎治獄之吏。此所謂一尚存者也。”

《漢書》卷六〇《杜周傳》：“丞相方進薨，（杜）業上書言：‘……方進素與司直師丹相善，臨御史大夫缺，使丹奏咸爲奸利，請案驗，卒不能有所得，而方進果自得御史大夫。爲丞相，即時詆欺，奏免咸，復因紅陽侯事歸咸故郡。衆人皆言國家假方進權太甚。案師丹行能無異，及光禄勛許商被病殘人，皆但以附從方進，嘗獲尊官。丹前親（屬）〔薦〕邑子丞相史能使巫下神，爲國求福，幾獲大利。幸賴陛下至明，遣使者毛莫如先考驗，卒得其奸，皆坐死。假令丹知而白之，此誣罔罪也；不知而白之，是背經術惑左道也：二者皆在大辟，重於朱博、孫宏、陳咸所坐。方進終不舉白，專作威福，阿黨所厚，排擠英俊，託公報私，横厲無所畏忌，欲以熏轑天下。天下莫不望風而靡，自尚書近臣皆結舌杜口，骨肉親屬莫不股栗。威權泰盛而不忠信，非所以安國家也。今聞方進卒病死，不以尉示天下，反復賞賜厚葬，唯陛下深思往事，以戒來今。'"

《漢書》卷八二《王商傳》："左將軍丹等奏：'商位三公，爵列侯，親受詔策爲天下師，不遵法度以翼國家，而回辟下媚以進其私，執左道以亂政，爲臣不忠，罔上不道，《甫刑》之辟，皆爲上戮，罪名明白。臣請詔謁者召商詣若盧詔獄。'上素重商，知匡言多險，制曰'弗治'。鳳固争之，於是制詔御史：'蓋丞相以德輔翼國家，典領百寮，協和萬國，爲職任莫重焉。今樂昌侯商爲丞相，出入五年，未聞忠言嘉謀，而有不忠執左道之辜，陷於大辟。前商女弟内行不修，奴賊殺人，疑商教使，爲商重臣，故抑而不窮。今或言商不以自悔而反怨懟，朕甚傷之。惟商與先帝有外親，未忍致於理。其赦商罪。使者收丞相印綬。'"

《後漢書》卷二五《魯恭傳》："肅宗時，斷獄皆以冬至之前，自後論者互多駁異。鄧太后詔公卿以下會議，恭議奏曰：……夫王者之作，因時爲法。孝章皇帝深惟古人之道，助三正之微，定律著令，冀承天心，順物性命，以致時雍。然從變改以來，年歲不熟，穀價常貴，人不寧安。小吏不與國同心者，率入十一月得死罪賊，不問曲直，便即格殺。雖有疑罪，不復讞正。一夫吁嗟，王道爲虧，况於衆乎？《易》十一月'君子以議獄緩死'可令疑罪使詳其法，大辟之科，盡冬月乃斷。其立春在十二月中者，勿以報囚如故事。"

《後漢書》卷四六《陳寵傳》:“永元六年，寵代郭躬爲廷尉。性仁矜。及爲理官，數議疑獄，常親自爲奏，每附經典，務從寬恕，帝輒從之，濟活者甚衆。其深文刻敝，於此少衰。寵又鉤校律令條法，溢於《甫刑》者除之。曰:‘臣聞禮經三百，威儀三千，故《甫刑》大辟二百，五刑之屬三千。禮之所去，刑之所取，失禮則入刑，相爲表裏者也。今律令死刑六百一十，耐罪千六百九十八，贖罪以下二千六百八十一，溢於《甫刑》者千九百八十九，其四百一十大辟，千五百耐罪，七十九贖罪。《春秋保乾圖》曰:“王者三百年一蠲法。”漢興以來，三百二年，憲令稍增，科條無限。又律有三家，其説各異。宜令三公、廷尉平定律令，應經合義者，可使大辟二百，而耐罪、贖罪二千八百，并爲三千，悉删除其餘令，與禮相應，以易萬人視聽，以致刑措之美，傳之無窮。’未及施行，會坐詔獄吏與囚交通抵罪。詔特免刑，拜爲尚書。”

《後漢書》卷六六《王允傳》:“（王允）復以它罪被捕。司徒楊賜以允素高，不欲使更楚辱，乃遣客謝之曰:‘君以張讓之事，故一月再徵。凶慝難量，幸爲深計。’又諸從事好氣决者，共流涕奉藥而進之。允厲聲曰:‘吾爲人臣，獲罪於君，當伏大辟以謝天下，豈有乳藥求死乎!’投杯而起，出就檻車。既至廷尉，左右皆促其事，朝臣莫不嘆息。”

《三國志》卷三《明帝紀》注引《魏略》:“朗游遨諸侯間，歷武、文之世而無尤也。及明帝即位，授以内官，爲驍騎將軍、給事中，每車駕出入，朗常隨從。時明帝喜發舉，數有以輕微而致大辟者，朗終不能有所諫止，又未嘗進一善人，帝亦以是親愛;每顧問之，多呼其小字阿穌，數加賞賜，爲起大第於京城中。四方雖知朗無能爲益，猶以附近至尊，多賂遺之，富均公侯。”

《三國志》卷三《明帝紀》:“（青龍二年）十二月，詔有司删定大辟，減死罪。”

《三國志》卷三《明帝紀》:“（青龍四年）六月壬申，詔曰:‘有虞氏畫象而民弗犯，周人刑錯而不用。朕從百王之末，追望上世之風，邈乎何相去之遠？法令滋章，犯者彌多，刑罰愈衆，而奸不可止。往者按大辟之條，多所蠲除，思濟生民之命，此朕之至意也。而郡國斃獄，一歲之中尚過數百，豈朕訓導不醇，俾民輕罪，將苛法猶存，爲之陷阱乎？有司其議獄緩死，務從寬簡，及乞恩者，或辭未出而獄以報斷，非所以究理盡情也。其令廷尉及天下獄官，諸有死罪具獄以定，非謀反及手殺人，亟語其親治，有乞恩者，使與奏當文書俱上，朕將思所以全之。其布告天下，使明朕意。’”

《三國志》卷一三《魏書·鍾繇傳》：“太和中，繇上疏曰：‘大魏受命，繼蹤虞、夏。孝文革法，不合古道。先帝聖德，固天所縱，墳典之業，一以貫之。是以繼世，仍發明詔，思復古刑，爲一代法。連有軍事，遂未施行。陛下遠追二祖遺意，惜斬趾可以禁惡，恨入死之無辜，使明習律令，與群臣共議。出本當右趾而入大辟者，復行此刑。《書》云：“皇帝清問下民，鰥寡有辭於苗。”此言堯當除蚩尤、有苗之刑，先審問於下民之有辭者也。若今蔽獄之時，訊問三槐、九棘、群吏、萬民，使如孝景之令，其當棄市，欲斬右趾者許之。其黥、劓、左趾、宫刑者，自如孝文，易以髡、笞。能有奸者，率年二十至四五十，雖斬其足，猶任生育。今天下人少於孝文之世，下計所全，歲三千人。張蒼除肉刑，所殺歲以萬計。臣欲復肉刑，歲生三千人。子貢問能濟民可謂仁乎？子曰：“何事於仁，必也聖乎，堯、舜其猶病諸！”又曰：“仁遠乎哉？我欲仁，斯仁至矣。”若誠行之，斯民永濟。’書奏，詔曰：‘太傅學優才高，留心政事，又於刑理深遠。此大事，公卿群僚善共平議。’司徒王朗議，以爲‘繇欲輕減大辟之條，以增益刖刑之數，此即起偃爲豎，化屍爲人矣。然臣之愚，猶有未合微異之意。夫五刑之屬，著在科律，自有減死一等之法，不死即爲減。施行已久，不待遠假斧鑿於彼肉刑，然後有罪次也。前世仁者，不忍肉刑之慘酷，是以廢而不用。不用已來，歷年數百。今復行之，恐所減之文未彰於萬民之目，而肉刑之問已宣於寇仇之耳，非所以來遠人也。今可按繇所欲輕之死罪，使减死之髡、刖。嫌其輕者，可倍其居作之歲數。内有以生易死不訾之恩，外無以刖易釱駭耳之聲。’議者百餘人，與朗同者多。帝以吴、蜀未平，且寢。”

《三國志》卷一八《魏書·李通傳》：“建安初，通舉衆詣太祖於許。拜通振威中郎將，屯汝南西界。太祖討張綉，劉表遣兵以助綉，太祖軍不利。通將兵夜詣太祖，太祖得以復戰，通爲先登，大破綉軍。拜裨將軍，封建功侯。分汝南二縣，以通爲陽安都尉。通妻伯父犯法，朗陵長趙儼收治，致之大辟。是時殺生之柄，决於牧守，通妻子號泣以請其命。通曰：‘方與曹公戮力，義不以私廢公。’嘉儼執憲不阿，與爲親交。”

《三國志》卷二二《魏書·盧毓傳》：“時天下草創，多逋逃，故重士亡法，罪及妻子。亡士妻白等，始適夫家數日，未與夫相見，大理奏棄市。毓駁之曰：‘夫女子之情，以接見而恩生，成婦而義重。故《詩》云：“未見君子，我心傷悲；亦既見止，我心則夷。”又《禮》：“未廟見之婦而死，歸葬女氏之黨，以未成婦也。”今白等生有未見之悲，死有非婦之痛，而吏議欲肆之大辟，則若同牢合之後，罪何所加？且《記》曰“附從輕”，言附人之罪，以輕者爲比也。又《書》云“與其殺不辜，寧失不經”，恐過重也。苟以白等皆受禮聘，已入門庭，刑之爲可，殺之爲重。’太祖曰：‘毓執之是也。又引經典有意，使孤嘆息。’由是爲丞相法曹議令史，轉西曹議令史。”

《三國志》卷二四《魏書·韓暨傳》：“韓暨字公至，南陽堵陽人也。同縣豪右陳茂，譖暨父兄，幾至大辟。暨陽不以爲言，庸賃積資，陰結死士，遂追呼尋禽茂，以首祭父墓，由是顯名。”

《三國志》卷四七《吴書·吴主傳》：“（嘉禾）六年春正月，詔曰：‘夫三年之喪，天下之達制，人情之極痛也；賢者割哀以從禮，不肖者勉而致之。世治道泰，上下無事，君子不奪人情，故三年不逮孝子之門。至於有事，則殺禮以從宜，要絰而處事。故聖人制法，有禮無時則不行。遭喪不奔非古也，蓋隨時之宜，以義斷恩也。前故設科，長吏在官，當須交代，而故犯之，雖隨糾坐，猶已廢曠。方事之殷，國家多難，凡在官司，宜各盡節，先公後私，而不恭承，甚非謂也。中外群僚，其更平議，務令得中，詳爲節度。'顧譚議，以爲'奔喪立科，輕則不足以禁孝子之情，重則本非應死之罪，雖嚴刑益設，違奪必少。若偶有犯者，加其刑則恩所不忍，有減則法廢不行。愚以爲長吏在遠，苟不告語，勢不得知。比選代之間，若有傳者，必加大辟，則長吏無廢職之負，孝子無犯重之刑'。將軍胡綜議，以爲'喪紀之禮，雖有典制，苟無其時，所不得行。方今戎事軍國異容，而長吏遭喪，知有科禁，公敢干突，苟念聞憂不奔之耻，不計爲臣犯禁之罪，此由科防本輕所致。忠節在國，孝道立家，出身爲臣，焉得兼之？故爲忠臣不得爲孝子。宜定科文，示以大辟，若故違犯，有罪無赦。以殺止殺，行之一人，其後必絶'。丞相雍奏從大辟。"

《三國志》卷五二《吴書·顧譚傳》注引《江表傳》："有司奏譚誣罔大不敬，罪應大辟。權以雍故，不致法，皆徙之。"

《三國志》卷五三《吴書·闞澤傳》："初，以吕壹奸罪發聞，有司窮治，奏以大辟，或以爲宜加焚裂，用彰元惡。權以訪澤，澤曰：'盛明之世，不宜復有此刑。'權從之。又諸官司有所患疾，欲增重科防，以檢御臣下，澤每曰'宜依禮、律'，其和而有正，皆此類也。"

《三國志》卷五八《吴書·陸遜傳》："（陸抗）加拜都護。聞武昌左部督薛瑩徵下獄，抗上疏曰：'夫俊乂者，國家之良寶，社稷之貴資，庶政所以倫叙，四門所以穆清也。故大司農樓玄、散騎中常侍王蕃、少府李勖，皆當世秀穎，一時顯器，既蒙初寵，從容列位，而並旋受誅殛，或圮族替祀，或投棄荒裔。蓋《周禮》有赦賢之辟，《春秋》有宥善之義，《書》曰："與其殺不辜，寧失不經。"而蕃等罪名未定，大辟以加，心經忠義，身被極刑，豈不痛哉！且已死之刑，固無所識，至乃焚爍流漂，棄之水濱，懼非先王之正典，或甫侯之所戒也。是以百姓哀聳，士民同戚。蕃、勖永已，悔亦靡及，誠望陛下赦召玄出，而頃聞薛瑩卒見逮録。瑩父綜納言先帝，傅弼文皇，及瑩承基，内厲名行，今之所坐，罪在可宥。臣懼有司未詳其事，如復誅戮，益失民望，乞垂天恩，原赦瑩罪，哀矜庶獄，清澄刑網，則天下幸甚！'"

《三國志》卷六二《吴書·胡綜傳》："初以内外多事，特立科，長吏遭喪，皆不得去，而數有犯者。權患之，使朝臣下議。綜議以爲宜定科文，示以大辟，行之一人，其後必絶。遂用綜言，由是奔喪乃斷。"

《唐律疏議》卷一《死刑》："死刑二：絞。斬。

"疏議曰：古先哲王，則天垂法，輔政助化，禁暴防奸，本欲生之，義期止殺。絞、斬之坐，刑之極也。死者魂氣歸於天，形魄歸於地，與萬化冥然，故鄭注《禮》云：'死者，澌也。消盡爲澌。'《春秋元命包》云：'黄帝斬蚩尤於涿鹿之野。'《禮》云：'公族有死罪，罄之於甸人。'故知斬自軒轅，絞興周代。二者法陰數也，陰主殺罰，因而則之，即古'大辟'之刑是也。

……

"此條規定死刑之等級及贖銅數。

"按斬、絞之刑古已有之，然古之死刑非僅斬、絞二等。三代姑置不論，秦之死刑見於湖北雲夢睡虎地秦墓所出秦律竹簡及史籍所載者，即有車裂、腰斬、梟首、僇、磔、棄市、定殺等多種。如秦簡法律答問有云：

"譽適（敵）以恐衆心者，翏（戮）。翏（戮）者可（何）如？生翏（戮），翏（戮）之已乃斬之之謂殹（也）。

"甲謀遣乙盜殺人，受分十錢，問乙高未盈六尺，甲可（何）論？當磔。

"癘者有罪，定殺。定殺可（何）如？生定殺水中之謂殹（也）；或曰生埋，生埋之異事殹（也）。

"士五（伍）甲毋（無）子，其弟子以爲後，與同居，而擅殺之，當棄市。

“《史記》卷六《秦始皇本紀》有云：

“長信侯毐作亂而覺，（中略）盡得毐等。衛尉竭、内史肆、佐弋竭、中大夫令齊等二十人皆梟首。

“又卷六八《商君列傳》有云：‘秦惠王車裂商君以徇，曰：“莫如商鞅反者！”遂滅商君之家。’又卷八七《李斯列傳》有云：‘二世二年七月，具斯五刑，論腰斬咸陽市。’

“凡此猶爲常法。常法外之死刑，尚有鑿顛、抽脅、鑊烹、囊撲之類。（見《漢書》卷二三《刑法志》）漢承秦制，而略加簡約，死刑常法有三種，其一梟首，《漢書》卷六《武帝紀》有云：

“（元光五年七月）乙巳，皇后陳氏廢。捕爲巫蠱者，皆梟首。又《太平御覽》卷六四〇引董仲舒決獄曰：

“甲、乙與丙爭言相鬥，丙以佩刀刺乙，甲即以杖擊丙，誤傷乙，甲當何論？或曰：毆父當梟首。

“其二腰斬，《漢書》卷六《武帝紀》有云：

“（元鼎五年）九月，列侯坐獻黄金酎祭宗廟不如法奪爵者百六人，丞相趙周下獄死。樂通侯欒大坐誣罔要斬。

“又卷四九《鼂錯傳》有云：

“錯不稱陛下德信，欲疏群臣百姓，又欲以城邑予吴，亡臣子禮，大逆無道，錯當要斬。

“其三棄市，《漢書》卷五《景帝紀》如淳注引律有云：

“律，大逆不道，父母妻子同産皆棄市。

“又《周禮·秋官·庶氏》鄭司農注引《賊律》有云：

“敢蠱人及教令者，棄市。

“此外如菹醢、鑊烹、焚如等死刑，皆用以處決特殊罪犯，不是常法。魏、晋因漢制，亦以梟首、腰斬、棄市爲死刑，《晋書》卷三〇《刑法志》載張斐《律注表》所謂：‘死刑不過三’，‘梟首者惡之長，斬刑者罪之大，棄市者死之下’。”

[8]皋陶：又作咎繇，相傳爲堯舜時人，生於曲阜，偃姓。被舜命爲管理刑獄之官。

［9］五服三就：語出《尚書·舜典》："五刑有服，五服三就。"孔安國傳："行刑當就三處：大罪於原野，大夫於朝，士於市。"

［10］五流有宅，五宅三居：語出《尚書·舜典》："五流有宅，五宅三居。"孔安國傳："五刑之流，各有所居，五居之差，有三等之居。大罪四裔，次九州之外，次千里之外。"

［11］三典：周代治理不同國情分别采用的三種律法。《周禮·秋官·大司寇》："掌建邦之三典，以佐王刑邦國，詰四方。一曰刑新國用輕典，二曰刑平國用中典，三曰刑亂國用重典。"鄭玄注："典，法也。"賈公彦疏："亂國，篡弒叛逆之國。用重典者，以其化惡伐滅之。"

［12］五聽：古代五種斷案的方法。《周禮·秋官·小司寇》："以五聲聽獄訟，求民情。一曰辭聽，二曰色聽，三曰氣聽，四曰耳聽，五曰目聽。"鄭玄注："觀其出言，不直則煩；觀其顔色，不直則赧然；觀其氣息，不直則喘；觀其聽聆，不直則惑；觀其眸子視，不直則眊然。"

［13］左嘉右肺：《周禮·秋官·朝士》："左嘉石，平罷民焉。右肺石，達窮民焉。"賈公彦疏："左嘉石，平罷民焉；右肺石，達窮民焉。罷民，邪惡之民也。上六乘陽，有邪惡之罪，故縛約徽纆，置於叢棘，而後公卿以下議之。其害人者，置之圜土，而施職事焉，以明刑耻之。能復者，上罪三年而赦，中罪二年而赦，下罪一年而赦。不得者，不自思以得正道，終不自改而出圜土者，殺，故凶是也。"嘉石，即有文的石頭，用它來評論不接受教化之人。罷民，不從教化之民。肺石，紅色的石頭，让窮而無告者坐在上边，使其不隨便告状。

［14］赦：清沈家本《歷代刑法考》所考之赦：有"原赦"，分"情可矜原者故寬之""過失雖有害則赦之""赦其有疑者耳""赦降""減等"等幾種情況。同時闡述了踐阼、改元、立后、建儲、后臨朝、大喪、帝冠、效、后土、祀明堂、臨雍、封禪、立廟、巡狩、徙宫、定都、從軍、克捷、年豐、祥瑞、灾異、劭農、飲酎、

遇亂、減等、特赦、曲赦、赦徒、别赦等多種赦免的情况。

［15］老耄：耄，宋本作“旄”。

［16］縶：拘捕囚禁。

《傳》曰：“殷周之質，不勝其文。”[1]及昭后徂征，[2]穆王斯耄，[3]爰制刑辟，以詰四方，奸宄弘多，亂離斯永，則所謂“夏有亂政而作《禹刑》、商有亂政而作《湯刑》、周有亂政而作《九刑》”者也。[4]古者大刑用甲兵，中刑用刀鋸，[5]薄刑用鞭撲。[6]自兹厥後，狙詐彌繁。武皇帝並以爲往憲猶疑，不可經國，乃命車騎將軍、守尚書令、魯公徵求英俊，[7]刊律定篇云爾。[8]

［1］“殷周之質”句：語見《禮記·表記》：“子曰：‘虞、夏之質，殷、周之文至矣。（鄭玄注：言後有王者，其作質、文，不能易之。）虞、夏之文，不勝其質。殷、周之質，不勝其文。”（鄭玄注：言王者相變，質、文各有所多。）孔穎達疏：“‘子曰：虞夏之質，殷、周之文至矣’者，至，謂至極也。言虞、夏爲質，殷、周爲文，並已至極矣。縱令後王爲質，不能過於虞、夏；後王爲文，亦不能過於殷、周，是至極矣。”“‘虞夏之文，不勝其質’者，言虞、夏之時，雖有其文，但文少而質多，故文不勝於質。‘殷周之質，不勝其文’者，言殷、周雖有其質，亦質少而文多，故‘不勝其文’。然案《三正記》文云：‘質再而後始。’則虞質夏文，殷質周文。而云‘虞夏之質，殷周之文’者，夏家雖文，比殷家之文猶質。殷家雖質，比夏家之質猶文於夏。故夏雖有文，同虞之質，殷雖有質，同周之文。”

［2］昭后：周昭王，姬姓，名瑕。周康王之子，即位後致力向南方發展，南伐荆楚，死於漢水。

［3］穆王：周穆王，姬姓，名滿。昭王之子。在位五十五年，曾西征犬戎，南伐徐方。

［4］“夏有亂政而作《禹刑》”句：語見《左傳·昭公六年》。

［5］刀鋸：古代刑具。亦代指刑罰。《國語·魯語上》：“中刑用刀鋸。”韋昭注：“割劓用刀，斷截用鋸。”刀鋸之刑歷代皆有，於晋代茲列舉之：

《史記》卷七九《范雎蔡澤列傳》：“蔡澤曰：‘若夫秦之商君，楚之吴起，越之大夫種，其卒然亦可願與？’應侯知蔡澤之欲困己以說，復謬曰：‘何爲不可？夫公孫鞅之事孝公也，極身無貳慮，盡公而不顧私；設刀鋸以禁奸邪，信賞罰以致治；披腹心，示情素，蒙怨咎，欺舊友，奪魏公子卬，安秦社稷，利百姓，卒爲秦禽將破敵，攘地千里。吴起之事悼王也，使私不得害公，讒不得蔽忠，言不取苟合，行不取苟容，不爲危易行，行義不辟難，然爲霸主强國，不辭禍凶。大夫種之事越王也，主雖困辱，悉忠而不解，主雖絶亡，盡能而弗離，成功而弗矜，貴富而不驕怠。若此三子者，固義之至也，忠之節也。是故君子以義死難，視死如歸；生而辱不如死而榮。士固有殺身以成名，雖義之所在，雖死無所恨。何爲不可哉？’”

《史記》卷一二九《貨殖列傳》：“吏士舞文弄法，刻章僞書，不避刀鋸之誅者，没於賂遺也。農工商賈畜長，固求富益貨也。此有知盡能索耳，終不餘力而讓財矣。”

《後漢書》卷一六《寇恂附寇榮傳》：“榮逃竄數年，會赦令，不得除，積窮困，乃自亡命中上書曰：‘……如臣犯元惡大憝，足以陳於原野，備刀鋸，陛下當班布臣之所坐，以解衆論之疑。臣思入國門，坐於胏石之上，使三槐九棘平臣之罪。’”

《後漢書·律曆志》注引蔡邕戍邊上章：“朔方髡鉗徒臣邕稽首再拜上書皇帝陛下：臣邕被受陛下尤異大恩，初由宰府備數典城，以叔父故衛尉質時爲尚書，召拜郎中，受詔詣東觀著作，遂與群儒並拜議郎。沐浴恩澤，承答聖問，前後六年。質奉機密，趨走目下，遂竟端右，出相好藩，還尹輦轂，旬日之中，登躡上列。父子一門兼受恩寵，不能輸寫心力，以效絲髮之功，一旦（披）〔被〕章，陷没辜戮。陛下天地之德，不忍刀鋸截臣首領，得就平罪，父子家屬徙充邊方，完全軀命，喘息相隨。非臣無狀所敢〔復〕望，非臣罪惡所當復蒙，非臣辭筆所能復陳。”

《三國志》卷一二《魏書·崔琰傳》注引《魏略》：“人得琰書，以裹幘籠，行都道中。時有與琰宿不平者，遥見琰名著幘籠，從而視之，遂白之。太祖以爲琰腹誹心謗，乃收付獄，髡刑輸徒。前所白琰者又復白之云：‘琰爲徒，虬鬚直視，心似不平。’時太祖亦以爲然，遂欲殺之。乃使清公大吏往經營琰，敕吏曰：‘三日期消息。’琰不悟，後數日，吏故白琰平安。公忿然曰：‘崔琰必欲使孤行刀鋸乎！’吏以是教告琰，琰謝吏曰：‘我殊不宜，不知公意至此也！’遂自殺。”

《三國志》卷六二《吴書·是儀傳》：“典校郎吕壹誣白故江夏太守刁嘉謗訕國政，權怒，收嘉繫獄，悉驗問。時同坐人皆怖畏壹，並言聞之，儀獨云無聞。於是見窮詰累日，詔旨轉厲，群臣爲之屏息。儀對曰：‘今刀鋸已在臣頸，臣何敢爲嘉隱諱，自取夷滅，爲不忠之鬼！顧以聞知當有本末。’據實答問，辭不傾移。權遂舍之，嘉亦得免。”

［6］鞭撲：古代刑罰，用鞭抽或杖責。《漢書·刑法志》：“薄刑用鞭撲。”顔師古注：“撲，杖也。”鞭撲之刑歷代皆有，於晋及前代兹列舉如下：

《史記》卷三二《齊太公世家》：“冬十二月，襄公游姑棼，遂獵沛丘。見彘，從者曰‘彭生’。公怒，射之，彘人立而啼。公懼，墜車傷足，失屨。反而鞭主屨者茀三百。”

《史記》卷三三《魯周公世家》：“三十二年，初，莊公築臺臨黨氏，見孟女，説而愛之，許立爲夫人，割臂以盟。孟女生子斑。斑長，説梁氏女，往觀。圉人犖自墻外與梁氏女戲。斑怒，鞭犖。莊公聞之，曰：‘犖有力焉，遂殺之，是未可鞭而置也。’斑未得殺。"

《後漢書》卷三《章帝紀》:"(元和元年)秋七月丁未，詔曰:'律云"掠者唯得榜、笞、立"。又《令丙》，箠長短有數。自往者大獄已來，掠考多酷，鉆鑽之屬，慘苦無極。念其痛毒，怵然動心。《書》曰"鞭作官刑"，豈云若此?宜及秋冬理獄，明爲其禁。'"

《後漢書》卷一六《鄧寇附鄧訓傳》注引《東觀記》曰:"訓謙恕下士，無貴賤見之如舊，朋友子往來門内，視之如子，有過加鞭撲之教。"

《後漢書》卷六二《荀爽附荀悦傳》:"君子以情用，小人以刑用。榮辱者，賞罰之精華也。故禮教榮辱，以加君子，化其情也;桎梏鞭撲，以加小人，化其刑也。君子不犯辱，况於刑乎!小人不忌刑，况於辱乎!若教化之廢，推中人而墜於小人之域;教化之行，引中人而納於君子之塗。是謂章化。"

《後漢書》卷八四《列女傳》:"安定皇甫規妻者，不知何氏女也。規初喪室家，後更娶之。妻善屬文，能草書，時爲規答書記，衆人怪其工。及規卒時，妻年猶盛，而容色美。後董卓爲相國，承其名，娉以軿輜百乘，馬二十匹，奴婢錢帛充路。妻乃輕服詣卓門，跪自陳請，辭甚酸愴。卓使傅奴侍者悉拔刀圍之，而謂曰:'孤之威教，欲令四海風靡，何有不行於一婦人乎!'妻知不免，乃立駡卓曰:'君羌胡之種，毒害天下猶未足邪!妾之先人，清德奕世。皇甫氏文武上才，爲漢忠臣。君親非其趣使走吏乎?敢欲行非禮於爾君夫人邪!'卓乃引車庭中，以其頭縣軛，鞭撲交下。妻謂持杖者曰:'何不重乎?速盡爲惠。'遂死車下。"

《三國志》卷三《魏書·明帝紀》:"二年春二月乙未，太白犯熒惑。癸酉，詔曰:'鞭作官刑，所以糾慢怠也，而頃多以無辜死。其减鞭杖之制，著於令。'"

《三國志》卷一五《魏書·司馬朗傳》:"年二十二，太祖辟爲司空掾屬，除成皋令，以病去，復爲堂陽長。其治務寬惠，不行鞭杖，而民不犯禁。”

《三國志》卷一六《魏書·倉慈傳》：“太和中，遷燉煌太守。郡在西陲，以喪亂隔絶，曠無太守二十歲，大姓雄張，遂以爲俗。前太守尹奉等，循故而已，無所匡革。慈到，抑挫權右，撫恤貧羸，甚得其理。舊大族田地有餘，而小民無立錐之土；慈皆隨口割賦，稍稍使畢其本直。先是屬城獄訟衆猥，縣不能决，多集治下；慈躬往省閲，料簡輕重，自非殊死，但鞭杖遣之，一歲决刑曾不滿十人。”

《三國志》卷三二《蜀書·先主傳》注引《典略》：“其後州郡被詔書，其有軍功爲長吏者，當沙汰之，備疑在遣中。督郵至縣，當遣備，備素知之。聞督郵在傳舍，備欲求見督郵，督郵稱疾不肯見備，備恨之，因還治，將吏卒更詣傳舍，突入門，言‘我被府君密教收督郵’。遂就床縛之，將出到界，自解其綬以繫督郵頸，縛之著樹，鞭杖百餘下，欲殺之。督郵求哀，乃釋去之。”

《三國志》卷三六《蜀書·張飛傳》：“初，飛雄壯威猛，亞於關羽，魏謀臣程昱等咸稱羽、飛萬人之敵也。羽善待卒伍而驕於士大夫，飛愛敬君子而不恤小人。先主常戒之曰：‘卿刑殺既過差，又日鞭撾健兒，而令在左右，此取禍之道也。’飛猶不悛。”

《三國志》卷五五《吴書·黄蓋傳》：“諸山越不賓，有寇難之縣，輒用蓋爲守長。石城縣吏，特難檢御，蓋乃署兩掾，分主諸曹。教曰：‘令長不德，徒以武功爲官，不以文吏爲稱。今賊寇未平，有軍旅之務，一以文書委付兩掾，當檢攝諸曹，糾擿謬誤。兩掾所署，事入諾出，若有奸欺，終不加以鞭杖，宜各盡心，無爲衆先。’初皆怖威，夙夜恭職；久之，吏以蓋不視文書，漸容人事。蓋亦嫌外懈怠，時有所省，各得兩掾不奉法數事。乃悉請諸掾吏，賜酒食，因出事詰問。兩掾辭屈，皆叩頭謝罪。蓋曰：‘前已相敕，終不以鞭杖相加，非相欺也。’遂殺之。縣中震慄。”

《晋書》卷八《穆帝紀》：“（升平）三月，慕容儁陷冀州諸郡，詔安西將軍謝奕、北中郎將荀羨北伐。三月，佽飛督王饒獻鴆鳥，帝怒，鞭之二百，使殿中御史焚其鳥於四達之衢。”

《晋書》卷三六《衛瓘附衛展傳》：“恒族弟展字道舒，歷尚書郎、南陽太守。永嘉中，爲江州刺史，累遷晋王大理。詔有考子證父，或鞭父母問子所在，展以爲恐傷正教，並奏除之。中興建，爲廷尉，上疏宜復肉刑，語在《刑法志》。卒，贈光禄大夫。”

《晋書》卷三八《齊王攸傳》：“遷驃騎將軍，開府辟召，禮同三司。降身虚己，待物以信。常嘆公府不案吏，然以董御戎政，復有威克之宜，乃下教曰：‘夫先王馭世，明罰敕法，鞭撲作教，以正逋慢。且唐虞之朝，猶須督責。前欲撰次其事，使粗有常。懼煩簡之宜，未審其要，故令劉、程二君詳定。然思惟之，鄭鑄刑書，叔向不韙；范宣議制，仲尼譏之。令皆如舊，無所增損。其常節度所不及者，隨事處決。諸吏各竭乃心，思同在公古人之節。如有所闕，以賴股肱匡救之規，庶以免負。’於是内外祗肅。”

《晋書》卷六六《陶侃傳》：“侃性聰敏，勤於吏職，恭而近禮，愛好人倫。終日斂膝危坐，閫外多事，千緒萬端，罔有遺漏。遠近書疏，莫不手答，筆翰如流，未嘗壅滯。引接疏遠，門無停客。常語人曰：‘大禹聖者，乃惜寸陰，至於衆人，當惜分陰，豈可逸游荒醉，生無益於時，死無聞於後，是自棄也。’諸參佐或以談戲廢事者，乃命取其酒器、蒱博之具，悉投之於江，吏將則加鞭撲，曰：‘樗蒱者，牧猪奴戲耳！老莊浮華，非先王之法言，不可行也。君子當正其衣冠，攝其威儀，何有亂頭養望自謂宏達邪！’”

《晋書》卷一一三《苻堅載記》：“王猛親寵愈密，朝政莫不由之。特進樊世，氐豪也，有大勛於苻氏，負氣倨傲，衆辱猛曰：‘吾輩與先帝共興事業，而不預時權；君無汗馬之勞，何敢專管大任？是爲我耕稼而君食之乎！’猛曰：‘方當使君爲宰夫，安直耕稼而已。’世大怒曰：‘要當懸汝頭於長安城門，不爾者，終不處於世也。’猛言之於堅，堅怒曰：‘必須殺此老氐，然後百僚可整。’俄而世入言事，堅謂猛曰：‘吾欲以楊璧尚主，璧何如人也？’世勃然曰：‘楊璧，臣之婿也，昏已久定，陛下安得令之尚主乎！’猛讓世曰：‘陛下帝有海内，而君敢競昏，是爲二天子，安有上下！’世怒起，將擊猛，左右止之。世遂醜言大罵，堅由此發怒，命斬之於西厩。諸氏紛紜，競陳猛短，堅恚甚，慢罵，或有鞭撻於殿庭者。權翼進曰：‘陛下宏達大度，善馭英豪，神武卓犖，録功捨過，有漢祖之風。然慢易之言，所宜除之。’堅笑曰：‘朕之過也。’自是公卿以下無不憚猛焉。”

［7］車騎將軍：官名，魏晋南北朝時位次於驃騎將軍，在諸名號將軍之上，多作爲軍府名號，以加授大臣及重要州郡長官。二品，開府位從公者一品。　守：犹攝。暫時署理職務。多指官階低而署理較高的官職。　尚書令：官名，秦漢時爲尚書署長官。秩位雖低，權力甚重。魏晋時沿置，爲尚書省長官，綜理全國政務，參議大政，爲高級政務長官。三品。

［8］律：清沈家本《歷代刑法考》考律：

“《爾雅·釋詁》：‘律，常也，法也。’郝氏《義疏》：‘常，《説文》以爲“裳”本字，經典借爲久常字，蓋尋、常俱度長之名，因訓爲長。故《方言》云，“凡物長謂之尋”，是尋亦訓長，常與長音義同，故《詩·文王》箋“長猶常也”。法則者，俱一定而不可變，是有常意。律者，與法則同意，故同訓。既云常又云法者，法必有常，有常可以爲法也。’

“《漢書·律曆志》：律，法也，莫不取法焉。《釋言》：‘律，述也。’郝氏《義疏》：‘述者，《説文》云“循也”。《詩·日月》傳及《士喪禮·少牢饋食禮》注並云“述，循也”。古文“述”皆作“術”。按術，《韓詩》云“法也”，法與律其義又同矣。律者，《釋詁》云“常也，法也”。奉爲常法，即述之義，故又訓述。《中庸》注及《史記·律書·索隱》引《釋名》並云“律，述也”。《廣雅》云“律，率也”。率、循即述也。’

“《坎》：‘律，銓也。’注：‘《易·坎卦》主法，法律皆所以銓量輕重。’郝氏《義疏》：‘銓者，《説文》云“衡也”，《廣韵》云“量也，次也，度也”，《文選·文賦》注引《蒼頡》篇曰“銓，稱也”，《聲類》曰“銓，所以稱物也”，《廣雅》“稱謂之銓”，《吴語》云“無以銓度天下之衆寡”。坎者，水也，水主法者。《左氏宣十二年》杜預注“坎爲法象”。《説文》云“法，刑也。平之如水，从水”。《考工記·輪人》云“水之以眡其平沈之均也，權之以眡其輕重之侔也”，然則水主均平，權知輕重，水即坎也，權亦銓也，銓衡所以取平，故坎訓銓矣。律者，上文云述也，《釋詁》云“常也，法也”。法律同類，故《易·集解》師坎下並引九家注坎爲法律，《淮南·覽冥》篇注又云“律，度也”，蓋律度銓衡並主法之器，故展轉相訓。《左宣十二年傳》正義引樊光曰“《坎卦》水也，水性平，律亦平，銓亦平也。”’

“《管子·七臣七主篇》：夫法所以興功懼暴也，律者所以定分止争也，令者所以令人知事也。法律政令者，吏民規矩繩墨也。

“《史記·律書》：王者制事、立法、物度、軌則，壹稟於六律，六律爲萬事根本焉，其於兵械尤所重。

“按：《史記》之《律書》乃兵書也，古者大刑用甲兵，則刑亦在其中矣。律爲萬事根本，刑律其一端耳。今則法律專其名矣。

“《説文》：‘律，均布也。从彳，聿聲。’段《注》：‘《易》曰“師出以律”，《尚書》“正日，同律度量衡”，《爾雅》“《坎》：律，銓也”。律者所以範天下之不一而歸於一，故曰均布也。’王氏《句讀》：‘均句，以均釋律者。《周語》“律，所以立均出度也”。《後漢·律曆志》“夏至，陳八音，聽五均”。《樂協圖徵》曰“均者，六律調五聲之均也”。宋均曰“均，長八尺，施弦以調六律五聲是也”。又申之以布也者，《釋器》“律，謂之分”。《禮運》注“陽曰律，陰曰吕，布在十二辰是也”。’

“按：王注本於桂氏《義證》，是律之本義，段《注》乃後來引伸之義也。

“《釋名》：律，累也，累人心使不放肆也。

“按：《史記》言‘王者制事立法一稟於六律’，《漢書·律曆志》云‘推曆生律，制器規圜矩方，權重衡平，準繩嘉量，探賾索隱，鉤深致遠，莫不用焉。度長短者不失豪厘，量多少者不失圭撮，權輕重者不失黍絫'，又云'夫律陰陽九六，爻象所從出也。故黄鐘紀元氣之謂律'。律，法也，莫不取法焉，蓋六律之密必無豪厘圭撮黍絫之差，立法者皆應如是，故亦以律名。《爾雅》四訓，自是古義，《釋名》以累心爲訓，非定律之本旨。

"《御覽》（六百三十八）：杜預《律序》：'律以正罪名，令以存事制。'

……

"唐虞造律

"《後漢書·張敏傳》：建初中，上疏曰：'孔子垂經典，皋陶造法律，原其本意，皆欲禁民爲非。'注：'史游《急救篇》曰"皋陶造獄法律存"也。'

"《類聚》（五十四）：《風俗通》曰，咎陶謨虞始造律，蕭何成《九章》，此關諸百王不易之道也。時所制曰令，（《文選》四十四引"時"下有"主"字。）《漢書》著於甲令。夫吏者治也，當先自正然後正人，故文書下如律令，言當承憲履繩，動不失律令也。

"《左傳》：昭十四年，《夏書》曰'昏、墨、賊、殺'，皋陶之刑也。

"按：黄帝有《李法》，似律書非始於皋陶，而漢人多云皋陶造律者，殆皋陶始以律名歟？

"《國語·魯語》：展禽曰：'堯能單均刑法以儀民。'注：'單，盡也。均，平也。儀，善也。'《春秋元命苞》：堯得皋陶，聘爲大理，舜時爲士師。

"《竹書紀年》：帝舜三年，命咎陶作刑。

"《路史·後紀》：陶唐氏惟敬五刑，以成三德，是故明法察令單刑法非汔於威，惟汔於富。象刑以儀之而亡犯，畫衣冠異章服謂之戮，故人可殺而不可辱。上刑赭衣不純，中加雜屨，下則墨幏，以居州里，故民有耻而興禮。又《少昊紀》：大業取少典氏女，曰華生，繇虞帝求旃以爲士師，繇一振褐而不仁者遠，乃立犴獄，造科律，聽獄執中，爲虞之氏而天下亡冤，封之於皋，是曰皋陶。

“按：《魯語》以單均刑法歸諸堯，證以《元命苞》之言，皋陶亦舉於堯世，《書·舜典》象以典刑一節乃堯時事，其時舜宅百揆，未即帝位也。故自來《書》傳或以之屬堯，或以之屬舜。其時堯尚在位，自應屬諸堯也。《竹書紀年》載咎陶作刑於帝舜三年，則與《尚書》不符，或爾時又命咎陶修之，與堯時爲兩事。

……

“周律

“《管子·言法》：周鄭之禮移則周律廢矣。

“按：《漢志》有《周法》九篇，法天地，立百官，在儒家類，與刑法無涉。周律之名則見於《管子·言法》，必刑法言也。

……

“二世法律

“《始皇紀》：於是二世乃遵用趙高，申法令。

“《李斯傳》：趙高曰：‘嚴法而刻刑，令有罪者相坐誅，至收族，滅大臣而遠骨肉；貧者富之，賤者貴之。盡除去先帝之故臣，更置陛下之所親信者近之。此則陰德歸陛下，害除而奸謀塞，群臣莫不被潤澤，蒙厚恩，陛下則高枕肆志寵樂矣。計莫出於此。’二世然高之言，乃更爲法律。於是群臣諸公子有罪，輒下高，令鞫治之。殺大臣蒙毅等，公子十二人僇死咸陽市，十公主矺死於杜，（《索隱》：‘矺音宅，與“磔”同，古今字異耳。磔謂裂其支體而殺之。’）財物入於縣官，相連坐者不可勝數。法令誅罰日益刻深。

“按：二世更爲法律又重於始皇之時。《傳》曰‘作法於凉，其敝猶貪，作法於貪，敝將若之何？’審哉斯言！

“漢三章

“《史記·高紀》：還軍霸上。召諸縣父老豪傑曰：‘父老苦秦苛法久矣，誹謗者族，偶語者棄市。吾與諸侯約，先入關者王之，吾當王關中。與父老約，法三章耳：殺人者死，傷人及盗抵罪。’（《集解》應劭曰：‘抵，至也，又當也。除秦酷政，但至於罪也。’

李斐曰：‘傷人有曲直，盗臧有多少，罪名不可豫定，故凡言抵罪，未知抵何罪也。’張晏曰：‘秦法，一人犯罪，舉家及鄰伍坐之，今但當其身坐，合於《康誥》“父子兄弟罪不相及”也。’《索隱》韋昭云：‘抵，當也。謂使各當其罪。’今按：秦法有三族之刑，漢但約法三章耳，殺人者死，傷人及盗者使之抵罪，餘並不論其辜，以言省刑也。則抵訓爲至，殺人以外，唯傷人及盗使至罪名耳。）餘悉除去秦法。

“按：三章之約，極爲簡要，李悝盗、賊二法已賅之矣。秦法之酷，必非李悝之舊，《紀》云‘餘悉除去’，則蕩滌煩苛。秦民如出水火而登衽席，與項羽之屠咸陽，殺秦降王子嬰，燒秦宮室，火三月不滅，收其貨寶婦女者，仁暴之分，得失判焉。論者往往右項而左劉，何哉？殺人者死，當謂有心殺人者，漢時有謀殺而無故殺，有所謂賊殺者，當即今律之故殺。《傳》曰‘殺人不忌爲賊，臯陶之刑罪當至死’，夫曰不忌，有心之謂也，其無心者自不得同論死矣。兩相鬥而傷人，其傷有輕重，有傷而死者，有傷而不死者，傷而未死者無論已，其傷而死者既先無致死之心，起衅又有曲直之别，此與殺人不忌者上下比罪，衡情酌理，豈得同科？後之説者輒謂殺人不死，堯舜亦不能治天下。辭無别白，何哉？

“漢律九章

“《漢志》：漢興，高祖初入關，約法三章，曰：‘殺人者死，傷人及盗抵罪。’蠲削煩苛，兆民大説。其後四夷未附，兵革未息，三章之法不足以御奸，於是相國蕭何攈摭秦法，取其宜於時者，作律九章。

……

“越宮律　朝律

“張湯《越宮律》二十七篇，趙禹《朝律》六篇。（見上）

“《史記·趙禹傳》：今上時，禹以刀筆吏積勞，稍遷爲御史，上以爲能，至太中大夫。與張湯論定諸律令。作見知吏傳得相監司，用法益刻，蓋自此始。

“《張湯傳》：稍遷至太中大夫，與趙禹共定諸律〔令〕，務在深文，拘守職之吏。

“按：《史記》張湯與趙禹同在《酷吏傳》，紀其實也。《漢書》張湯自爲《傳》，以安世之賢也。《越宫律》《朝律》見於《晋志》，而本《傳》不言，《漢志》亦不及，略之也。

“主父偃律令八事

“《史記·主父偃傳》：乃上書闕下。朝奏，暮召入見。所言九事，其八事爲律令，一事諫伐匈奴。

……

“酎金律

“《後漢書·禮儀志》注：丁孚《漢儀》曰：‘《酎金律》，文帝所加。’

“田租税律　田律田令　戍卒令

“田租税律。（見上）《周禮·士師》注引《田律》。《後·黄香傳》引《田令》。戍卒令。（見上）

……

“金布律令　錢律

“《晋志》引《金布律》。《蕭望之傳》金布令甲。《高紀》注臣瓚引《金令》。《錢律》。（見上）

……

“三互法

“《後書·蔡邕傳》：至是復有《三互法》。

……

“上計律

“《周禮·典路》注鄭司農引《漢上計律》。

“大樂律

“《周禮·大胥》注鄭司農引《漢大樂律》。

“漢尚方律

“《宋書》：尚方所制漢有嚴律。

"尉律

"《昭紀》'更賦'注如淳引《尉律》。

"按：以上漢律令之名可考者，别詳漢律考。

……

"小杜律

"《郭躬傳》：父弘，習《小杜律》。注：'《前書》，杜周武帝時爲廷尉、御史大夫，斷獄深刻。少子延年亦明法律，宣帝時又爲御史大夫。對父故言小。'

"按：延年以寬厚稱，其所著律書必不若周之深刻。郭氏世傳《小杜律》，故用法多依矜恕，其淵源有自來矣。

"律説

"《文紀》注如淳引律説。

"按：如氏引律甚多，未知爲何氏之説。

"律三家

"律有三家。(見上)

"按：三家姓氏無考。《晉志》所述有叔孫宣、郭令卿、馬融、鄭玄等十有餘家，陳寵此言在和帝之世焉，鄭並在其後，叔孫宣、郭令卿則未知爲何時人也。

"律鄭氏説

"《諸侯王表》注張晏引《律鄭氏説》。

"按：鄭氏章句行於魏世，見上。今其書已亡，此注其僅存者。

……

"陳杜律

"《六典》(六十五)：晉續咸修陳杜律，明達刑書。永嘉中，遷廷尉平。

……

"雜律解

"《隋志》：《雜律解》二十一卷，張斐撰。《唐志》：張斐《律解》二十卷。

"按：《唐志》無'雜'字，與《隋志》所録是一是二，未詳。

"律本　雜律

"《隋志》：《律本》二十一卷，杜預撰。梁有《杜預雜律》七卷，亡。

"《唐志》：賈充、杜預《刑法律本》二十一卷。

"按：《律本》，《隋志》屬之杜預一人，《唐志》兼及賈充。《杜預傳》云'與賈充等定律令，預爲之注解'，當時稱張、杜律，謂斐及預也。是當時定律賈充不過領銜之人，其書並出預手，故預爲之注解也。

……

"晋宋齊梁律

"《隋志》：《晋宋齊梁律》二十卷，蔡法度撰。《唐志》：《條鈔晋宋齊梁律》二十卷。

"按：《隋志》别有《梁律》二十卷，此四代之律爲二十卷，疑係比較之書，《唐志》冠以'條鈔'二字而無撰人名字，或已非原本矣。"

漢自王莽簒位之後，舊章不存。光武中興，留心庶獄，常臨朝聽訟，躬决疑事。是時承離亂之後，法網弛縱，罪名既輕，無以懲肅。梁統乃上疏曰：[1]

臣竊見元帝初元五年，輕殊刑三十四事，[2]哀帝建平元年盡四年，輕殊死者刑八十一事，其四十二事，手殺人皆減死罪一等，著爲常法。自是以後，人輕犯法，[3]吏易殺人，吏民俱失，至於不羈。

[1]梁統：東漢安定烏氏（今寧夏回族自治區固原市東南）人，字仲寧。初任更始政權中郎將、酒泉太守。建武五年（29）歸

降東漢，封宣德將軍。後征討隗囂有功，拜太中大夫。

[2]輕殊刑三十四事：中華本校勘記："'殊'下疑脱'死'字。《後漢書·梁統傳》及注引《東觀漢記》、《通典》一六三、《通志》六〇、《通考》一六三並有'死'字。"

[3]人輕犯法：人們把犯法不當作是很嚴重的事。

臣愚以爲刑罰不苟務輕，[1]務其中也。君人之道，仁義爲主，仁者愛人，義者理務。愛人故當爲除害，理務亦當爲去亂。是以五帝有流殛放殺之誅，三王有大辟刻肌之刑，所以爲除殘去亂也。故孔子稱"仁者必有勇"，又曰"理財正辭，禁人爲非曰義"。高帝受命，制約令，定法律，傳之後世，可常施行。文帝寬惠温克，[2]遭世康平，因時施恩，省去肉刑，除相坐之法，他皆率由舊章，天下幾致升平。武帝值中國隆盛，財力有餘，出兵命將，征伐遠方，軍役數興，百姓罷弊，豪桀犯禁，奸吏弄法，故設遁匿之科，[3]著知縱之律。[4]宣帝聰明正直，履道握要，以御海内，臣下奉憲，不失繩墨。元帝法律，少所改更，天下稱安。孝成、孝哀，承平繼體，即位日淺，聽斷尚寡。丞相王嘉等猥以數年之間，[5]虧除先帝舊約，穿令斷律，凡百餘事，或不便於政，[6]或不厭人心。[7]臣謹表取其尤妨政事、害善良者，傅奏如左。

[1]不苟務輕：不要隨便言用法必輕。

[2]寬惠温克：寬厚慈惠，温文克制。

［3］設遁匿之科：中華本校勘記："《梁統傳》及注、《通典》一六三、《通考》一六三'遁匿'俱作'首匿'。"首匿，藏匿罪人。載籍對首匿記載如：

《史記》卷一一八《淮南衡山列傳》："元朔六年中，衡山王使人上書請廢太子爽，立孝爲太子。爽聞，即使所善白嬴之長安上書，言孝作輣車鏃矢，與王御者奸，欲以敗孝。白嬴至長安，未及上書，吏捕嬴，以淮南事繫。王聞爽使白嬴上書，恐言國陰事，即上書反告太子爽所爲不道棄市罪事。事下沛郡治。元（朔七）〔狩元〕年冬，有司公卿下沛郡求捕所與淮南謀反者未得，得陳喜於衡山王子孝家。吏劾孝首匿喜。孝以爲陳喜雅數與王計謀反，恐其發之，聞律先自告除其罪，又疑太子使白嬴上書發其事，即先自告，告所與謀反者救赫、陳喜等。廷尉治驗，公卿請逮捕衡山王治之。天子曰：'勿捕。'遣中尉安、大行息即問王，王具以情實對。吏皆圍王宮而守之。中尉大行還，以聞，公卿請遣宗正、大行與沛郡雜治王。王聞，即自剄殺。孝先自告反，除其罪；坐與王御婢奸，棄市。王后徐來亦坐蠱殺前王后乘舒，及太子爽坐王告不孝，皆棄市。諸與衡山王謀反者皆族。國除爲衡山郡。"

《漢書》卷八《宣帝紀》："（地節四年）夏五月，詔曰：'父子之親，夫婦之道，天性也。雖有患禍，猶蒙死而存之。誠愛結於心，仁厚之至也，豈能違之哉！自今子首匿父母，妻匿夫，孫匿大父母，皆勿坐。其父母匿子，夫匿妻，大父母匿孫，罪殊死，皆上請廷尉以聞。'"

《漢書》卷六〇《杜周附延年傳》："延年本大將軍霍光吏，首發大奸，有忠節，由是擢爲太僕右曹給事中。光持刑罰嚴，延年輔之以寬。治燕王獄時，御史大夫桑弘羊子遷亡，過父故吏侯史吴。後遷捕得，伏法。會赦，侯史吴自出繫獄，廷尉王平與少府徐仁雜治反事，皆以爲桑遷坐父謀反而侯史吴臧之，非匿反者，乃匿爲隨者也。即以赦令除吴罪。後侍御史治實，以桑遷通經術，知父謀反而不諫争，與反者身無異；侯史吴故三百石吏，首匿遷，不與庶人匿隨從者等，吴不得赦。奏請覆治，劾廷尉、少府縱反者。”

又《唐律疏議》卷六《同居相爲隱》：

“諸同居，若大功以上親及外祖父母、外孫，若孫之婦、夫之兄弟及兄弟妻，有罪相爲隱；

“疏議曰：‘同居’，謂同財共居，不限籍之同異，雖無服者，並是。‘若大功以上親’，各依本服。‘外祖父母、外孫若孫之婦、夫之兄弟及兄弟妻’，服雖輕，論情重。故有罪者並相爲隱，反報俱隱。此等外祖不及曾、高，外孫不及曾、玄也。

“部曲、奴婢爲主隱：皆勿論，

“疏議曰：部曲、奴婢，主不爲隱，聽爲主隱。非‘謀叛’以上，並不坐。

“即漏露其事及擿語消息亦不坐。

“疏議曰：假有鑄錢及盜之類，事須掩攝追收，遂‘漏露其事’。‘及擿語消息’，謂報罪人所掩攝之事，令得隱避逃亡。爲通相隱，故亦不坐。

“其小功以下相隱，減凡人三等。

“疏議曰：小功、緦麻，假有死罪隱藏，據凡人唯減一等，小功、緦麻又減凡人三等，總減四等，猶徒二年。

“若犯謀叛以上者，不用此律。

“疏議曰：謂謀反、謀大逆、謀叛，此等三事，並不得相隱，故不用相隱之律，各從本條科斷。

“問曰：‘小功以下相隱，減凡人三等。’若有漏露其事及擿語消息，亦得減罪以否？

“答曰：漏露其事及擿語消息，上文大功以上共相容隱義同，其於小功以下理亦不別。律恐煩文，故舉相隱爲例，亦減凡人三等。”

劉俊文先生《唐律疏議·箋解》（中華書局 1996 年版，第 469—471 頁）解析：

“此條規定親屬相容隱。

“按容隱者，庇護也。親屬相容隱，即親屬之間得相互庇護犯罪也。此制源於《論語·子路》：‘父爲子隱，子爲父隱，直在其中矣。’漢宣帝時始著之於令，《漢書》卷八《宣帝紀》：（地節四年）夏五月，詔曰：‘父子之親，夫婦之道，天性也。雖有患禍，猶蒙死而存之。誠愛結於心，仁厚之至也，豈能違之哉！自今子首匿父母，妻匿夫，孫匿大父母，皆勿坐。其父母匿子，夫匿妻，大父母匿孫，罪殊死，皆上請廷尉以聞。’至遲東漢時，律中已有親屬得相容隱之條。《公羊傳·閔公元年》何休注引《漢律》云：‘論季子當從議親之辟，猶律：親親得相首匿。’唐律此條，即沿自漢律也。

“親屬相容隱之法意，每爲人所疑惑。蓋律以懲罰犯罪爲根本目標，而今公然承認庇惡容奸之合法性，豈非自相矛盾？然細繹律義，第一：親屬相容隱乃基於禮經‘親親’之義，維護家庭與宗族之敦睦和協，而家庭與宗族正是整個封建社會之細胞；第二：親屬相容隱僅限於被稱爲‘小奸’之一般性犯罪，至於被稱爲‘巨蠹’之從根本上危及封建統治之犯罪，例如謀反、謀大逆、謀叛，則並不在容隱之列，律疏云‘謀反、謀大逆、謀叛，此等三事，並不得相隱’是也。故親屬相容隱之真諦，乃通過容隱‘小奸’，嚴懲‘巨蠹’，以求得作爲封建社會細胞之家庭與宗族之敦睦和協，進而换來整個社會機體之長治久安。此不惟不與律之基本精神相違背，且恰恰體現出律之基本精神。根據律文，親屬相容隱分爲兩級，其親屬範圍與相隱效果各不相同。第一級，親屬範圍包括三種：一是同居親。此同居乃指事實上之‘同財共居’，並不問‘籍之同異’，亦不論有服無服，律疏所謂‘雖無服者並是’。蓋‘同財共居’已構成家庭之實體也。二是大功以上親。此大功以上親，悉‘依本服’，不以尊壓及出降，蓋强調自然之血緣關係也。由於外姻無大功親，故此類皆係内親。三是外祖父母、外孫、孫之婦、夫之兄弟及兄弟妻。此類親屬論服制皆在小功以下，而論情分則皆擬於近親，律疏所謂‘服雖輕，論情重’。將其列入第一級，蓋於先天血緣關係之外，特別重視實際存在之感情聯繫也。以上三類親屬相隱，皆具有絶對之效果，即隱者無罪。律云：‘有罪相爲隱’，‘皆勿論’；‘即漏露其事及擿語消息亦不坐’。此可稱爲免刑隱。第二級，親屬範圍包括兩種，即一般之小功親，與一般之緦麻親。此二類親屬列入第二級，蓋以其服輕情淺，天然之血緣關係既疏，實際之感情聯繫復少也。是故，此二類親屬相隱，僅具有相對之效果，即隱者不能完全無罪，但可比照常人相隱減罪三等。律云：‘其小功以下相隱，減凡人三等。’易言之，小功以下有罪相爲隱，減凡人有罪相爲隱三等；小功以下漏露其事及擿語消息，亦減凡人漏露其事及擿語消息三等。此可稱爲減刑隱。應注意者，律於親屬相容隱制之外，復附設部曲奴婢爲主隱之制。此制與親屬相容隱制之不同在於，親屬相容隱爲相互主義，即所謂‘有罪相爲隱’；而此制則是單方面，即部曲奴婢一方爲主隱罪，而主則不爲部曲奴婢隱罪，律疏所謂‘部曲、奴婢，主不爲隱，聽爲主隱’是也。至於部曲、奴婢爲主隱之效果，亦是絶對的，即隱罪無罪，漏露其事及擿語消息亦不坐；而其限度，亦止於犯謀叛以下罪，如主所犯爲謀叛以上，部曲奴婢即不得爲隱：凡此，皆與親屬相容隱制同也。”

[4]著知縱之律：謂知道别人犯法而不檢舉告發。《後漢書》卷三四《梁統傳》：“豪桀犯禁，奸吏弄法，故重首匿之科，著知從之律，以破朋黨，以懲隱匿。”李賢注：“知縱謂見知故縱，武帝時立見知故縱之罪，使張湯等著律。”

[5]王嘉：西漢平陵（今陝西省咸陽市西北）人，字公仲。成帝時歷任太中大夫、九江太守、河南太守、大鴻臚、京兆尹、御史大夫等職。哀帝時因阻止封賞寵臣董賢，被下獄，不食嘔血而死。猥：累積弊端。

[6]或不便於政：或，原本、宋本作“成”，殿本作“或”，據殿本改。

[7]厭：滿足。

伏惟陛下苞五常，履九德，[1]推時撥亂，博施濟時，而反因循季世末節，衰微軌迹，誠非所以還初反本，據元更始也。願陛下宣詔有司，悉舉初元、建平之所穿鑿，[2]考其輕重，察其化俗，足以知政教所處，擇其善者而從之，其不善者而改之，定不易之典，施之無窮，天下幸甚。

事下三公、廷尉議，[3]以爲隆刑峻法，非明王急務，不可開許。統復上言曰："有司猥以臣所上不可施行。今臣所言，非曰嚴刑。竊謂高帝以後，至於宣帝，其所施行，考合經傳，比方今事，非隆刑峻法。不勝至願，願得召見，若對尚書近臣，口陳其意。"帝令尚書問狀，統又對，極言政刑宜改。議竟不從。及明帝即位，常臨聽訟觀録洛陽諸獄。[4]帝性既明察，能得下奸，故尚書奏决罰近於苛碎。

[1]九德：九種美德。《左傳·昭公二十八年》："心能制義曰度，德正應和曰莫，照臨四方曰明，勤施無私曰類，教誨不倦曰長，賞慶刑威曰君，慈和遍服曰順，擇善而從之曰比，經緯天地曰文。九德不愆，作事無悔。"

[2]穿鑿：牽强附會。

[3]廷尉：官名，中央最高司法審判機構長官，負責會審朝中有罪文武大臣，覆核審决郡國疑獄等。三品。

[4]録（lǜ）：省察，甄别。

至章帝時，尚書陳寵上疏曰：[1]"先王之政，賞不僭，刑不濫，與其不得已，寧僭不濫。故唐堯著典曰

‘流宥五刑，眚灾肆赦’。[2]帝舜命皋陶以‘五宅三居，惟明克允’。[3]文王重《易》六爻，而列叢棘之聽；[4]周公作《立政》，戒成王勿誤乎庶獄。陛下即位，率由此義，而有司執事，未悉奉承。斷獄者急於榜格酷烈之痛，執憲者繁於詐欺放濫之文，違本離實，箠楚爲奸，或因公行私，以逞威福。夫爲政也，猶張琴瑟，大弦急者小弦絶，故子貢非臧孫之猛法，而美鄭僑之仁政。[5]方今聖德充塞，假於上下，宜因此時，隆先聖之務，蕩滌煩苛，輕薄箠楚，以濟群生，廣至德也。”帝納寵言，决罪行刑，務於寬厚。其後遂詔有司，禁絶鉆鑽諸酷痛舊制，解祅惡之禁，[6]除文致之請，[7]讞五十餘事，[8]定著於令。[9]是後獄法和平。

[1]尚書：官名，東漢尚書臺六曹各置尚書，秩六百石。魏晋出爲朝官，分掌尚書省諸曹，品秩提高。三品。　陳寵：東漢沛國洨（今安徽省固鎮縣東）人，字昭公。明習法律，少爲州郡吏，辟司徒府，掌獄訟，撰《辭訟比》七卷。歷任尚書、泰山太守、廣漢太守等職，官至廷尉，治獄務從寬恕，主張律令從簡。

[2]“流宥五刑”句：語見《尚書·舜典》：“流宥五刑，鞭作官刑，撲作教刑，金作贖刑。眚灾肆赦，怙終賊刑。”意思是：以流放之法寬五刑，以鞭罰懲治犯罪官員，不勤政守道者撻之。犯錯誤而入刑，可出金贖罪。罪過造成危害的，當緩赦之；怙奸自終者，當刑殺之。

[3]“五宅三居”句：語見《尚書·舜典》：“五流有宅，五宅三居。惟明克允。”意思是流放的刑罰根據不同的罪行有別，共有三等，大罪流放四裔，次等九州之外，再次千里之外。因爲皋陶能公開誠信地執行流放之刑，遠近信服，無敢犯者。

［4］叢棘：古時囚禁犯人，在其四周用荆棘堵塞。《易·坎》：“係用徽纆，置於叢棘。”孔穎達疏：“謂囚執之處，以棘叢而禁之也。”

［5］“子貢非臧孫之猛法”句：《後漢書》卷四六《陳寵傳》：“夫爲政猶張琴瑟。”李賢注：“臧孫，魯大夫，行猛政。子貢非之曰：‘夫政猶張琴瑟也，大弦急則小弦絶矣。故曰：“罰得則奸邪止，賞得則下歡悦。”子之賊心見矣。獨不聞子産之相鄭乎？推賢舉能，抑惡揚善，有大略者不問其短，有厚德者不非小疵，家給人足，囹圄空虚。子産卒，國人皆叩心流涕，三月不聞竽琴之音。其生也見愛，死也可悲。故曰：“德莫大於仁，禍莫大於刻。”今子病而人賀，子愈而人相懼，曰：“嗟乎！何命之不善，臧孫子又不死？”’臧孫慚而避位，終身不出。”

［6］祅惡：怪異邪惡。

［7］除文致之請：之，原本、宋本、殿本無此字，據中華本校勘記補。

［8］讞（yàn）：審判，判罪。

［9］令：清沈家本《歷代刑法考》考令：

“《爾雅·釋詁》：‘令，告也。’郝氏《義疏》：‘《獨斷》云“告，教也”，《釋名》云“上敕下曰告。告，覺也，使覺悟知己意也”。按以告爲上敕下，亦不必然，《廣韵》二沃梏紐下云“告上曰告，發下曰告”，是告乃上下通名耳。’

“《詩·東方未明》：自公令之。傳：‘令，告也。’

“《漢書·東方朔傳》：令者命也。

“《周禮·大司馬》：犯令陵政則杜之。注：‘令，猶命也。’

“《國策·秦策》：挾天子以令天下。注：‘謹聞令。’注：‘令，教。’

“《論語》：不令而行。《集解》：‘令，教令也。’《鹽鐵論·刑德》：令者，所以教民也。又詔聖令者，教也，所以導民。

“《漢書·食貨志》下注：‘令謂法令。’

“《説文》：‘令，發號也。’桂氏《義證》：‘發號也者，本書“君”下云發號，故从口。“后”下云發號者，君后也。《易·涣卦》“涣汗其大號”。《書·冏命》“發號施令，罔有不臧”。文十七年《左傳》“居大國而從於强令”，杜云“令，號令也”。’

“《賈子·等齊》篇：天子之言曰令，令甲令乙是也。

“《文選·爲袁紹檄豫州》注：《風俗通》：‘時王所制曰令。’

“《管子·法法》篇：令者人主之大寶也。

“《釋名》：令，領也，理領之，使不得相犯也。按：令者，上敕下之詞，命令、教令、號令，其義同。法令則著之書策，奉而行之，令甲、令乙是也。

“《史記·杜周傳》：客有讓周曰：‘君爲天子决平，不循三尺法，專以人主意指爲獄。獄者固如是乎？’周曰：‘三尺安出哉？前主所是著爲律，後主所是疏爲令，當時爲是，何古之法乎！’《漢書》注：‘師古曰，著謂明表也，疏謂分條也。’

“按：‘前主所是’二句，疑是成語。

……

“湯令

“《玉海》（六十五）：《帝王紀》：‘湯令：未命之爲士者，車不得朱軒及有飛軨，不得乘飾車駢馬、衣文綉，命然後得，以順有德。’

“按：湯有四方獻令，見《逸周書·王會》篇，是湯時諸法皆有令也。

……

“周令

“《周禮·春官》：内史執國法及國令之貳。御史掌邦國都鄙及萬民之治令，以贊冢宰，凡治者受法令焉。

“按：此周有令之證。

……

“楚憲令

“《史記·屈原傳》：懷王使屈原造爲憲令，屈平屬草稿，未定，上官大夫見而欲奪之，屈平不與。因讒之曰：‘王使屈平爲令，衆莫不知，每一令出，平伐其功，（曰）以爲“非我不能爲”也。’王怒而疏屈平。

“按：此楚有令，似各國皆有令矣。

……

“秦律令

“《史記·蕭相國世家》：沛公至咸陽，諸將皆争走金帛財物之府分之，何獨先入收秦丞相御史律、令、圖書藏之。

“按：此秦有律有令之證。漢之有律有令，承秦之名也。《張蒼傳》‘秦時爲柱下史，明習天下圖書計籍’，是律令在丞相府，圖書在御史府。《漢書·嚴延年傳》‘少學律令丞相府’，是漢時律令亦在丞相府也。

……

“漢律經　令甲

“《漢書·宣紀》：地節四年，令甲，死者不可生，刑者不可息。注文潁曰：‘蕭何承秦法所作律令，律經是也。天子詔所增損，不在律上者爲令。令甲者，前帝第一令也。’如淳曰：‘令有先後，故有令甲、令乙、令丙。’師古曰：‘如説是也。甲、乙者，若今之第一、第二篇耳。’

“《史記·惠景間侯者年表》：夫長沙王者，著《令甲》，稱其忠焉。（《漢書·吴芮傳》贊作‘甲令’。）

“賈誼《新書·等齊篇》：天子之言曰令，《令甲》《令乙》是也。

“《續漢書·律曆志中》：案官所施漏法《令甲》第六《常符漏品》。

“《晋志》：漢時决事，集爲《令甲》三百餘篇。

“按：蕭何律經之名僅見此注，他書皆言何作律九章，不以經名，疑當日沿李悝舊名而稱之耳。漢令以甲、乙爲次，若今時書之

第一卷、第二卷也，各律有名，律之分令，各有甲、乙。如《晉志》所載《雜律·令乙》《囚律·令丙》是也。《哀紀》‘名田’如淳注、《平紀》‘女徒’如淳注並引《令甲》如魏人，其時漢令具在，故如得引之。《趙策·趙燕後胡服篇》：‘臣敬循衣服，以待令日。’高誘注：‘令，善也。’《韵府》甲下作‘令甲’，不知所據何本。

“令乙令丙

“《江充傳》：盡劾没入官。如淳曰：令乙，騎乘車馬云云。

“《後書·章紀》：元和元年，詔曰：《令丙》，箠長短有數。

“按：令乙、令丙，説已見上。

“甲令乙令

“《漢書·吴芮傳》贊：著於《甲令》而稱忠也。注師古曰：‘甲者，令篇之次也。’

“《叙傳》：著於《甲令》，民用寧康。述《景紀》第五。

“《後漢書·皇后紀》：論向使因設外戚之禁，編著《甲令》。注：‘《前書音義》曰，《甲令》者，前帝第一令，有《甲令》《乙令》《丙令》。’《張釋之傳》：釋之奏當‘此人犯蹕’。注如淳：‘乙令“蹕先至而犯者，罰金四兩”。’

“按：甲令、乙令猶言令甲、令乙也。《吴芮傳》之‘甲令’，《史表》作‘令甲’是其證。《易·蠱卦》‘先甲’，疏：‘漢時謂令之重者謂之甲令。’頗與舊説異，此當以如淳之説爲據，如氏親見漢令，其言自可信。

……

“挈令　板令

“《張湯傳》：上所是，受而著讞法廷尉挈令。注韋昭曰：‘在板挈也。’師古曰：‘著謂明書之也。挈，獄訟之要也。書於讞法挈令以爲後式也。’《燕王旦傳》注師古引漢光禄挈令。

“《説文》‘絬’下引樂浪挈令。

“《溝洫志》：租挈。注師古曰：‘收田租之約令也。’

“《後書·應劭傳》：廷尉板令。

……

“任子令　誹謗詆欺法

“《哀紀》：建平元年，除任子令及誹謗詆欺法。

……

“水令

“《兒寬傳》：定《水令》。

“公令

“《何並傳》注如淳引《公令》。

“功令

“《儒林傳》：請著《功令》。師古曰：‘功令，篇〔名〕，若今選舉令。’

“養老令

“《文紀》。(詳漢律考)

“馬復令

“《西域傳》：修《馬復令》以備缺。

“禄秩令

“《文紀》注臣瓚引《禄秩令》。

“宮衛令

“《張釋之傳》注如淳引《宮衛令》。

……

“胎養令

“《後書·章紀》：著《胎養之令》。

“祀令　祠令

“《郊祀志》注臣瓚引《漢祀令》。《文紀》注如淳引《漢祠令》。

“齋令

“《玉海》(六十五)：《蔡邕表志》引《齋令》。

……

“賣爵令

“《史記·平準書》：孝景時，上郡以西旱，亦復修《賣爵令》。

“品令

“《百官公卿表》少府注如淳引《品令》。

……

“具令　著令

“《文紀》：元年三月，養老具爲令。師古曰：‘使其備爲條制。’

“《景紀》：〔元年〕七月，廷尉與丞相更議著令。注蘇林曰：‘著音著幘之著。’師古曰：‘音著作之著。’

“按：《廣雅·釋詁》二：‘具，備也。’與師古之注合，言備爲令也。《杜周傳》注：‘著謂明表也。’《管子·幼官》注：‘著猶明表。’《張湯傳》注：‘著謂明書之也。’《張良傳》注：‘著謂書之於史；著令者，明書之於令也。’此音當如著作之著。《國語·晋語》‘底著滯淫’，注：‘著，附也。’《一切經音義》三、《字書》：‘著，相附著也。’此音當如著幘之著。《成紀》言‘乃著令’，《平紀》言‘定著令’，《韋元成傳》亦言‘定著令’，《史記·惠景間侯者年表》言‘著令甲’，凡新定之令必先具而後著之，必明書而附於舊令之内。蘇、顔兩音，實相引伸也。

……

“減死令　罰金令

“魏文帝受禪，時有大女劉朱，撾子婦酷暴，前後三婦自殺，論朱減死輸作尚方，因是下怨毒殺人減死之令。魏明帝改士庶罰金之令。

……

“晋令

“《隋志》：《晋令》四十卷。(《唐志》同）晋初，甲令已下至九百餘卷，武帝命賈充引群儒删采其要，增律十篇。其餘不足經遠者，爲法令。施行制度者爲令，品式章程者爲故事，各還其官府。(舊事篇）

“《唐六典》：晋命賈充等撰令四十篇：一户，二學，三貢士，四官品，五吏員，六俸廩，七服制，八祠，九户調，十佃，十一復除，十二關市，十三捕亡，十四獄官，十五鞭杖，十六醫藥疾病，十七喪葬，十八雜上，十九雜中，二十雜下，二十一門下散騎中書，二十二尚書，二十三三臺秘書，二十四王公侯，二十五軍吏員，二十六選吏，二十七選將，二十八選雜士，二十九宫衛，三十贖，三十一軍戰，三十二軍水戰，三十三至三十八皆軍法，三十九、四十皆雜法。

“按：《南齊書·百官志序》：‘荀勖欲去事煩，唯并省。定制成文，本之《晋令》。’《宋書·禮志》《文選注》《酉陽雜俎》《北堂書鈔》《藝文類聚》《初學記》《太平御覽》諸書並引《晋令》。《北史·劉芳傳》引晋祠令，即其令第八篇也。

“籍田令

“杜預奏事：竊惟籍田令本以籍田千畝十頃之田計，其按行周旋不過數里。

“按：此似不在前四十篇之内，别以籍田名篇。”

永元六年，寵又代郭躬爲廷尉，[1]復校律令，刑法溢於《甫刑》者，奏除之，曰：“臣聞禮經三百，威儀三千，故《甫刑》大辟二百，五刑之屬三千。禮之所去，刑之所取，失禮即入刑，相爲表裏者也。今律令，犯罪應死刑者六百一十，耐罪千六百九十八，[2]贖罪以下二千六百八十一，溢於《甫刑》千九百八十九，其四百一十大辟，千五百耐罪，[3]七十九贖罪。[4]《春秋保乾圖》曰：[5]‘王者三百年一蠲法。’漢興以來，三百二年，憲令稍增，科條無限。[6]又律有三家，説各駁異。刑法繁多，宜令三公、廷尉集平律令，應經合義可施行者，大辟二百，耐罪、贖罪二千八百，合爲三千，與禮相應。其餘千九百八十九事，悉可詳除。使百姓改易視聽，以成大化，致刑措之美，傳之無窮。”未及施行，會寵抵罪，遂寢。寵子忠。[7]忠後復爲尚書，略依寵意，奏上三十三條，[8]爲《決事比》，以省請讞之弊。又上除蠶室刑，[9]解贓吏三世禁錮，狂易殺人得減重論，[10]母子兄弟相代死聽赦所代者，事皆施行。雖時有蠲革，而舊律繁蕪，未經纂集。

[1]郭躬：東漢潁川陽翟（今河南省禹州市）人，字仲孫。其父郭弘精於法律，郭躬少傳父業。後辟於公府，多次入議罪科，主張法務寬平。官至廷尉。

[2]耐：剃去鬚鬢，相當於髡。

[3]千五百耐罪：原本、宋本百下有“七”字，殿本無，據殿本、中華本校勘記删。

[4]贖罪：古代法律制度，用錢物減輕刑罰。清沈家本《歷代刑法考》考述晋代及以前歷代贖罪説：

“《虞書》：金作贖刑。傳：‘金，黄金。誤而入刑，出金以贖罪。’《正義》曰：‘此以金爲黄金。《吕刑》“其罰百鍰”，傳爲“黄銕”，俱是贖罪而金、鎮不同者，古之金、銀、銅、銕總號爲金，别之，四名耳。此傳“黄金”，《吕刑》“黄銕”，皆是今之銅也。古之贖罪者皆用銅，漢始改用黄金，但少其斤兩，令與銅相敵，故鄭玄《駁異義》言“贖死罪千鍰”。鍰，六兩大半兩，爲四百一十六斤十兩大半兩銅，與金贖死罪金三斤爲價相依附，是古贖罪皆用銅也。實謂銅，而謂之金銕，知傳之所言謂銅爲金銕耳。漢及後魏贖罪皆用黄金，後魏以金難得，合金一兩收絹十匹。今律乃復依古，死罪贖銅一百二十斤，於古稱爲三百六十斤。孔以鍰爲六兩，計千鍰爲三百七十五斤，今贖輕於古也。“誤而入罪，出金以贖”，即律“過失殺傷人，各依其狀以贖論”是也。《吕刑》所言疑赦乃罰者，即今律“疑罪各從其實以贖論”是也。疑，謂虚實之證等，是非之理均，或事涉疑似，旁無證見，或雖有證見，事涉疑似，如此之類，言皆爲疑罪，疑而罰贖，《吕刑》已用。言誤而輸贖，於文不顯，故此傳指言誤而入罪以解此贖。鞭撲加於人身，可云撲作教刑，金非加人之物，而言金作贖刑，出金之與受撲，俱是人之所患，故得指其所出以爲刑名。’蔡傳：‘贖其罪也，蓋罪之極輕，雖入鞭撲之刑而情法猶有可議者也。據此經文，則五刑有流宥而無金贖，《周禮・秋官》亦無其文，至《吕刑》乃有五等之罰，疑穆王始制之，非法之正也。蓋當刑而贖則失之輕，疑赦而贖則失之重，且使富者幸免，貧者受刑，又非所以爲平也。’朱子曰：‘金作贖刑者，使之入金而免其罪，所以贖，夫犯鞭撲之刑而情又輕者也。’

“馬融曰：‘意善功惡，使出金贖罪，坐不戒慎者。’（《史記・五帝本紀・集解》）江聲曰：‘意善功惡者，功謂事也，謂意本無惡而所爲之事或不戒慎而有傷害，縱之則無所懲，刑之則恐枉濫，姑使出金贖之，故云坐不戒慎者。’（《尚書集注音疏》）

“《尚書大傳》：夏后氏不殺不刑，死罪罰二千饌。（《史記・平準書・索隱》）禹之君民也，罰弗及强而天下治。一饌，六兩。注：‘所出金鐵也。死罪出三百七十五斤，用財少爾。’（《路史・後紀》十三《夏后氏紀》引《甫刑傳》。）陳壽祺《大傳定本》案：‘“饌”，他本作“鐉”，非。惟震澤王氏《史記》本不誤。’鄭注：‘三百七十五斤，適合千饌六千兩之數。’《索隱》引《大傳》‘二’字當衍。

“《周禮・秋官・職金》：掌受士之金罰貨罰，入於司兵。注：‘給治兵及工直也。貨，泉貝也。罰，罰贖也。《書》曰“金作贖刑”。’疏云：‘掌受士之金罰者，謂斷獄訟者有疑即使出贖。既言金罰又曰貨罰者，出罰之家，時或無金，即出貨以當金直，故兩言之。金有兩義，若相對而言，則有金、銀、銅、鐵爲異，若散而言之，總謂之金。但古出金贖罪，皆據銅爲金，若用黄金百鍰，乃至大辟千鍰，無齊之理。'

"按：《夏官》'司兵掌五兵五盾，各辨其物與其等，以待軍事'，是司兵掌五兵者。此金罰入於司兵，當即以此金治兵器。孔疏言'古者贖罰，據銅爲金'，其説頗有據，鄭云'給治兵及工直'者，金以治兵，貨以給直也。

"《吕刑》序：吕命穆王訓夏贖刑。傳：'吕侯以穆王命作《書訓》，暢夏禹贖刑之法，更從輕以布告天下。'疏：'經言陳罰贖之事，不言何代之禮，故序言"訓夏"，以明經是夏法。王者代相，革易刑罰，世輕世重。殷以變夏，周又改殷。夏法行於前代，廢已久矣，今復訓暢夏禹贖刑之法，以周法傷重，更從輕以布告天下。以其事合於當時，故孔子録之以爲法。《周禮·職金》"掌受士之金罰貨罰，入於司兵"，則周亦有贖刑，而遠訓夏之贖刑者，《周禮》惟言"士之金罰"，人似不得贖罪，縱使亦得贖罪，贖必異於夏法，以夏刑爲輕，故祖而用之。'

"《吕刑》：墨辟疑赦，其罰百鍰，閲實其罪。(刑疑則赦，從罰。六兩曰鍰。鍰，黄鐵也。閲實其罪，使與罰各相當。) 劓辟疑赦，其罰惟倍，閲實其罪。(倍百爲二百鍰。) 剕辟疑赦，其罰倍差，閲實其罪。(倍差，謂倍之又半，爲五百鍰。) 宫辟疑赦，其罰六百鍰，閲實其罪。大辟疑赦，其罰千鍰，閲實其罪。(死刑也。五刑疑，各入罰，不降，相因古之制也。) 墨罰之屬千，劓罰之屬千，剕罰之屬五百，宫罰之屬三百，大辟之罰其屬二百，五刑之屬三千。(别言罰之，合言刑屬，明刑罰同屬，互見其義，以相備。) 蔡傳：'今按《皋陶》所謂罪疑惟輕者，降一等而罪之耳。今五刑疑赦而直罰之以金，是大辟、宫、剕、劓、墨皆不復降等用矣。蘇氏謂五刑疑，各入罰，不降，當因古制。非也。舜之贖刑，官府、學校鞭撲之刑耳。夫刑莫輕於鞭撲，入於鞭撲之刑而又情法猶有可議者則是無法以治之，故使之贖，特不欲遽釋之也。而穆王之所謂

贖，雖大辟亦贖也，舜豈有是制哉？'

"《職金》疏：'《考工·冶氏》云，戈戟重三鋝。夏侯、歐陽説云"墨罰疑赦，其罰百率"，古以六兩爲率。古《尚書》説"百鍰"，鍰者，率也。一率十一銖二十五分銖之十三也，百鍰爲三斤，鄭玄以爲古之"率"多作"鍰"。鄭注《冶氏》云，許叔重《説文解字》云"鋝，鍰也"。今東萊稱或以大半兩爲鈞，十鈞爲鍰，鍰重六兩大半兩。若然，鋝、鍰一也。言大半兩是三分兩之二，鄭意以此爲正，故不從諸家，以六兩爲鍰。'《説文》：'鋝，十一銖二十五分銖之十三也。从金寽聲。《周禮》曰重三鋝，北方二十兩爲三鋝。''鍰，鋝也。从金爰聲。《書》曰"罰百鍰"。'段氏（玉裁）《尚書撰異》云：'今文《尚書》作"率"，或作"選"，或作"饌"；古文《尚書》作"鍰"。《史記·周本紀》百率、五百率、千率，此依今文《尚書》也。徐廣曰："率音刷。"《索隱》曰："舊本率，亦作選。"考《漢書·蕭望之傳》曰"甫刑之罰，小過赦，薄罪贖，有金選之品"。《尚書大傳》曰"一饌六兩，率與選、饌皆雙聲"。《職金》正義云云，按此蓋出《五經異義》。今文《尚書》作"率"，古文《尚書》作"鍰"。今文《尚書》説"率重六兩"，古文《尚書》説"鍰重十一銖二十五分銖之十三"。其字其説皆異也。古文家説"鍰"即"率"者，比合伏生《尚書》言之耳。馬季長云"賈逵説俗儒以鋝重六兩"。俗儒者，謂歐陽夏侯，即《大傳》"一饌六兩"也。鄭、孔、王及小《爾雅》以六兩訓鍰，此用今文《尚書》説説古文《尚書》也。馬季長、許叔重則用古《尚書》説，謂"鍰"即《考工記》之"鋝"字。馬注《考工記》曰"鋝，量名，當與《吕刑》鍰同"。《尚書正義》引。此許謂"鍰"即"鋝"之所本也。'

"按：今文、古文《尚書》二説，多寡之數懸殊。古文説鍰者，十一銖二十五分銖之十三，百鍰爲三斤，其數輕；今文説鋝者六兩三分兩之二，百鋝爲四十一斤十兩三分兩之二，其數重。王氏（鳴盛）《尚書後案》是今文而非古文，謂四十斤十兩三分兩之二以贖墨罪不爲重，等而上之至千鍰，亦衹四百十六斤十兩三分兩之二，約計今銅價，僅值白金一百二三十兩。如百鍰爲銅三斤，可贖黥面之罪，推之大辟，衹用銅三十斤，就今銅價，僅值白金五六兩，以贖死罪，有是理乎？江氏（聲）《尚書集注音疏》則是古文而非今文，謂百鋝爲四十一斤十兩三分兩之二太重。竊謂古今物價之貴賤不能盡同。《左傳》僖十八年，鄭伯始朝於楚。楚子賜之金，既而悔之，與之盟曰：'無以鑄兵！'故以鑄三鐘。杜注：'古者以銅爲兵。'是此傳之所謂金乃銅也。夫三鐘之銅，爲數幾何？而貴重之如此，是必當時銅少而貴，不與今同也。然則據今之價以論古法，未必符也。《舜典》疏引鄭《駁異義》云'云與金贖死罪金三斤爲價相依附'，'與金'之'金'，陳氏《異義疏證》改作'今'，是也。今謂漢時，似鄭説較長。

"蔡傳又云：'按此篇專訓贖刑，蓋本《舜典》"金作贖刑"之語。今詳此書，實則不然，蓋《舜典》所謂贖者，官府學校之刑爾，若五刑，則固未嘗贖也。五刑之寬，惟處以流，鞭撲之寬，方許其贖。今穆王贖法，雖大辟亦與其贖免矣。漢張敞以討羌，兵食不繼，建爲入穀贖罪之法。初亦未嘗及夫殺人及盜之罪，而蕭望之等猶以爲如此則富者得生，貧者獨死，恐開利路以傷治化。曾謂唐虞之世而有是贖法哉？穆王巡游無度，財匱民勞，至其末年，無以爲計，乃爲此一切權宜之術以斂民財。夫子録之，蓋亦示戒，然其一篇之書哀矜惻怛，猶可想見三代忠厚之遺意云爾。'

"馬氏（端臨）《通考》云：'《吕刑》一書，先儒蔡九峰以爲《舜典》所謂贖刑者云云，愚以爲未然。蓋熟讀此書，哀矜惻怛之意千載之下猶使人爲之感動且拳拳乎？訖富惟貨之戒，則其不爲聚斂徵求設也審矣。鬻獄取貨，末世暴君污吏之所爲，而謂穆王爲之，夫子取之乎？且其所謂贖者，意自有在，學者不能詳味經意而深考之耳。其曰"墨辟疑赦，其罰百鍰"，蓋謂犯墨法之中疑其可赦者，不遽赦之而姑取其百鍰以示罰耳。繼之曰"閲實其罪"，蓋言罪之無疑則刑，可疑則贖，皆當閲其實也。其所謂疑者何也？蓋唐虞之時，刑清律簡，是以贖金之法止及鞭撲，而五刑無贖法。至於周而律之繁極矣，五刑之屬至於三千，若一按之律盡從而刑之，何莫非投機觸罟者？天下之人無完膚矣。是以穆王哀之，而五刑之疑各以贖論。姑以大辟一條言之，夫所犯者，死罪而聽其贖金以免，誠不可以訓也，然大辟之屬二百，則豈無疑赦而在可議之列者？有如殺人反逆之類，則是不可不殺，雖萬鍰亦難貰死矣。而二百之屬，其罪不皆至此也。以經傳考之，其在周則王制之析言破律、行僞學非、酒誥之群飲，其在漢則列侯坐酎金不敬、將帥出師失期之類，於律皆死罪也，而其情則可矜，其法則可議，豈必盡殺之乎？此則死罪之疑赦者也。意周所以斷斯獄，必在其罰千鍰之科，而漢制則不過或除其國，或贖爲庶人，亦其遺意也，蓋哀矜庶獄，乃此書之大旨，贖特其一事。序者專以訓夏贖刑言之，已失其義。而此書之首又止言“耄荒度作刑以詰四方”，夫曰作刑以詰四方者，主於用刑之意也，而此書所言，大概哀民之罹於法而不忍刑之，懼有司之不能審克而輕用之，其意蓋期於無刑而非作刑也。故愚疑篇首或有脱簡，如“耄荒度”之語，亦難通。二序既不得書之意，而後之儒者復因穆王有巡游之事，遂於此書肆爲譏評，而不復味其辭亦已疏矣。以愚觀之，一篇之中，察獄情之隱痛，鑒天道之神明，而示勸戒於報應之間，咨嗟懇惻諄復詳練，老者之言也。其作於既聞祈招之後乎？是豈復有侈心之可議哉？或曰罪疑則降等施刑可矣，何必贖乎？曰古之議疑罪者，降殺一法也，《虞書》所謂“罪疑惟輕”，此書所謂“上下比罪”，上刑適輕，下服是也。罰贖一法也，《虞書》所謂“金作贖刑”，此書所謂“五刑之贖”是也，固並行而不悖也。且其言曰罰懲，非死人極於病，蓋財者人之所甚欲，故奪其欲以病之，使其不爲惡耳，豈利其貨乎？至又以爲所言皋陶不與三后之列，遂使後世以刑官爲輕。後漢楊賜拜廷尉，自以代非法家，言曰“三后成功，皋陶不與，蓋吝之也”，亦此書立言之疵啓之陋哉？俗儒之論也。夫刑以齊民，古人重之謹之而非所先也。故夫子以政，刑不若德禮，而此書曰“三后成功，惟殷於民”，士制百姓於刑之中，以教祇德，蓋曰必居以安之，食以養之，禮以教之，然後及於刑耳。豈以皋陶爲劣於禹稷而後之乎？然即此章先後輕重之意觀之，蓋可以明此書之不爲作刑以詰四方而作矣。’

“或問朱子曰：‘贖刑非古法歟？’曰：‘古之所謂贖刑者贖撲耳。夫既已殺人傷人矣，又使之得以金贖，則有財者皆可以殺人傷人，而無辜被害者何其大不幸也？且殺人者安然居乎鄉里，彼孝子順孫之欲報其親者，豈肯安於此乎？所以屏之四裔，流之遠方，彼此兩全之也。’

“董鼎曰：‘舜既以五流而宥五刑矣，鞭撲之輕者乃許以金贖，所以養其愧耻之心而開以自新之路。曰眚災肆赦，則直赦之而已。穆王乃以刑爲致罪，以罰爲贖金。既謂五刑之疑有赦，而又曰其罰若干鍰，則雖在疑赦，皆不免於罰贖。五刑盡贖，非鬻獄乎？自是，有金者雖殺人可以無死，而刑者相半於道必皆無金者也，中正安在哉？’

“《通考》（一百七十一）：致堂胡氏曰：‘按《舜典》五刑之目，一曰象以典刑，二曰鞭作官刑，三曰撲作教刑，四曰金作贖刑，五曰怙終賊刑。何爲設贖？謂罪之疑者也。三代相承，至周穆王其法尤密，乃有罰鍰之數，皆爲疑刑也。鞭施於官，蓋胥吏徒隸也；撲施於教，蓋學校夏楚也，是則鞭重而撲輕，鞭以痛懲，撲以愧耻而已。夫當官典刑教，臨時之用，有何可疑而使贖乎？無疑而贖，則頑者肆怠者縱，法不嚴而人易犯，其末流乃至於惟贖之利，變亂正刑，其弊有不可勝言者。且使士流與卒伍同條，豈刑不上大夫之義乎？’案《虞書》言金作贖刑而已，九峰蔡氏則以爲贖，特爲鞭撲輕刑設，五刑本無贖法，而以穆王贖鍰之事爲非。致堂胡氏則以爲贖本爲五刑之疑者，而鞭撲輕刑則無贖法，二論正相反。然以《書》之本文考之，固未見其專爲五刑設或專爲鞭撲設也。愚嘗論之五刑，刑之大者所以懲創其罪愆，鞭撲，刑之小者，所以課督其慵怠，五刑而許之論贖者，蓋矜其過誤之失。《書》所謂‘罪疑惟輕’，所謂五刑之疑有赦是也。鞭撲而許其論贖者，蓋養其愧耻之心記。所謂刑不上大夫，東坡所謂鞭撻一行則豪傑不出於其間，故士之刑者不可用，用者不可刑是也，二者皆聖人忠厚之意也。

“邱氏（濬）云：‘馬氏之言謂穆王之贖法非利其貨入，蓋因後世禁網深密，犯罪者多閱其實，有可疑者則罰，其甚欲之金以貸其罪也。夫罪入五刑而可疑者，使富而有金者出金以贖其罪可矣，若夫無立錐之民而犯大辟之罪，何從而得金千鍰乎？如是則罪之疑者，富者得生，貧者坐死，是豈聖人之刑哉？然則罪之有疑者如之何則可？《書》固自謂上下比罪，上刑適輕下服，是即《虞書》罪疑惟輕也，奚用贖爲哉？’

“按：《吕刑》贖法，議者紛如，自以胡氏之言爲近於事理，馬氏之説尤爲詳明，若蔡九峰之説則拘墟之見，未見其確也。《舜典》贖刑雖列於鞭撲之次，自爲刑之一項，初無鞭撲得贖明文，謂鞭撲方許其贖乃臆度之詞，别無證據，此其未確者一也。夏后氏之刑多承於虞，邁種之法，必無所改。而死罪千饌，見於伏生《大傳》，則謂有虞必無五刑，贖法何所據而云？然《書》缺有間，未可臆斷，此其未確者二也。《職金》金罰貨罰，載在《秋官》，周法當必本於虞夏，乃謂《秋官》無文，穆王始制，况《書》序明言訓夏贖刑，故傳疏有周法傷重更從輕之語，乃一概抹殺，此其未確者三也。巡守之禮，不始於周穆王，肆其侈心，周流荒遠，有如《穆天子傳》所紀者。然自祈招詩進獲没祗宫，則其暮年之不復巡游，克終厥德，可以想見。乃謂財匱民勞，爲一切權宜之術，以斂民財，果又何所據而云然？三復此篇，但見哀矜惻怛之意，形於言表，何嘗爲聚斂計哉？此其未確者四也。罪而可赦，赦之而已，有疑於赦，故使從罰，《書》中於疑赦反覆言之，可謂詳盡。當刑者決無贖理，何患失之輕？疑於赦，不可遽赦，而使得贖，何患失之重？若不可遽赦而遽赦之，則反失其平矣，乃抹殺一疑字。一若穆王之法，凡麗於五刑者皆可以金贖，此其未確者五也。富者得生，貧者坐死，自漢以來，議贖法者皆以此爲言。第國家立法，但問其當於理否耳，苟當於理，則法一而已，祗論罪之當贖不當贖，不能論其人之富與貧。富者之得生，法如是，非幸也；貧者之不能自贖，貧者之不幸，非法使之也。且果爲疑赦者，法亦必有以濟其窮，何至忍視其受刑哉？此其未確者六也。蔡之持論甚正，朱子亦取之，然按之事理，未見其允，故就胡、馬二家之説而推衍之如此。季長意善功惡之説，必漢儒師傳所授受，故近日釋《尚書》者皆宗馬説。孔傳乃魏晋人所作，其説蓋亦衍於馬也。邱氏謂《周禮》金罰貨罰，以爲治兵之工直，後世有罰者，往往歸之内藏以爲泛用，或以爲繕修營造之費，非古制也。按此蓋指明制而言，書此以爲諷也，歷代則未聞。

"《國語·齊語》：桓公問曰：'夫軍令則寄諸内政矣，齊國寡甲兵，爲之若何？'管子對曰：'輕過而移諸甲兵。'（移之甲兵，謂輕其過，使以甲兵贖罪。）桓公曰：'爲之若何？'管子對曰：'制重罪贖以犀甲一戟，（重罪，死罪也。）輕罪贖以鞼盾一戟，（輕罪，劓、刖之屬也。鞼盾，綴革有文如繢也。）小罪讁以金分，（分，符問切。小罪，不入於五刑者。以金贖，有分兩之差，今之罰金是也。）宥間罪。'（間，居諫切。宥，赦也。間罪，刑罰之疑者也。）

"《管子·中匡》：對曰：'不可。甲兵未足也請薄刑罰，以厚甲兵。'於是死罪不殺，刑罪不罰，使以甲兵贖。死罪以犀甲一戟，刑罪以脅盾一戟，（既出盾又令出一戟也。）過罰以金，（過誤致罪出金以贖之。）軍無所計而訟者成以束矢。《小匡》管子對曰：'制重罪入以兵甲犀脅二戟；輕罪入蘭盾鞈革二戟；（蘭即所謂蘭錡，兵架也。鞈革，重革，當心著之，可以禦矢。）小罪入以金鈞；三十金曰鈞。分宥薄罪，入以半鈞；無坐抑而訟獄者，正三禁之而不直，則入一束矢以罰之。'（謂其人自無所坐，而被抑屈爲訟者，正當禁之三日，得其不直者，則令入束矢也。）

"按：疑赦而贖，矜之，非利之也。管子以甲兵未足而使以甲兵贖，則真利之矣。此霸者之政，與王者異也。富者得生而貧者如何處分？所未詳也。

"《左傳》：宣二年，宋人以兵車百乘、文馬百駟以贖華元於鄭。

“按：此俘虜之贖，非常法。

“《家語・致思》：魯國之法，贖人臣妾於諸侯，皆取金於府。子貢贖之，辭而不取金。孔子聞之曰：‘賜失之矣。夫聖人之舉事也可以移風易俗，而教導可以施之於百姓，非獨適身之行也。今魯國富者寡而貧者衆，贖人受金則爲不廉，則何以相贖乎？’自今以後，魯人不復贖人於諸侯。

“按：此贖臣妾於鄰國之法，當時之臣妾有罪者也。”

关於贖刑，晋及其前歷代史籍也多有記載：

《史記》卷一《五帝本紀》：“遍告以言，明試以功，車服以庸。肇十有二州，决川。象以典刑，流宥五刑，鞭作官刑，撲作教刑，金作贖刑。”裴駰集解：“馬融曰：‘金，黄金也。意善功惡，使出金贖罪，坐不戒慎者。’”

《漢書》卷二《惠帝紀》：“元年冬十二月，趙隱王如意薨。民有罪，得買爵三十級以免死罪。賜民爵，户一級。”注引應劭曰：“一級直錢二千，凡爲六萬，若今贖罪入三十匹縑矣。”師古曰：“令出買爵之錢以贖罪。”

《漢書》卷二四《食貨志》：“此後四年，衛青比歲十餘萬衆擊胡，斬捕首虜之士受賜黄金二十餘萬斤，而漢軍士馬死者十餘萬，兵甲轉漕之費不與焉。於是大司農陳臧錢經用，賦税既竭，不足以奉戰士。有司請令民得買爵及贖禁錮免（藏）〔減〕罪；請置賞官，名曰武功爵。”

《漢書》卷七二《貢禹傳》：“禹又言：孝文皇帝時，貴廉絜，賤貪污，賈人、贅婿及吏坐臧者皆禁錮不得爲吏，賞善罰惡，不阿親戚，罪白者伏其誅，疑者以與民，亡贖罪之法，故令行禁止，海内大化，天下斷獄四百，與刑錯亡異。武帝始臨天下，尊賢用士，闢地廣境數千里，自見功大威行，遂從耆欲，用度不足，乃行壹切之變，使犯法者贖罪，入穀者補吏，是以天下奢侈，官亂民貧，盗賊並起，亡命者衆。郡國恐伏其誅，則擇便巧史書習於計簿能欺上府者，以爲右職；奸軌不勝，則取勇猛能操切百姓者，以苛暴威服下者，使居大位。故亡義而有財者顯於世，欺謾而善書者尊於朝，誖逆而勇猛者貴於官。故俗皆曰：‘何以孝弟爲？財多而光榮。何以禮義爲？史書而仕宦。何以謹慎爲？勇猛而臨官。’故黥劓而髡鉗者猶復攘臂爲政於世，行雖犬彘，家富勢足，目指氣使，是爲賢耳。故謂居官而置富者爲雄桀，處奸而得利者爲壯士，兄勸其弟，父勉其子，俗之壞敗，乃至於是！察其所以然者，皆以犯法得贖罪，求士不得真賢，相守崇財利，誅不行之所致也。”

《漢書》卷七八《蕭望之傳》：“是歲西羌反，漢遣後將軍征之。京兆尹張敞上書言：‘國兵在外，軍以夏發，隴西以北，安定以西，吏民並給轉輸，田事頗廢，素無餘積，雖羌虜以破，來春民食必乏。窮辟之處，買亡所得，縣官穀度不足以振之。願令諸有罪，非盜受財殺人及犯法不得赦者，皆得以差入穀此八郡贖罪。務益致穀以豫備百姓之急。’事下有司，望之與少府李彊議，以爲‘民函陰陽之氣，有（仁）〔好〕義欲利之心，在教化之所助。堯在上，不能去民欲利之心，而能令其欲利不勝其好義也；雖桀在上，不能去民好義之心，而能令其好義不勝其欲利也。故堯、桀之分，在於義利而已，道民不可不慎也。今欲令民量粟以贖罪，如此則富者得生，貧者獨死，是貧富異刑而法不壹也。人情，貧窮，父兄囚執，聞出財得以生活，爲人子弟者將不顧死亡之患，敗亂之行，以赴財利，求救親戚。一人得生，十人以喪，如此，伯夷之行壞，公綽之名滅。政教壹傾，雖有周召之佐，恐不能復。古者臧於民，不足則取，有餘則予。《詩》曰“爰及矜人，哀此鰥寡”，上惠下也。又曰“雨我公田，遂及我私”，下急上也。今有西邊之役，民失作業，雖户賦口斂以贍其困乏，古之通義，百姓莫以爲非。以死救生，恐未可也。陛下布德施教，教化既成，堯舜亡以加也。今議開利路以傷既成之化，臣竊痛之。’於是天子復下其議兩府，丞相、御史以難問張敞。敞曰：‘少府左馮翊所言，常人之所守耳。昔先帝征四夷，兵行三十餘年，百姓猶不加賦，而軍用給。今羌虜一隅小夷，跳梁於山谷間，漢但令罪人出財减罪以誅之，其名賢於煩擾良民横興賦斂也。又諸盜及殺人犯不道者，百姓所疾苦也，皆不得贖；首匿、見知縱、所不當得爲之屬，議者或頗言其法可蠲除，今因此令贖，其便明甚，何化之所亂？《甫刑》之罰，小過赦，薄罪贖，有金選之品，所從來久矣，何賊之所生？敞備皂衣二十餘年，嘗聞罪人贖矣，未聞盜賊起也。竊憐涼州被寇，方秋饒時，民尚有飢乏，病死於道路，况至來春將大困乎！不早慮所以振救之策，而引常經以難，恐後爲重責。常人可與守經，未可與權也。敞幸得備列卿，以輔兩府爲職，不敢不盡愚。'望之、彊復對曰：'先帝聖德，賢良在位，作憲垂法，爲無窮之規，永惟邊竟之不贍，故《金布令甲》曰"邊郡數被兵，離飢寒，夭絶天年，父子相失，令天下共給其費"，固爲軍旅卒暴之事也。聞天漢四年，常使死罪人入五十萬錢减死罪一等，豪强吏民請奪假貣，至爲盜賊以贖罪。其後奸邪横暴，群盜並起，至攻城邑，殺郡守，充滿山谷，吏不能禁，明詔遣繡衣使者以興兵擊之，誅者過半，然後衰止。愚以爲此使死罪贖之敗也，故曰不便。'時丞相魏相、御史大夫丙吉亦以爲羌虜且破，轉輸略足相給，遂不施敞議。"

《漢書》卷九七《外戚傳》：孝昭上官皇后祖父桀，又"桀妻父所幸充國爲太醫監，闌入殿中，下獄當死。冬月且盡，蓋主爲充國入馬二十匹贖罪，乃得减死論。"

《後漢書》卷三《章帝紀》："（建初七年九月）辛卯，車駕還宫。詔天下繫囚减死一等，勿笞，詣邊戍；妻子自隨，占著所在；父母同産欲相從者，恣聽之；有不到者，皆以乏軍興論。及犯殊死，一切募下蠶室；其女子宫。繫囚鬼薪、白粲已上，皆减本罪各一等，輸司寇作。亡命贖：死罪入縑二十匹，右趾至髡、鉗、城旦舂十匹，完城旦至司寇三匹，吏人有罪未發覺，詔書到自告者，半入贖。"

《後漢書》卷四《和帝紀》："（永元）三年春正月甲子，皇帝加元服，賜諸侯王、公、將軍、特進、中二千石、列侯、宗室子孫在京師奉朝請者黄金，將、大夫、郎吏、從官帛。賜民爵及粟帛各有差，大酺五日。郡國中都官繫囚死罪贖縑，至司寇及亡命，各有差。”

《後漢書》卷五《安帝紀》：“（永初元年九月）丙戌，詔死罪以下及亡命贖，各有差。”

《後漢書》卷六《順帝紀》：“（永建元年冬）十月辛巳，詔減死罪以下徙邊；其亡命贖，各有差。”

《後漢書》卷八《靈帝紀》：“（建寧元年）冬十月甲辰晦，日有食之。令天下繫囚罪未決入縑贖，各有差。”

《後漢書》卷二七《趙典傳》：“會帝崩，時禁藩國諸侯不得奔弔，典慨然曰：‘身從衣褐之中，致位上列。且烏烏反哺報德，况於士邪！’遂解印綬符策付縣，而馳到京師。州郡及大鴻臚並執處其罪，而公卿百寮嘉典之義，表請以租自贖，詔書許之。”

《後漢書》卷三四《梁冀傳》：“冀用壽言，多斥奪諸梁在位者，外以謙讓，而實崇孫氏宗親。冒名而爲侍中、卿、校尉、郡守、長吏者十餘人，皆貪叨凶淫，各遣私客籍屬縣富人，被以它罪，閉獄掠拷，使出錢自贖，貲物少者至於死徙。”

《後漢書》卷三六《張霸附陵傳》：“陵字處冲，官至尚書。元嘉中，歲首朝賀，大將軍梁冀帶劍入省，陵呵叱令出，敕羽林、虎賁奪冀劍。冀跪謝，陵不應，即劾奏冀，請廷尉論罪，有詔以一歲俸贖，而百僚肅然。”

《後漢書》卷四二《光武十王·楚王英傳》：“英少時好游俠，交通賓客，晚節更喜黄老，學爲浮屠齋戒祭祀。八年，詔令天下死罪皆入縑贖。英遣郎中令奉黄縑白紈三十匹詣國相曰：‘託在蕃輔，過惡累積，歡喜大恩，奉送縑帛，以贖愆罪。’國相以聞。詔報曰：‘楚王誦黄老之微言，尚浮屠之仁祠，絜齋三月，與神爲誓，何嫌何疑，當有悔吝？其還贖，以助伊蒲塞桑門之盛饌。’”

《後漢書》卷四六《陳寵傳》：“永元六年，寵代郭躬爲廷尉。性仁矜。及爲理官，數議疑獄，常親自爲奏，每附經典，務從寬恕，帝輒從之，濟活者甚衆。其深文刻敝，於此少衰。寵又鈎校律令條法，溢於《甫刑》者除之。曰：‘臣聞禮經三百，威儀三千，故《甫刑》大辟二百，五刑之屬三千。禮之所去，刑之所取，失禮則入刑，相爲表裏者也。今律令死刑六百一十，耐罪千六百九十八，贖罪以下二千六百八十一，溢於《甫刑》者千九百八十九，其四百一十大辟，千五百耐罪，七十九贖罪。《春秋保乾圖》曰：“王者三百年一蠲法。”漢興以來，三百二年，憲令稍增，科條無限。又律有三家，其説各異。宜令三公、廷尉平定律令，應經合義者，可使大辟二百，而耐罪、贖罪二千八百，并爲三千，悉删除其餘令，與禮相應，以易萬人視聽，以致刑措之美，傳之無窮。’未及施行，會坐詔獄吏與囚交通抵罪。詔特免刑，拜爲尚書。遷大鴻臚。”

《後漢書》卷五八《虞詡傳》：“是時長吏、二千石聽百姓讁罰者輸贖，號爲‘義錢’，託爲貧人儲，而守令因以聚斂。詡上疏曰：‘元年以來，貧百姓章言長吏受取百萬以上者，匈匈不絶，讁罰吏人至數千萬，而三公、刺史少所舉奏。尋永平、章和中，州郡以走卒錢給貸貧人，司空劾案，州及郡縣皆坐免黜。今宜遵前典，蠲除權制。’於是詔書下詡章，切責州郡。讁罰輸贖自此而止。”

《後漢書》卷六五《張奂傳》：“轉奂太常，與尚書劉猛、刁韙、衛良同薦王暢、李膺可參三公之選，而曹節等彌疾其言，遂下詔切責之。奂等皆自囚廷尉，數日乃得出，並以三月俸贖罪。”

《後漢書》卷八一《譙玄傳》：“後公孫述僭號於蜀，連聘不詣。述乃遣使者備禮徵之；若玄不肯起，（使陽）〔便賜〕以毒藥。太守乃自賚璽書至玄廬，曰：‘君高節已著，朝廷垂意，誠不宜復辭，自招凶禍。’玄仰天嘆曰：‘唐堯大聖，許由恥仕；周武至德，伯夷守餓。彼獨何人，我亦何人。保志全高，死亦奚恨！’遂受毒藥。玄子瑛泣血叩頭於太守曰：‘方今國家東有嚴敵，兵師四出，國用軍資或不常充足，願奉家錢千萬，以贖父死。’太守爲請，述聽許之。玄遂隱藏田野，終述之世。”

[5]《春秋保乾圖》：古代緯書之一。日本學者安居香山、中村璋八《緯書集成》有輯録。

[6]科：法規。清沈家本《歷代刑法考》考述科：

“科

“《説文》：‘科，程也，从禾从斗。斗者量也。’段《注》：‘《廣韵》曰，程也，條也，本也，品也。又科斷也。按實一義之引伸耳。’‘程，程品也。十髮爲程，一程爲分，十分爲寸。’段《注》：‘品者，衆庶也。因衆庶而立之法則，斯謂之程品。荀卿曰，程者，物之準也。’

“《釋名》：‘科，課也。課其不如法者，罪責之也。’

“《後漢書·桓譚傳》注：‘科謂事條。’

……

“蜀科

“《蜀志·伊籍傳》：後遷昭文將軍，與諸葛亮、法正、劉巴、李嚴共造《蜀科》，《蜀科》之制，由此五人焉。

“法檢科令軍令

“《諸葛亮傳》：《諸葛氏集》目録：‘《法檢》上、《法檢》下、《科令》上、《科令》下、《軍令》上、《軍令》中、《軍令》下。’

“按：《武侯集》已闕逸不完，今所傳本有《軍令》十五首，乃從他書輯録者。

……

“吴科條

“《吴志·孫權傳》：黄武五年冬十月，陸遜陳便宜，勸以施德緩刑。於是令有司盡寫科條，使郎中褚逢賫以就遜及諸葛瑾，意所不安，令損益之。

“七年注：‘《江表傳》曰：是歲將軍翟丹叛如魏。權恐諸將畏罪而亡，乃下令：“自今諸將有重罪三，然後議。”’

“嘉禾五年春，鑄大錢，一當五百。設盜鑄之科。

“六年春正月，詔曰：‘夫三年之喪，天下之達制，人情之極痛也；賢者割哀以從禮，不肖者勉而致之。世治道泰，上下無事，君子不奪人情，故三年不逮孝子之門。至於有事，則殺禮以從宜，要絰而處事。故聖人制法，有禮無時則不行。遭喪不奔非古也，蓋隨時之宜，以義斷恩也。前故設科，長吏在官，當須交代，而故犯之，雖隨糾坐，猶已廢曠。方事之殷，國家多難，凡在官司，宜各盡節，先公後私，而不恭承，甚非謂也。中外群寮，其更平議，務令得中，詳爲節度。'顧譚議，以爲'奔喪〔立科〕，輕則不足以禁孝子之情，重則本非應死之罪，雖嚴刑益設，違奪必少。若偶有犯者，加其刑則恩所不忍，有減則法廢不行。愚以爲長吏在遠，苟不告語，勢不得知。比選代之間，若有傳者，必加大辟，則長吏無廢職之負，孝子無犯重之刑'。將軍胡綜議，以爲'喪紀之禮，雖有典制，苟無其時，所不得行。方今戎事軍國異容，而長吏遭喪，知有科禁，公敢干突，苟念聞憂不奔之耻，不計爲臣犯禁之罪，此由科防本輕所致。忠節在國，孝道立家，出身爲臣，焉得兼之？故爲忠臣不得爲孝子。宜定科文，示以大辟，若故違犯，有罪無赦。以殺止殺，行之一人，其後必絶'。丞相雍奏從大辟。其後吴令孟宗喪母奔赴，已而自拘於武昌以聽刑。陸遜陳其素行，因爲之請，權乃减宗一等，後不得以爲比，因此遂絶。

"按：奔喪，孝子之至情也，予以大辟，何以教孝？衰世之律令往往如是。

"赤烏七年注：'《江表傳》載權詔曰："督將亡叛而殺其妻子，是使妻去夫，子棄父，甚傷義教，自今勿殺也。"'

"魏　甲子科

"《晋志》：魏武帝定甲子科，又嫌漢律太重，故令依律論者，聽得科半，使從半减也。

"按：是時漢祚未移，故不欲公言改律而别定科令，此操之詐也。

……

"除峻重法

"《武紀》：永初元年秋七月壬子，詔曰：'往者軍國務殷，事有權制，劫科峻重，施之一時。今王道維新，政和法簡，可一除之，還遵舊條。反叛淫盜三犯補冶士，本謂一事三犯，終無悛革。主者頃多并數衆事，合而爲（之）〔三〕，甚違立制之旨，普更申明。'八月，制有無故自傷殘者補冶士，實由政府煩苛，民不堪命，可除此條。二年，定杖罰（詳杖）、充兵侵濫服親（詳緣坐）之科。"

[7]忠：陳忠，東漢沛國洨（今安徽省固鎮縣東）人，字伯始，陳寵之子。忠，殿本作"思"。

[8]奏上三十三條：中華本校勘記："《陳寵傳》、《通考》一六四俱作'二十三條'。"

[9]蠶室刑：即宫刑、腐刑。

[10]狂易殺人：狂，宋本作"狃"。

獻帝建安元年，應劭又删定律令，[1]以爲《漢議》，[2]表奏之曰："夫國之大事，莫尚載籍也。[3]載籍也者，决嫌疑，明是非，賞刑之宜，允執厥中，[4]俾後之人永有鑒焉。故膠東相董仲舒老病致仕，[5]朝廷每有政議，數遣廷尉張湯親至陋巷，[6]問其得失，於是作《春秋折獄》二百三十二事，動以《經》對，言之詳矣。逆臣董卓，[7]蕩覆王室，典憲焚燎，靡有孑遺，開闢以來，莫或兹酷。今大駕東邁，巡省許都，拔出險難，其命惟新。臣竊不自揆，輒撰具《律本章句》《尚書舊事》《廷尉板令》《决事比例》《司徒都目》《五曹詔書》及《春秋折獄》，凡二百五十篇，蠲去復重，爲之節文。又集《議駁》三十篇，以類相從，凡八十二事。其見《漢書》二十五，《漢記》四，皆删叙潤色，以全本體。其二十六，博采古今瓌瑋之士，德義可觀。其二十七，臣所創造。《左氏》云：‘雖有姬姜，不棄憔悴；雖有絲麻，不棄菅蒯。’[8]蓋所以代匱也。是用敢露頑才，厠於明哲之末，雖未足綱紀國體，宣洽時雍，庶幾觀察，增闡聖德。惟因萬機之餘暇，游意省覽。”獻帝善之，於是舊事存焉。

[1]應劭：三國時汝南南頓（今河南省項城市西南）人，字仲遠，應奉之子。博覽多聞，歷任車騎將軍掾、泰山太守等職。撰《風俗通》傳於世。

[2]以爲《漢議》：中華本校勘記：“《後漢書·應劭傳》及《通考》一六四作‘漢儀’。”

[3]莫尚載籍也：殿本無“也”字。

[4]允執厥中：執，宋本作“獲”。

[5]膠東相董仲舒：中華本校勘記：“各本及《後漢書·應劭傳》原文俱作‘膠東相’，但考之《史》《漢》本傳及《春秋繁露對膠西王》，‘膠東’應作‘膠西’，足見應劭執筆時已誤‘西’爲‘東’。唐修《晋書》沿襲其誤。”膠西，郡國名，楚漢之際置，治所在高密縣（今山東省高密市西南）。董仲舒，西漢廣川（今河北省景縣廣川鎮）人，少治《春秋》。景帝時任博士，武帝時任江都王相、中大夫。提出“罷黜百家，獨尊儒術”，被武帝采納。主治《公羊春秋》學，宣傳天人感應。

[6]張湯：西漢杜陵（今陝西省西安市東南）人，初習律令，曾任長安吏、内史掾、茂陵尉等職。以窮治淮南王、衡山王謀反獄被武帝賞識，累遷太中大夫、廷尉、御史大夫。元鼎二年（前115）被朱買臣等人排陷自殺。

[7]董卓：東漢末隴西臨洮（今甘肅省岷縣）人，字仲穎。本爲凉州豪强，靈帝時任中郎將、前將軍、并州牧等職。應何進之招進京殺宦官，進京後專權，廢少帝立獻帝。因受關東諸侯討伐，焚

燒洛陽宫室，遷獻帝於長安。後爲部將吕布所殺。

［8］“雖有姬姜”句：語見《左傳·成公九年》：“《詩》曰：‘雖有絲麻，不棄菅蒯；雖有姬姜，不棄憔悴。’凡百君子莫不代匱，言備之不可以已也。”杜預注：“逸《詩》也。姬、姜，大國之女。蕉萃，陋賤之人。”孔穎達疏：“正義曰：《釋草》云：‘白華，野菅。’郭璞曰：‘菅，茅屬。’陸璣《毛詩疏》曰：‘菅似茅，滑澤無毛，肕宜爲索，漚及曝尤善。’蒯與菅連，亦菅之類。《喪服》疏：‘屨者，傳曰“藨、蒯之菲也，可以爲屨”。明肕如菅，並可代絲、麻之乏，故云“無棄”也。’”

是時天下將亂，百姓有土崩之勢，刑罰不足以懲惡，於是名儒大才故遼東太守崔寔、大司農鄭玄、大鴻臚陳紀之徒，[1]咸以爲宜復行肉刑。漢朝既不議其事，故無所用矣。[2]及魏武帝匡輔漢室，尚書令荀彧博訪百官，[3]復欲申之，而少府孔融議以爲：[4]“古者敦厖，[5]善否區别，吏端刑清政簡，[6]一無過失，百姓有罪，皆自取之。末世陵遲，風化壞亂，政撓其俗，法害其教。故曰‘上失其道，人散久矣’。而欲繩之以古刑，投之以殘棄，非所謂與時消息也。[7]紂斫朝涉之脛，[8]天下謂爲無道。夫九牧之地，千八百君，若各刖一人，是天下常有千八百紂也，求世休和，弗可得已。且被刑之人，慮不念生，志在思死，類多趨惡，莫復歸正。夙沙亂齊，[9]伊戾禍宋，[10]趙高、英布，爲世大患。[11]不能止人遂爲非也。雖忠如鬻拳，[12]信如卞和，[13]智如孫臏，冤如巷伯，[14]才如史遷，達如子政，[15]一罹刀鋸，没世不齒。是太甲之思庸，[16]穆公之霸秦，陳湯之都賴，[17]魏尚之臨邊，[18]無所復施也。漢開改惡之路，凡爲此也。故明德之君，遠度深惟，棄短就長，不苟革其政者也。”朝廷善之，卒不改焉。

[1]遼東：郡名，治所在襄平縣（今遼寧省遼陽市）。　崔寔：東漢博陵安平（今河北省安平縣）人，字子真，一名臺，字元始。歷任議郎、大將軍司馬、五原太守等職。著有《政論》《四民月令》傳世。寔，殿本作“實”。　大司農：官名，掌管全國財政和各地的屯田。三品。　鄭玄：東漢北海高密（今山東省高密市西南）人，字康成，著名經學家。師事古文經學家馬融，兼通今古經文，破兩家門户，遍注群經，自成一家之言。　大鴻臚：官名，九卿之一，掌賓客迎送接待、贊襄引導朝會百官等。三品。　陳紀：東漢潁川（今河南省許昌市東）人，陳群父，歷任平原相、侍中、大鴻臚等職，著書數十篇，世謂之陳子。

[2]故無所用矣：殿本無“矣”字。

[3]荀彧：東漢末潁川潁陰（今河南省許昌市）人，字文若。曹操重要謀士，歷任奮武司馬、鎮東司馬、侍中、光禄大夫、參丞相軍事等職。因反對曹操進爵國公，爲曹操忌恨，被迫自殺。

[4]少府：官名，掌管宫廷手工業。三品。　孔融：東漢魯國（今山東省曲阜市）人，字文舉。孔子二十世孫。“建安七子”之一。東漢末任侍御史、司空掾、中軍候、虎賁中郎將。建安中爲將作大匠，遷少府。因與曹操積怨被殺。

[5]敦厖（máng）：敦厚。厖，殿本作“龎”（páng）。

[6]吏端刑清政簡：殿本作“政簡刑清”四字。

[7]與時消息：隨時代增減或消長。

[8]紂斫朝涉之脛：典出《尚書·泰誓下》：“今商王受，狎侮五常，荒怠弗敬，自絶於天，結怨於民，斫朝涉之脛，剖賢人之心，作威殺戮，毒痡四海。”孔穎達疏：“冬月見朝涉水者，謂其脛

耐寒，斬而視之。”

［9］夙沙亂齊：《後漢書》卷七〇《孔融傳》李賢注引《左傳》曰：“靈公廢太子光，立公子牙，使高厚傅牙，夙沙衛爲少傅。崔杼逆光而立之，是爲莊公。莊公以夙沙衛易己，衛奔高唐以叛。”

［10］伊戾禍宋：《後漢書》卷七〇《孔融傳》李賢注引《左傳》曰：“楚客聘於晋，過宋，太子痤知之，請野享之。公使往，伊戾請從，遣之。至則欲用牲，加書徵之，騁而告曰：‘太子將爲亂，既與楚客盟矣。’公使視之，則信有焉。公囚太子，太子縊死。公徐聞其無罪，乃亨伊戾。”戾，宋本作“夷”。

［11］趙高：先世爲趙國貴族，因父母有罪，没入秦宫，後爲宦者。因通於律法，舉爲中車府令。秦王政時兼符璽令。秦始皇三十七年（前210）隨從東巡。秦始皇死於沙丘，趙高與李斯矯詔政變，迫始皇長子扶蘇自殺，立二世胡亥。後專擅朝政，害死李斯，自爲丞相。二世死後被子嬰誅殺。　英布：秦末人，因受過黥刑，又名黥布。先爲項羽手下，後投劉邦。漢王五年（前202），與劉賈入九江，誘降楚王大司馬周殷，舉九江兵會垓下，大破楚軍。被封爲九江王，後被劉邦所殺。

［12］雖忠如鬻拳：殿本於此句上有“適足絶人還爲善耳”八字。鬻拳，春秋時楚國人，曾進諫楚文王，並以武器相逼，迫使文王服從。後認罪自刖。楚人任之爲大閽，主管郢都城門，稱爲大伯。後楚文王征討巴人失敗，鬻拳緊閉城門拒文王於城外。文王病死後，他葬文王後自殺。

［13］卞和：《韓非子·和氏》：“楚人和氏得玉璞楚山中，奉而獻之厲王，厲王使玉人相之，玉人曰：‘石也。’王以和爲誑，而刖其左足。及厲王薨，武王即位，和又奉其璞而獻之武王，武王使玉人相之，又曰‘石也’，王又以和爲誑，而刖其右足。武王薨，文王即位，和乃抱其璞而哭於楚山之下，三日三夜，泣盡而繼之以血。王聞之，使人問其故，曰：‘天下之刖者多矣，子奚哭之悲也？’和曰：‘吾非悲刖也，悲夫寶玉而題之以石，貞士而名之以

誑，此吾所以悲也。’王乃使玉人理其璞而得寶焉，遂命曰‘和氏之璧’。”

[14]巷伯：《後漢書》卷七〇《孔融傳》李賢注引毛萇注《詩》：“巷伯，内小臣也。掌王后之命於宫中，故謂之巷伯。伯被讒將刑，寺人孟子傷而作詩，以刺幽王也。”

[15]子政：即劉向，字子政。班固評價他説：“博物洽聞，通達古今。”子政，原本、宋本作“子正”，殿本作“子政”，據殿本、中華本校勘記改。

[16]太甲之思庸：《尚書·太甲上》：“太甲既立，不明，伊尹放諸桐。三年復歸於亳，思庸，伊尹作《太甲》三篇。”孔安國注“思庸”：“念常道。”

[17]陳湯之都賴：陳湯，西漢山陽瑕丘（今山東省濟寧市兖州區東北）人，字子公。建昭三年（前36）以西域副校尉與西域都護騎都尉甘延壽矯制發諸國兵，斬郅支單于於都賴水上。

[18]魏尚之臨邊：魏尚，西漢内史槐里（今陝西省興平市東南）人，文帝時，爲雲中守，善治軍，深得軍心，士卒皆愿效命，匈奴不敢近雲中。後坐上首虜差六級，下吏削爵。趙人馮唐爲郎，爲言文帝，赦尚復爲雲中守。

及魏國建，陳紀子群時爲御史中丞，[1]魏武帝下令又欲復之，使群申其父論。群深陳其便。時鍾繇爲相國，[2]亦贊成之，而奉常王脩不同其議。[3]魏武帝亦難以藩國改漢朝之制，遂寢不行。於是乃定《甲子科》，犯釱左右趾者易以木械，[4]是時乏鐵，故易以木焉。又嫌漢律太重，故令依律論者聽得科半，使從半減也。

[1]群：陳群，三國時潁川（今河南省許昌市東）人，歷任曹魏要職，官至司空。九品官人法的倡建者。　御史中丞：官名，御

史大夫副手，掌監察、執法，爲京師顯官，職權甚重。四品。

[2]鍾繇：三國時潁川長社（今河南省長葛市東）人，字元常。東漢建安二年（197），被曹操表爲侍中，守司隸校尉，持節都督關中諸軍事。二十四年，受魏諷謀反牽連，被免官。曹魏文帝時復爲廷尉，官至太傅。古代著名書法家。　相國：官名，春秋戰國時稱宰輔大臣爲相國，秦漢時稱爲丞相。魏晋南北朝時不常置，職權品秩略同於丞相但位又比丞相尊貴，非尋常人臣之職。一品。

[3]奉常：官名，即太常。漢代稱奉常，本掌禮樂宗廟、社稷祭祀，魏晋時此職掌歸尚書裁定，太常成爲閑職。三品。　王脩：三國時北海營陵（今山東省昌樂縣東南）人，字叔治。先爲孔融主簿，後依袁紹。袁紹敗亡後歸曹操，歷任司空掾、行司金中郎將、魏郡太守、大司農郎中令、奉常等職。

[4]釱（dì）：古代刑具，用以鉗鎖脚趾。原本、宋本、殿本作“鈦”，據中華本改。　木械：木，原本、宋本作“斗”，殿本作“木”，據殿本改。

魏文帝受禪，又議肉刑。詳議未定，會有軍事，復寢。時有大女劉朱，[1]撾子婦酷暴，前後三婦自殺，論朱減死輸作尚方，[2]因是下怨毒殺人減死之令。魏明帝改士庶罰金之令，[3]男聽以罰金，婦人加笞還從鞭督之例，[4]以其形體裸露故也。[5]

[1]大女：成年女子。

[2]論朱減死：原本、宋本作“論朱朱減死”，衍一“朱”字，殿本無，據殿本删。　輸作尚方：罰到尚方作勞役。尚方，爲皇家製造器物的官署。

[3]罰金：清沈家本《歷代刑法考》考述晋及之前歷代罰金説：

“《周禮·秋官·職金》：掌受士之金罰、貨罰，入於司兵。（詳贖）

“《吕刑》：兩造具備，師聽五辭。五辭簡孚，正於五刑。五刑不簡，正於五罰。（五罰，出金贖罪。）五罰不服，正於五過。（正於五過，從赦免。）五刑之疑有赦，五罰之疑有赦，其審克之。（刑疑赦從罰，罰疑赦從免。其當清察，能得其理。）

“按：舊説罰金即贖刑，然以《吕刑》之文考之，則罰與贖當爲二事。言五罰，是罰有五等，五罰次於五刑，則五刑當各有罰，此五罰常刑也，非疑而赦者也，五罰有疑則赦從免矣。《職金》之金罰，當亦常刑，乃周之舊制。穆王訓夏作贖刑，專謂五刑之疑赦者，與舊制之金罰各爲一法。蔡九峰謂鞭撲之可議者許贖，夫可議者即可疑者也，以此文論之則從免矣，尚何贖之有哉？

“《地官·司市》：國君過市則刑人赦，夫人過市罰一幕，世子過市罰一帟，命夫過市罰一蓋，命婦過市罰一帷。注：‘市者人之所交利而行刑之處，君子無故不游觀焉，若游觀則施惠以爲説也。國君則赦其刑人，夫人、世子、命夫、命婦則使之出罰，異尊卑也。必罰幕、帟、蓋、帷，市者衆也，此四物者在衆之用也。’

“按：此非罰金也，而事與罰金相類，故附於此。古者市自有垣，不爲衢路，故可以申斯令禁，今則市爲四達之衢，又安能禁之哉？

“《齊語》：小罰讁以金分。韋昭注：‘今之罰金是也。《管子·中匡》“過罰以金”。’

“按：此管仲之制，詳贖下。其法死罪、刑罪以甲兵贖，小罪則罰金，似以贖、罰分輕重矣。漢《乙令》：蹕先至而犯者罰金四兩。（《史記·張釋之傳》如淳注）漢《宮衛令》：諸出入殿門公車司馬門，乘軺傳者皆下，不如令，罰金四兩。（同上。《漢書》注無‘乘軺傳’三字。）漢《令甲》：諸侯在國，名田他縣，罰金二兩。（《漢書·哀紀》注）

“《史記·張釋之傳》：其後拜釋之爲廷尉。頃之，上行出中渭橋，有一人從橋下走出，乘輿馬驚。於是使騎捕，屬之廷尉。釋之治問。曰：‘縣人來，聞蹕，匿橋下。久之，以爲行已過，即出，見乘輿車騎，即走耳。’釋之奏當，一人犯蹕，當罰金。上怒曰：‘此人親驚吾馬，吾馬賴柔和，令他馬，固不敗傷我乎？而廷尉乃當之罰金！’釋之曰：‘法者天子所與天下公共也。今法如此而更重之，是法不信於民也。且方其時，上使立誅之則已。今已下廷尉，廷尉，天下之平也，壹傾〔而〕天下用法皆爲輕重，民安所措其手足？唯陛下察之。’良久，上曰：‘廷尉當是也。’

“按：漢之罰金，載在律令，是漢初即有之。贖爲武帝以後事，與罰金各爲一法也。

“《晋書·刑法志》：律之初制，無免坐之文，張湯、趙禹始作監臨部主見知故縱之例。其見知而故不舉劾，各與同論，失不舉劾，各以贖論。按：此文謂漢法也，亦武帝時有贖之一證。

“《晋志》：魏明帝改士庶罰金之令，男聽以罰金。

“魏法：罰金六。（詳總考）

“晋有雜抵罰金五等之差。（詳總考）

“《晋律》：失贖罪囚，罰金四兩也。以金罰相代者，率金一兩以罰當十也。（《御覽》六百五十一）

“《晋律》注：金等不過四兩。（詳贖）

“《梁律》：罰金五等。（詳總考）將吏已上及女人應有罰者，以罰金代之，其以職員應罰及律令指名制罰者，不用此令。（《隋志》）

“《陳律》：公坐過誤罰金。（詳總考）

“按：罰金之名，始見於《職金》而詳於《管子》，罪之最輕者用之，罰與贖義有别。《説文》：‘罰，罪之小者，从刀、詈，未以刀有所賊，但持刀罵詈則應罰。’‘贖，貿也。’貿易財也。五罰輕於五刑，罰爲犯法之小者，而刑爲犯法之重者。凡言罰金者，不别立罪名，而罰金即其名在五刑之外自爲一等。凡言贖者，皆有本刑，而以財易其刑故曰贖，贖重而罰金輕也。古者辭多通用，罰亦可稱刑，凡經傳之言刑者，罰亦該於其内，贖亦可稱罰。《吕刑》之五刑疑赦，皆曰其罰若干鍰，渾言之則義本相通，析言之則名自有别，不容混也。漢以罰金爲常法，而贖則武帝始行之，下逮魏晋六代南朝並承用斯法。北朝魏及齊周並有贖而無罰金，隋唐承之，於是罰金之名無復有用之者。近日東瀛刑法有罰金一項，其事則采自西方，其名實本之於古，論者不察，輒詆爲歐人之法，不宜於中華，曷勿陳，故籍而一考之。"

［4］笞：古代刑罰。用荆條或竹板敲打臀、腿或背。爲五刑之一，歷代均有，於晋及前代兹列舉之：

《史記》卷二五《律書》："自是之後，名士迭興，晋用咎犯，而齊用王子，吴用孫武，申明軍約，賞罰必信，卒伯諸侯，兼列邦土，雖不及三代之誥誓，然身寵君尊，當世顯揚，可不謂榮焉？豈與世儒暗於大較，不權輕重，猥云德化，不當用兵，大至君辱失守，小乃侵犯削弱，遂執不移等哉！故教笞不可廢於家，刑罰不可捐於國，誅伐不可偃於天下，用之有巧拙，行之有逆順耳。"

《史記》卷九《吕太后本紀》："朱虚侯已殺産，帝命謁者持節勞朱虚侯。朱虚侯欲奪節信，謁者不肯，朱虚侯則從與載，因節信馳走，斬長樂衛尉吕更始。還，馳入北軍，報太尉。太尉起，拜賀朱虚侯曰：'所患獨吕産，今已誅，天下定矣。'遂遣人分部悉捕諸吕男女，無少長皆斬之。辛酉，捕斬吕禄，而笞殺吕嬃。"

《史記》卷三二《齊太公世家》："初，棠公妻好，棠公死，崔杼取之。莊公通之，數如崔氏，以崔杼之冠賜人。侍者曰：'不可。'崔杼怒，因其伐晋，欲與晋合謀襲齊而不得間。莊公嘗笞宦者賈舉，賈舉復侍，爲崔杼間公以報怨。"

《史記》卷三七《衛康叔世家》："獻公十三年，公令師曹教宫妾鼓琴，妾不善，曹笞之。妾以幸惡曹於公，公亦笞曹三百。十八年，獻公戒孫文子、寧惠子食，皆往。日旰不召，而去射鴻於囿。二子從之，公不釋射服與之言。二子怒，如宿。孫文子子數侍公飲，使師曹歌《巧言》之卒章。師曹又怒公之嘗笞三百，乃歌之，欲以怒孫文子，報衛獻公。文子語蘧伯玉，伯玉曰：‘臣不知也。’遂攻出獻公。”

《史記》卷四八《陳涉世家》：“吴廣素愛人，士卒多爲用者。將尉醉，廣故數言欲亡，忿恚尉，令辱之，以激怒其衆。尉果笞廣。尉劍挺，廣起，奪而殺尉。陳勝佐之，并殺兩尉。”

《史記》卷五四《曹相國世家》：“參子窋爲中大夫。惠帝怪相國不治事，以爲‘豈少朕與’？乃謂窋曰：‘若歸，試私從容問而父曰：“高帝新棄群臣，帝富於春秋，君爲相，日飲，無所請事，何以憂天下乎？”然無言吾告若也。’窋既洗沐歸，間侍，自從其所諫參。參怒，而笞窋二百，曰：‘趣入侍，天下事非若所當言也。’”

《史記》卷八九《張耳陳余列傳》：“秦之滅大梁也，張耳家外黄。高祖爲布衣時，嘗數從張耳游，客數月。秦滅魏數歲，已聞此兩人魏之名士也，購求有得張耳千金，陳餘五百金。張耳、陳餘乃變名姓，俱之陳，爲里監門以自食。兩人相對。里吏嘗有過笞陳餘，陳餘欲起，張耳躡之，使受笞。吏去，張耳乃引陳餘之桑下而數之曰：‘始吾與公言何如？今見小辱而欲死一吏乎？’陳餘然之。秦詔書購求兩人，兩人亦反用門者以令里中。”

《史記》卷九五《樊酈滕灌列傳》：“汝陰侯夏侯嬰，沛人也。爲沛廄司御。每送使客還，過沛泗上亭，與高祖語，未嘗不移日也。嬰已而試補縣吏，與高祖相愛。高祖戲而傷嬰，人有告高祖。高祖時爲亭長，重坐傷人，告故不傷嬰，嬰證之。後獄覆，嬰坐高祖繫歲餘，掠笞數百，終以是脱高祖。”

《史記》卷九六《張丞相列傳》：“魏丞相相者，濟陰人也。以文吏至丞相。其人好武，皆令諸吏帶劍，帶劍前奏事。或有不帶劍者，當入奏事，至乃借劍而敢入奏事。其時京兆尹趙君，丞相奏以免罪，使人執魏丞相，欲求脱罪而不聽。復使人脅恐魏丞相，以夫人賊殺侍婢事而私獨奏請驗之，發吏卒至丞相舍，捕奴婢笞擊問之，實不以兵刃殺也。而丞相司直繁君奏京兆尹趙君迫脅丞相，誣以夫人賊殺婢，發吏卒圍捕丞相舍，不道；又得擅屏騎士事，趙京兆坐要斬。”

《史記》卷一〇四《田叔列傳》：“魯相初到，民自言相，訟王取其財物百餘人。田叔取其渠率二十人，各笞五十，餘各搏二十，怒之曰：‘王非若主邪？何自敢言若主！’魯王聞之大慚，發中府錢，使相償之。相曰：‘王自奪之，使相償之，是王爲惡而相爲善也。’相毋與償之。於是王乃盡償之。”

《史記》卷一二二《酷吏列傳》：“至周爲廷尉，詔獄亦益多矣。二千石繫者新故相因，不減百餘人。郡吏大府舉之廷尉，一歲至千餘章。章大者連逮證案數百，小者數十人；遠者數千，近者數百里。會獄，吏因責如章告劾，不服，以笞掠定之。於是聞有逮皆亡匿。獄久者至更數赦十有餘歲而相告言，大抵盡詆以不道以上。廷尉及中都官詔獄逮至六七萬人，吏所增加十萬餘人。”

《漢書》卷八《宣帝紀》：地節四年九月詔曰：“令甲，死者不可生，刑者不可息。此先帝之所重，而吏未稱。今繫者或以掠辜若飢寒瘐死獄中，何用心逆人道也！朕甚痛之。其令郡國歲上繫囚以掠笞若瘐死者所坐名、縣、爵、里，丞相御史課殿最以聞。”

《漢書》卷二三《刑法志》：“丞相張蒼、御史大夫馮敬奏言：‘肉刑所以禁奸，所由來者久矣。陛下下明詔，憐萬民之一有過被刑者終身不息，及罪人欲改行爲善而道亡繇至，於盛德，臣等所不及也。臣謹議請定律曰：諸當完者，完爲城旦舂；當黥者，髡鉗爲城旦舂；當劓者，笞三百；當斬左止者，笞五百；當斬右止，及殺人先自告，及吏坐受賕枉法，守縣官財物而即盜之，已論命復有笞罪者，皆棄市。罪人獄已决，完爲城旦舂，滿三歲爲鬼薪白粲。鬼薪白粲一歲，爲隸臣妾。隸臣妾一歲，免爲庶人。隸臣妾滿二歲，爲司寇。司寇一歲，及作如司寇二歲，皆免爲庶人。其亡逃及有罪耐以上，不用此令。前令之刑城旦舂歲而非禁錮者，如完爲城旦舂歲數以免。臣昧死請。’制曰：‘可。’是後，外有輕刑之名，内實殺人。斬右止者又當死。斬左止者笞五百，當劓者笞三百，率多死。

"景帝元年，下詔曰：'加笞與重罪無異，幸而不死，不可爲人。其定律：笞五百曰三百，笞三百曰二百。'猶尚不全。至中六年，又下詔曰：'加笞者，或至死而笞未畢，朕甚憐之。其减笞三百曰二百，笞二百曰一百。'又曰：'笞者，所以教之也，其定箠令。'丞相劉舍、御史大夫衛綰請：'笞者，箠長五尺，其本大一寸，其竹也，末薄半寸，皆平其節。當笞者笞臀。毋得更人，畢一罪乃更人。'自是笞者得全，然酷吏猶以爲威。死刑既重，而生刑又輕，民易犯之。"

《漢書》卷八九《循吏傳》："朱邑字仲卿，廬江舒人也。少時爲舒桐鄉嗇夫，廉平不苛，以愛利爲行，未嘗笞辱人，存問耆老孤寡，遇之有恩，所部吏民愛敬焉。遷補太守卒史，舉賢良爲大司農丞，遷北海太守，以治行第一入爲大司農。爲人淳厚，篤於故舊，然性公正，不可交以私。天子器之，朝廷敬焉。"

《後漢書》卷三《章帝紀》："（建初七年九月）辛卯，車駕還宫。詔天下繫囚减死一等，勿笞，詣邊戍。"

《後漢書》卷七《桓帝紀》："（建和元年四月）丙午，詔郡國繫囚减死罪一等，勿笞。唯謀反大逆，不用此書。"

《後漢書》卷一九《耿弇附夔傳》："夔勇而有氣，數侵陵〔使〕匈奴中郎將鄭戩。元初元年，坐徵下獄，以减死論，笞二百。建光中，復拜度遼將軍。時鮮卑攻殺雲中太守成嚴，圍烏桓校尉徐常於馬城。夔與幽州刺史龐参救之，追虜出塞而還。後坐法免，卒於家。"

《後漢書》卷二七《成宫傳》注引《續漢書》："宫過徐子盛，好之，因棄其猪而留聽經。猪主怪其不還，求索得宫，欲笞之。門下生共禁止，因留之。"

《後漢書》卷四一《鍾離意傳》："時詔賜降胡子縑，尚書案事，誤以十爲百。帝見司農上簿，大怒，召郎將笞之。意因入叩頭曰：'過誤之失，常人所容。若以懈慢爲愆，則臣位大，罪重，郎位小，罪輕，咎皆在臣，臣當先坐。'乃解衣就格。帝意解，使復冠而貫郎。"

《後漢書》卷四六《郭躬傳》："章和元年，赦天下繫囚在四月丙子以前減死罪一等，勿笞，詣金城，而文不及亡命未發覺者。躬上封事曰：'聖恩所以減死罪使戍邊者，重人命也。今死罪亡命無慮萬人，又自赦以來，捕得甚衆，而詔令不及，皆當重論。伏惟天恩莫不蕩宥，死罪已下並蒙更生，而亡命捕得獨不沾澤。臣以爲赦前犯死罪而繫在赦後者，可皆勿笞詣金城，以全人命，有益於邊。'肅宗善之，即下詔赦焉。"

《後漢書》卷五二《崔寔傳》："昔高祖令蕭何作九章之律，有夷三族之令，黥、劓、斬趾、斷舌、梟首，故謂之具五刑。文帝雖除肉刑，當劓者笞三百，當斬左趾者笞五百，當斬右趾者棄市。右趾者既殞其命，笞撻者往往至死，雖有輕刑之名，其實殺也。當此之時，民皆思復肉刑。至景帝元年，乃下詔曰：'〔加〕笞與重罪無異，幸而不死，不可爲（民）〔人〕。'乃定律，減笞輕捶。自是之後，笞者得全。以此言之，文帝乃重刑，非輕之也；以嚴致平，非以寬致平也。"

《後漢書》卷六六《陳蕃傳》："大將軍梁冀威震天下，時遣書詣蕃，有所請託，不得通，使者詐求謁，蕃怒，笞殺之，坐左轉修武令。稍遷，拜尚書。"

《三國志》卷一三《魏書·鍾繇傳》："太和中，繇上疏曰：'大魏受命，繼蹤虞、夏。孝文革法，不合古道。先帝聖德，固天所縱，墳典之業，一以貫之。是以繼世，仍發明詔，思復古刑，爲一代法。連有軍事，遂未施行。陛下遠追二祖遺意，惜斬趾可以禁惡，恨入死之無辜，使明習律令，與群臣共議。出本當右趾而入大辟者，復行此刑。《書》云："皇帝清問下民，鰥寡有辭於苗。"此言堯當除蚩尤、有苗之刑，先審問於下民之有辭者也。若今蔽獄之時，訊問三槐、九棘、群吏、萬民，使如孝景之令，其當棄市，欲斬右趾者許之。其黥、劓、左趾、宫刑者，自如孝文，易以髡、笞。能有奸者，率年二十至四五十，雖斬其足，猶任生育。今天下人少於孝文之世，下計所全，歲三千人。張蒼除肉刑，所殺歲以萬計。臣欲復肉刑，歲生三千人。子貢問能濟民可謂仁乎？子曰："何事於仁，必也聖乎，堯、舜其猶病諸！"又曰："仁遠乎哉？我欲仁，斯仁至矣。"若誠行之，斯民永濟。'"

《三國志》卷二八《魏書·毌丘儉傳》注引《魏書》："欽字仲若，譙郡人。父稷，建安中爲騎將，有勇力。欽少以名將子，材武見稱。魏諷反，欽坐與諷辭語相連，及下獄，掠笞數百，當死，太祖以稷故赦之。"

[5]裸露：露，宋本作"靈"。

是時承用秦漢舊律，其文起自魏文侯師李悝。[1]悝撰次諸國法，著《法經》。[2]以爲王者之政，莫急於盜賊，故其律始於《盜賊》。盜賊須《劾捕》，故著《網捕》二篇。[3]其輕狡、越城、博戲、借假不廉、淫侈、逾制以爲《雜律》一篇，[4]又以《具律》具其加減。[5]是故所著六篇而已，然皆罪名之制也。商君受之以相秦。漢承秦制，蕭何定律，[6]除參夷連坐之罪，增部主見知之條，[7]益事律《興》《廄》《户》三篇，合爲九篇。叔孫通益律所不及，[8]《傍章》十八篇，張湯《越宫律》二十七篇，趙禹《朝律》六篇，[9]合六十篇。又漢時決事，集爲《令甲》以下三百餘篇，及司徒鮑公撰嫁娶辭訟決爲《法比都目》，[10]凡九百六卷。世有增損，率皆集類爲篇，[11]結事爲章。一章之中或事過數十，事類雖同，輕重乖異。而通條連句，上下相蒙，雖大體異篇，實相采入。[12]《盜律》有賊傷之例，[13]《賊律》有盜章之文，《興律》有上獄之法，《廄律》有逮捕之事，若此之比，錯糅無常。後人生意，各爲章句。叔孫宣、郭令卿、馬融、鄭玄諸儒章句十有餘家，[14]家數十萬言。凡斷罪所當由用者，合二萬六千二百七十二條，七百七十三萬二千二百餘言，言數益繁，覽者益難。天子於是下詔，但用鄭氏章句，不得雜用餘家。

［1］魏文侯：戰國時魏國國君。名斯，公元前445至前396年在位，魏桓公之子。在位期間招賢納士，致力於社會改革。對内明賞罰、盡地力、行“平糴”法；對外勝秦國、占西河、取中山，稱爲戰國首强。　李悝：戰國時人，曾任魏文侯相國，主持變法。

［2］《法經》：李悝主持編纂的中國第一部完整的法典。分《盜法》《賊法》《囚法》《捕法》《雜法》《具法》六篇。内容爲懲辦盜賊、斷獄、捕逃亡、處罰狡詐、處罰賭博、處罰貪污、加刑減刑等。

［3］故著《網捕》二篇：中華本校勘記：“《唐六典注》：‘李悝法經六篇，一曰《囚法》，四曰《捕法》’。《御覽》六三八引《唐書》作‘故著《囚捕》二篇’。此‘網’字疑‘囚’之誤。”

［4］輕狡：狡詐。　借假不廉：利用職務貪污不清廉。

［5］《具律》：具，原本、宋本、殿本作“其”，據中華本改。

［6］蕭何：秦末泗水沛縣豐邑（今江蘇省豐縣）人。隨劉邦起兵反秦。楚漢戰争中，留守關中，爲前綫籌集糧草。劉邦稱帝後，因功高封酇侯。助吕后誅除韓信，封相國。劉邦死後復事惠帝，死前推薦曹參繼任。

［7］部主見知：明知犯罪而不舉報。

［8］叔孫通：秦末薛（今山東省滕州市南）人，初爲秦博士。從項梁、項羽反秦，後投劉邦。西漢建立後，與弟子采古禮與秦儀共建朝禮。後陸續制定一系列禮儀制度。

［9］趙禹：西漢扶風斄（今陝西省武功縣）人。武帝時任御

史、中大夫、廷尉等職。與張湯議定律令，以清廉倨傲著稱。晚年徙爲燕相，後有罪免歸，卒於家。

[10]司徒：官名，西漢哀帝元壽二年（前1）改丞相爲大司徒，東漢光武帝時改名爲司徒，東漢末又改爲丞相。三國魏恢復三公制，改丞相爲司徒，管理民政。兩晋沿制，爲八公之一，在太尉之下、司空之上。與丞相通職，一般不並置，爲名譽宰相。一品。

《法比都目》：漢司徒鮑昱撰，一〇六卷。已佚。《通典》《通志》《文獻通考》中有載。

[11]率皆集類爲篇：殿本無“率皆”二字。

[12]采：宋本作“採”。

[13]賊：宋本作“賤”。

[14]馬融：東漢扶風茂陵（今陝西省興平市東北）人，字季長。少有俊才，博通經籍。歷任校書郎、東觀典校秘書、議郎、武都太守、南郡太守等職。著述極豐，世稱通儒。遍注《詩》《書》《禮》《易》等儒家經籍，教出鄭玄、盧植等當世名儒。

衛覬又奏曰：[1]“刑法者，國家之所貴重，而私議之所輕賤；獄吏者，百姓之所懸命，而選用者之所卑下。王政之弊，未必不由此也。請置律博士，轉相教授。”事遂施行。然而律文煩廣，事比衆多，離本依末，决獄之吏如廷尉獄吏范洪受囚絹二丈，附輕法論之，獄吏劉象受屬偏考囚張茂物故，[2]附重法論之。洪、象雖皆棄市，[3]而輕枉者相繼。是時太傅鍾繇又上疏求復肉刑，[4]詔下其奏，司徒王朗議又不同。[5]時議者百餘人，[6]與朗同者多。帝以吴蜀未平，又寢。

[1]衛覬：三國時河東安邑（今山西省夏縣西北）人，字伯

儒，以才學著稱。歷任曹魏尚書、侍中等職。好古文，善鳥篆、隸草。

[2]考：古代審訊手段之一。清沈家本《歷代刑法考》有《考囚》之詳細考證，於晋及其前代爲：

“掠

“《禮記·月令》：仲春之月，毋肆掠。注：‘肆，謂死刑暴尸也。《周禮》曰肆之三日。掠，謂捶治人。《釋文》：“掠，音亮，考捶。”’疏：‘肆，陳也，謂陳尸而暴之。然春陽既動，理無殺人，何得更有死尸？而禁其陳肆者，蓋是大逆不孝罪甚之徒，容得春時殺之，殺則埋之，故禁其陳肆。’應氏（鏞）曰：‘肆，縱也。肆掠，任意笞箠。雖輕刑不可縱也，桎梏且欲去之，况敢暴尸乎？且陳尸與掠治並言，亦輕重不倫矣。’

“按：考囚乃不得已之事，任意笞箠，即屬非法，常時當禁，何待仲春？此仍以孔疏之説爲妥。且以文法論之，上文之囹圄、桎梏，下文之獄訟，皆是駢字，不應此忽異也。《淮南·時則訓》‘作毋笞掠’，《淮南》書多取諸前人，或《月令》‘肆’字有誤，然《吕覽》亦作‘肆’。考囚之事始於何時，書傳未詳，《月令》乃周末儒生所纂，疑周時即有之也。

“《史記·夏侯嬰傳》：高祖戲而傷嬰，人有告高祖。高祖時爲亭長，重坐傷人，告故不傷嬰，嬰證之。後獄覆，嬰坐高祖繫歲餘，掠笞數百，終以是脱高祖。

“路温舒《尚德緩刑書》：臣聞秦有十失，其一尚存，治獄之吏是也。夫人情安則樂生，痛則思死。棰楚之下，何求而不得？故囚人不勝痛，則飾辭以視之；吏治者利其然，則指道以明之；上奏畏却，則鍛練而周内之。（晋灼曰：‘精孰周悉，致之法中也。’師古曰：‘却，退也，畏爲上却退。’）蓋奏當之成，雖咎繇聽之，猶以爲死有餘辜。何則？成練者衆，文致之罪明也。是以獄吏專爲深刻，殘賊而亡極，媮爲一切，不顧國患，此世之大賊也。故俗語曰：‘畫地爲獄，議不入；刻木爲吏，期不對。’此皆疾吏之風，悲痛之辭也。故天下之患，莫深於獄；敗法亂正，離親塞道，莫甚乎治獄之吏。此所謂一尚存者也。

“按：據温舒所言，考囚之酷，秦爲最甚，夏侯嬰以受傷人而笞掠至數百之多，其他之恣意笞掠更可知矣。古先王之世必不如是，《月令》之禁掠則并其輕者而禁之，其不得恣意笞掠也明矣。

“《漢書·宣紀》：（本始）〔地節〕四年，詔曰：‘令甲，死者不可生，刑者不可息。此先帝之所重，而吏未稱。今繫者或以掠辜若飢寒瘐死獄中，（蘇林曰：‘瘐，病也。囚徒病，律名爲瘐。’如淳曰：‘律，囚以飢寒而死曰瘐。’）何用心逆人道也！朕甚痛之。’其令郡國歲上繫囚以掠笞若瘐死者所坐名、縣、爵、里，丞相御史課殿最以聞。

“按：漢承秦敝，考囚之法蓋亦甚酷，路温舒所謂其一尚存。觀宣帝此詔，當日之以掠而死者衆矣，以瘐死之多寡爲獄吏之殿最，其法歷代遵行，治標之道不得不爾。

“《漢書·陳咸傳》：咸爲御史中丞，公卿以下皆敬憚之。是時中書令石顯用事顓權，咸頗言顯短，顯等恨之。時槐里令朱雲殘酷殺不辜，有司奏舉，未下。咸素善雲，雲從刺候，教令上書自訟。於是石顯微伺知之，白奏咸漏洩省中語，下獄掠治，減死，髡爲城旦。

“按：陳咸以御史中丞而亦掠治亦髡，漢法之嚴如此，因於秦也。

“《後漢書·周紆傳》：紆遷司隸校尉。六年夏旱，車駕自幸洛陽録囚徒，二人被掠生蟲，坐左轉騎都尉。《釋名》：‘搥而死者曰掠。掠，狼也，用威大暴如豺狼也。’

“按：此以搥死爲掠，自是别一義。掠者未必皆死，掠而至於死其甚者矣。豺狼之喻，良不爲過，唐有重杖處死之法，於漢無聞。

“榜

“《史記·李斯傳》：於是二世乃使高案丞相獄，治罪，責斯與子由謀反狀，皆收捕宗族賓客。趙高治斯，榜掠千餘，不勝痛，自誣服。趙高使其客十餘輩詐爲御史、謁者、侍中，更往覆訊斯。斯更以其實對，輒使人復榜之。後二世使人驗斯，斯以爲如前，終不敢更言，辭服。

“《張耳傳》：貫高至，對獄，曰：‘獨吾屬爲之，王實不知。’吏治榜笞數千，刺剟，身無可擊者，終不復言。《索隱》：‘徐廣：音丁劣反。’案：掇亦刺也，《漢書》作‘刺爇’，張晏云‘爇，灼也’，《説文》云‘燒也’，應劭云‘以鐵刺之’。《漢書·耳傳》注師古曰：‘榜，謂捶擊之也，音彭。’應劭曰：‘以鐵刺之，又燒灼之。’

“《急救篇》：盗賊繫囚榜笞臀。顔注：‘榜笞，捶繫之也。’

“按：《廣雅·釋詁》：‘搒，擊也。’《一切經音義》二十一、《字書》：‘搒，捶也。’《廣韵》：‘搒，笞打。’其字从手，而《史》《漢》則多从木，《後漢書·陳寵傳》注：‘篣即搒也。’古字通用。《聲類》曰：‘笞也。’《虞延傳》注‘篣，捶也。’其字又从竹，是榜、搒、篣三字通。李斯以丞相之貴而不免榜笞，誣服考掠之法，可畏如此，而世猶以考掠爲必不可廢，何也？

“考

“《後漢書·虞延傳》：遷洛陽令。是時，陰氏有客馬成者，常爲奸盗，延收考之。陰氏屢請，獲一書輒加篣二百。（篣，捶也，音彭。）

“按：考者，考掠也。觀於下文‘加篣’之文，可見宋本律文考囚之字並作‘考’。孫奭《律音義》‘考掠’作‘拷’者，非，下音諒，考擊也。泰定本《唐律》作‘拷’，俗，然《玉篇》已云‘拷，打也’，《廣韵》三十二晧，不收‘拷’，《集韵》乃收之，疑《玉篇》之‘拷’亦是後來羼入者，非顧氏原文。

“《後漢書·戴就傳》：會稽上虞人也。仕郡倉曹掾，揚州刺史歐陽參奏太守成公浮臧罪，遣部從事薛安案倉庫簿領，收就於錢唐縣獄。幽囚考掠，五毒備至。就慷慨直辭，色不變容。又燒鋘斧，使就挾於肘腋。（鋘从吴，《毛詩》云‘不吴不敖’。何承天《纂文》曰‘臿，今之鋘也。’張揖《字詁》云‘臿，刃也’。鋘音華。按《説文》《字林》《三蒼》並無鋘字。）就語獄卒：‘可熟燒斧，勿令冷。’每上彭考，（彭即篣也）因止飯食不肯下，肉焦毁墮地者，掇而食之。主者窮竭酷慘，無復餘方，乃卧就覆船下，以馬通薰之。一夜二日，皆謂已死，發船視之，就方張眼大駡曰：‘何不益火，而使滅絶！’又復燒地，以大鍼刺指爪中，使以把土，爪悉墮落。主者以狀白安，安呼見就，謂曰：‘太守罪穢狼藉，受命考實，君何故以骨肉拒扞耶？’就據地答言：‘太守剖符大臣，當以死報國。卿雖銜命，固宜申斷冤毒，奈何誣枉忠良，强相掠理，令臣謗其君，子證其父！薛安庸騃，忸行無義，就考死之日，當白之於天，與群鬼殺汝於亭中。如蒙生全，當手刃相裂！’安深奇其壯節，即解械，更與美談，表其言辭，解釋郡事。

“按：考掠五毒，《御覽》（六百四十九）引《後漢書》作‘拷訊五毒’。

“《漢書·張湯傳》：訊鞫論報。注師古曰：‘訊，考問也。’又《王子侯表》上：‘安檀侯福訊未竟。’注：‘訊謂考問之。’

……

“按：曰掠、曰榜、曰考，並爲考囚之事，後來但曰考，并改其字作‘拷’，此古今文字之異也。

“《後漢書·陳寵傳》：肅宗初，爲尚書。是時承永平故事，吏政尚嚴切，尚書决事率近於重。寵以帝新即位，宜改前世苛俗。乃上疏曰：‘臣聞先王之政，賞不僭，刑不濫，與其不得已，寧僭不濫。故唐堯著典，“眚災肆赦”；周公作戒，“勿誤庶獄”；伯夷之典，“惟敬五刑，以成三德”。由此言之，聖賢之政，以刑罰爲首。往者斷刑嚴明，所以威懲奸慝，奸慝既平，必宜濟之以寬。陛下即位，率由此義，數詔群僚，弘崇晏晏。而有司執事，未悉奉承，典刑用法，猶尚深刻。斷獄者急於篣格酷烈之痛，（篣即搒也，古字通用。《聲類》曰：“笞也。”《説文》曰：“格，擊也。”）執憲者煩於詆欺放濫之文，或因公行私，逞縱威福。夫爲政猶張琴瑟，大弦急者小弦絶。故子貢非臧孫之猛法，而美鄭僑之仁政。《詩》云："不剛不柔，布政優優。"方今聖德充塞，假於上下，宜隆先王之道，蕩滌煩苛之法。輕薄箠楚，以濟群生；全廣至德，以奉天心。'帝敬納寵言，每事務於寬厚。其後遂詔有司，絶鉆鑽諸慘酷之科，（《蒼頡》曰："鉆，持也。"《説文》曰："鉆，鐵銸。"其炎反。銸音陟葉反。鑽，臏刑，謂鑽去其髕骨也。鑽音作唤反。）解妖惡之禁，除文致之請讞五十餘事，定著於令。是後人俗和平，屢有嘉瑞。

"《章紀》：元和元年秋七月丁未，詔曰：'掠者唯得榜、笞、立。（《蒼頡篇》曰："掠，問也。"《廣雅》曰："榜，擊也，音彭。"《説文》曰："笞，擊也。"立謂立而考訊之。）又《令丙》，箠長短有數。自往者大獄已來，掠考多酷，鉆鑽之屬，慘苦無極。念其痛毒，怵然動心。《書》曰"鞭作官刑"，豈云若此？宜及秋冬理獄，明爲其禁。'

"按：《説文》：'鉆，鐵銸也。''鑽，所以穿也。'《急就章》顔注：'鉆以鐵，有所鑷取也。鑽，所以穿通也。'此皆掠考之具。觀於元和詔文，知《陳寵傳》亦當如是解，《張耳傳》之刺剟必用鉆鑽之具，此其證章懷注以鑽爲去髕骨者誤。髕刑，漢時久廢，章帝絶諸慘酷之科，由於納陳寵之言洵仁政也。

"《通考》（一百六十三）按：建武以來，雖屢有省刑薄罰之詔，然上下相胥以苛酷爲能，而考囚之際尤極殘忍。《獨行傳》載楚王英坐反，誅其所疏天下名士，有會稽太守尹興名，乃徵興詣廷尉獄。其功曹陸續，主簿梁宏、駟勛等及掾史五百餘人詣洛陽詔獄就考，諸吏不堪痛楚，死者大半，唯續、宏、勛考掠五毒，肌肉消爛，終無異詞。戴就仕倉曹掾云云。且興不過以姓名罥罣，反形未具；公浮爲人誣以臧罪；陸續、戴就所坐不過以郡功曹不肯證成太守之罪。乃非同謀之人而乃窮極慘酷，如此則罪情稍重而不肯誣服者考死於狴犴之下，蓋不可勝計矣。

“按：楚王英事在顯宗之世，其時用法嚴也，戴就事當在順、桓之世，其時漢政已衰矣。”

［3］棄市：古代死刑處置方式之一。《漢書》卷一《高帝紀》：“耦語者棄市。”師古曰：“棄市者，取刑人於市，與衆棄之。”史籍所載晋及前代棄市有：

《史記》卷六《秦始皇本紀》：“丞相臣斯眛死言：古者天下散亂，莫之能一，是以諸侯並作，語皆道古以害今，飾虚言以亂實，人善其所私學，以非上之所建立。今皇帝并有天下，别黑白而定一尊。私學而相與非法教，人聞令下，則各以其學議之，入則心非，出則巷議，夸主以爲名，異取以爲高，率群下以造謗。如此弗禁，則主勢降乎上，黨與成乎下。禁之便。臣請史官非秦記皆燒之。非博士官所職，天下敢有藏《詩》、《書》、百家語者，悉詣守、尉雜燒之。有敢偶語《詩》《書》者棄市。”

《史記》卷五六《陳丞相世家》：“孝文帝二年，丞相陳平卒，謚爲獻侯。子共侯買代侯。二年卒，子簡侯恢代侯。二十三年卒，子何代侯。二十三年，何坐略人妻，棄市，國除。”

《史記》卷九七《酈生陸賈列傳》：“漢十二年，曲周侯酈商以丞相將兵擊黥布有功。高祖舉列侯功臣，思酈食其。酈食其子疥數將兵，功未當侯，上以其父故，封疥爲高梁侯。後更食武遂，嗣三世。元狩元年中，武遂侯平坐詐詔衡山王取百斤金，當棄市，病死，國除也。”

《史記》卷一〇二《張釋之列傳》：“其後有人盗高廟坐前玉環，捕得，文帝怒，下廷尉治。釋之案律盗宗廟服御物者爲奏，奏當棄市。上大怒曰：‘人之無道，乃盗先帝廟器，吾屬廷尉者，欲致之族，而君以法奏之，非吾所以共承宗廟意也。’釋之免冠頓首謝曰：‘法如是足也。且罪等，然以逆順爲差。今盗宗廟器而族之，有如萬分之一，假令愚民取長陵一抔土，陛下何以加其法乎？’久之，文帝與太后言之，乃許廷尉當。是時，中尉條侯周亞夫與梁相山都侯王恬開見釋之持議平，乃結爲親友。張廷尉由此天下稱之。”

《史記》卷一〇七《魏其武安侯列傳》："夏，丞相取燕王女爲夫人，有太后詔，召列侯宗室皆往賀。魏其侯過灌夫，欲與俱。夫謝曰：'夫數以酒失得過丞相，丞相今者又與夫有郄。'魏其曰：'事已解。'彊與俱。飲酒酣，武安起爲壽，坐皆避席伏。已魏其侯爲壽，獨故人避席耳，餘半膝席。灌夫不悦。起行酒，至武安，武安膝席曰：'不能滿觴。'夫怒，因嘻笑曰：'將軍貴人也，屬之！'時武安不肯。行酒次至臨汝侯，臨汝侯方與程不識耳語，又不避席。夫無所發怒，乃駡臨汝侯曰：'生平毁程不識不直一錢，今日長者爲壽，乃效女兒呫囁耳語！'武安謂灌夫曰：'程李俱東西宫衛尉，今衆辱程將軍，仲孺獨不爲李將軍地乎？'灌夫曰：'今日斬頭陷匈，何知程李乎！'坐乃起更衣，稍稍去。魏其侯去，麾灌夫出。武安遂怒曰：'此吾驕灌夫罪。'乃令騎留灌夫。灌夫欲出不得。籍福起爲謝，案灌夫項令謝。夫愈怒，不肯謝。武安乃麾騎縛夫置傳舍，召長史曰：'今日召宗室，有詔。'劾灌夫駡坐不敬，繫居室。遂按其前事，遣吏分曹逐捕諸灌氏支屬，皆得棄市罪。魏其侯大愧，爲資使賓客請，莫能解。"

《史記》卷一一八《淮南衡山列傳》："丞相臣張倉、典客臣馮敬、行御史大夫事宗正臣逸、廷尉臣賀、備盗賊中尉臣福昧死言：淮南王長廢先帝法，不聽天子詔，居處無度，爲黄屋蓋乘輿，出入擬於天子，擅爲法令，不用漢法。及所置吏，以其郎中春爲丞相，聚收漢諸侯人及有罪亡者，匿與居，爲治家室，賜其財物爵禄田宅，爵或至關内侯，奉以二千石，所不當得，欲以有爲。大夫但、士五開章等七十人與棘蒲侯太子奇謀反，欲以危宗廟社稷。使開章陰告長，與謀使閩越及匈奴發其兵。開章之淮南見長，長數與坐語飲食，爲家室娶婦，以二千石俸奉之。開章使人告但，已言之王。春使使報但等。吏覺知，使長安尉奇等往捕開章。長匿不予，與故中尉蕑忌謀，殺以閉口。爲棺槨衣衾，葬之肥陵邑，謾吏曰'不知安在'。又詳聚土，樹表其上，曰'開章死，埋此下'。及長身自賊殺無罪者一人；令吏論殺無罪者六人；爲亡命棄市罪詐捕命者以除罪；擅罪人，罪人無告劾，繫治城旦舂以上十四人；赦免罪人，死罪十八人，城旦舂以下五十八人；賜人爵關内侯以下九十四人。前日長病，陛下憂苦之，使使者賜書、棗脯。長不欲受賜，不肯見拜使者。南海民處廬江界中者反，淮南吏卒擊之。陛下以淮南民貧苦，遣使者賜長帛五千匹，以賜吏卒勞苦者。長不欲受賜，謾言曰'無勞苦者'。南海民王織上書獻璧皇帝，忌擅燔其書，不以聞。吏請召治忌，長不遣，謾言曰'忌病'。春又請長，願入見，長怒曰'女欲離我自附漢'。長當棄市，臣請論如法。

……

"於是乃遣淮南王，載以輜車，令縣以次傳。是時袁盎諫上曰：'上素驕淮南王，弗爲置嚴傅相，以故至此。且淮南王爲人剛，今暴摧折之，臣恐卒逢霧露病死，陛下爲有殺弟之名，奈何！'上曰：'吾特苦之耳，今復之。'縣傳淮南王者皆不敢發車封。淮南王乃謂侍者曰：'誰謂乃公勇者？吾安能勇！吾以驕故不聞吾過至此。人生一世間，安能邑邑如此！'乃不食死。至雍，雍令發封，以死聞。上哭甚悲，謂袁盎曰：'吾不聽公言，卒亡淮南王。'盎曰：'不可奈何，願陛下自寬。'上曰：'爲之奈何？'盎曰：'獨斬丞相、御史以謝天下乃可。'上即令丞相、御史逮考諸縣傳送淮南王不發封餽侍者，皆棄市。

"元朔六年中，衡山王使人上書請廢太子爽，立孝爲太子。爽聞，即使所善白嬴之長安上書，言孝作輣車鏃矢，與王御者奸，欲以敗孝。白嬴至長安，未及上書，吏捕嬴，以淮南事繫。王聞爽使白嬴上書，恐言國陰事，即上書反告太子爽所爲不道棄市罪事。事下沛郡治。(朔七)〔元狩〕元年冬，有司公卿下沛郡求捕所與淮南謀反者未得，得陳喜於衡山王子孝家。吏劾孝首匿喜。孝以爲陳喜雅數與王計謀反，恐其發之，聞律先自告除其罪，又疑太子使白嬴上書發其事，即先自告，告所與謀反者救赫、陳喜等。廷尉治驗，公卿請逮捕衡山王治之。天子曰：'勿捕。'遣中尉安、大行息即問王，王具以情實對。吏皆圍王宮而守之。中尉大行還，以聞，公卿請遣宗正、大行與沛郡雜治王。王聞，即自剄殺。孝先自告反，除其罪；坐與王御婢奸，棄市。王后徐來亦坐蠱殺前王后乘舒，及太子爽坐王告不孝，皆棄市。諸與衡山王謀反者皆族。國除爲衡山郡。”

《史記》卷一二二《酷吏列傳》：“周陽由者，其父趙兼以淮南王舅父侯周陽，故因姓周陽氏。由以宗家任爲郎，事孝文及景帝。景帝時，由爲郡守。武帝即位，吏治尚循謹甚，然由居二千石中，最爲暴酷驕恣。所愛者，撓法活之；所憎者，曲法誅滅之。所居郡，必夷其豪。爲守，視都尉如令。爲都尉，必陵太守，奪之治。與汲黯俱爲忮，司馬安之文惡，俱在二千石列，同車未嘗敢均茵伏。由後爲河東都尉，時與其守勝屠公争權，相告言罪。勝屠公當抵罪，義不受刑，自殺，而由棄市。”

《漢書》卷六《武帝紀》：“樓船將軍楊僕坐失亡多免爲庶民，左將軍荀彘坐争功棄市。”

《漢書》卷七《昭帝紀》：“廷尉李种坐故縱死罪棄市。”

《漢書》卷一一《哀帝紀》：“東平王雲、雲后謁、安成恭侯夫人放皆有罪。雲自殺，謁、放棄市。”

《漢書》卷一五《王子侯表》：“元狩四年，侯戚嗣，五年，元鼎三年，坐縛家吏恐猲受賕，棄市。”

“元鼎元年，侯福嗣，十二年，太初元年，坐殺弟棄市。”

攸輿侯則，元狩二年“三月乙丑封，二十二年，太初元年，坐篡死罪囚，棄市”。

有利侯釘，元狩三年“三月乙丑封，三年，元狩元年，坐遺淮南王書稱臣棄市”。

“侯毋害嗣，本始二年，坐使人殺兄棄市。”

原洛侯敢，元鼎元年“四月戊寅封，二十六年，征和三年，坐殺人棄市”。

甘井侯光，元鼎元年“七月乙酉封，二十五年，征和二年，坐殺人棄市”。

修故侯福，本始元年四月“（乙）〔己〕丑封，五年，元康元年，坐首匿群盗棄市”。

陽興侯昌，五鳳元年“十二月癸巳封，二十六年，建始二年，坐朝私留它縣，使庶子殺人，棄市。千三百五十户。”

平邑侯敞，甘露四年“閏月丁亥封，二年，初元元年，坐殺一家二人棄市”。

《漢書》卷一六《高惠皇后文功臣表》：“孝景五年，侯何嗣，二十三年，元光五年，坐略人妻，棄市。”

“高后六年，侯它嗣，三十一年，孝景六年，有罪，棄市。”

“元朔五年，侯猜嗣，八年，元鼎元年，坐殺人，棄市。”

“元光五年，侯德嗣，四年，元朔三年，坐傷人二旬内死，棄市。”

“元鼎二年，侯義嗣，三年，坐言五利侯不道，棄市。”

“孝景後三年，侯但嗣，十九年，元狩元年，坐與淮南王安通，遺王書稱臣盡力，棄市。”

“建元元年，侯買之嗣，二十二年，元狩五年，坐鑄白金，棄市。”

“建元二年，侯廣德嗣，九年，元光五年，坐妻大逆，棄市。”

“元光三年，侯戎奴嗣，十四年，元狩五年，坐使人殺季父，棄市。”

《漢書》卷一七《景武昭宣元成功臣表》：遽侯横，“中二年四月乙巳封，六年，後二年，有罪，棄市”。

安道侯揭陽定，“侯當時嗣，延和四年，坐殺人，棄市”。

《漢書》卷一八《外戚恩澤侯表》：“始元四年，君當嗣，十六年，地節三年，坐使奴殺家丞，棄市。”

《漢書》卷七三《韋賢傳》：“初，高后時患臣下妄非議先帝宗廟寢園官，故定著令，敢有擅議者棄市。至元帝改制，蠲除此令。”

《漢書》卷七六《韓延壽傳》：“於是望之劾奏延壽上僭不道，又自陳：‘前爲延壽所奏，今復舉延壽罪，衆庶皆以臣懷不正之心，侵冤延壽。願下丞相、中二千石、博士議其罪。’事下公卿，皆以延壽前既無狀，後復誣訴典法大臣，欲以解罪，狡猾不道。天子惡之，延壽竟坐棄市。吏民數千人送至渭城，老小扶持車轂，争奏酒炙。延壽不忍距逆，人人爲飲，計飲酒石餘。”

《漢書》卷八〇《宣元六王傳》：“子煬王雲嗣。哀帝時，無鹽危山土自起覆草，如馳道狀，又瓠山石轉立。雲及后謁自之石所祭，治石象瓠山立石，束倍草，并祠之。建平三年，息夫躬、孫寵等共因幸臣董賢告之。是時，哀帝被疾，多所惡，事下有司，逮王、后謁下獄驗治，言使巫傅恭、婢合歡等祠祭詛祝上，爲雲求爲天子。雲又與知灾異者高尚等指星宿，言上疾必不愈，雲當得天下。石立，宣帝起之表也。有司請誅王，有詔廢徙房陵。雲自殺，謁棄市。”

《漢書》卷八一《孔光傳》：“時定陵侯淳于長坐大逆誅，長小妻廼始等六人皆以長事未發覺時棄去，或更嫁。及長事發，丞相方進、大司空武議，以爲：‘令，犯法者各以法時律令論之，明有所訖也。長犯大逆時，廼始等見爲長妻，已有當坐之罪，與身犯法無異。後乃棄去，於法無以解。請論。’光議以爲：‘大逆無道，父母妻子同産無少長皆棄市，欲懲後犯法者也。夫婦之道，有義則合，無義則離。長未自知當坐大逆之法，而棄去廼始等，或更嫁，義已絶，而欲以爲長妻論殺之，名不正，不當坐。’有詔光議是。”

《漢書》卷九〇《酷吏·周陽由傳》：“周陽由，其父趙兼以淮南王舅侯周陽，故因氏焉。由以宗家任爲郎，事文帝。景帝時，由爲郡守。武帝即位，吏治尚修謹，然由居二千石中最爲暴酷驕恣。所愛者，撓法活之；所憎者，曲法滅之。所居郡，必夷其豪。爲守，視都尉如令；爲都尉，陵太守，奪之治。汲黯爲忮，司馬安之文惡，俱在二千石列，同車未嘗敢均茵馮。後由爲河東都尉，與其守勝屠公争權，相告言，勝屠公當抵罪，（議）〔義〕不受刑，自殺，而由棄市。”

《漢書》卷九〇《酷吏·田廣明傳》：“上以廣明連禽大奸，徵入爲大鴻臚，擢廣明兄雲中代爲淮陽太守。昭帝時，廣明將兵擊益州，還，賜爵關内侯，徙衛尉。後出爲左馮翊，治有能名。宣帝初立，代蔡義爲御史大夫，以前爲馮翊與議定策，封昌水侯。歲餘，以祁連將軍將兵擊匈奴，出塞至受降城。受降都尉前死，喪柩在堂，廣明召其寡妻與奸。既出不至質，引軍空還。下太守杜延年簿責，廣明自殺闕下，國除。兄雲中爲淮陽守，亦敢誅殺，吏民守闕告之，竟坐棄市。"

《漢書》卷九三《佞倖・石顯傳》："後太中大夫張猛、魏郡太守京房、御史中丞陳咸、待詔賈捐之皆嘗奏封事，或召見，言顯短。顯求索其罪，房、捐之棄市，猛自殺於公車，咸抵罪，髡爲城旦。及鄭令蘇建得顯私書奏之，後以它事論死。自是公卿以下畏顯，重足一迹。"

《漢書》卷九九《王莽傳中》："緣邊大飢，人相食。諫大夫如普行邊兵，還言'軍士久屯塞苦，邊郡無以相贍。今單于新和，宜因是罷兵。'校尉韓威進曰：'以新室之威而吞胡虜，無異口中蚤蝨。臣願得勇敢之士五千人，不賚斗糧，飢食虜肉，渴飲其血，可以横行。'莽壯其言，以威爲將軍。然采普言，徵還諸將在邊者。免陳欽等十八人，又罷四關填都尉諸屯兵。會匈奴使還，單于知侍子登前誅死，發兵寇邊，莽復發軍屯。於是邊民流入内郡，爲人奴婢，乃禁吏民敢挾邊民者棄市。"

《漢書》卷九九《王莽傳下》："夙夜連率韓博上言：'有奇士，長丈，大十圍，來至臣府，曰欲奮擊胡虜。自謂巨毋霸，出於蓬萊東南，五城西北昭如海瀕，軺車不能載，三馬不能勝。即日以大車四馬，建虎旗，載霸詣闕。霸卧則枕鼓，以鐵箸食，此皇天所以輔新室也。願陛下作大甲高車，賁育之衣，遣大將一人與虎賁百人迎之於道。京師門户不容者，開高大之，以視百蠻，鎮安天下。'博意欲以風莽。莽聞惡之，留霸在所新豐，更其姓曰巨母氏，謂因文母太后而霸王符也。徵博下獄，以非所宜言，棄市。"

《後漢書》卷一《光武帝紀下》："（建武十一年）冬十月壬午，

詔除奴婢射傷人棄市律。”

《後漢書》卷三四《梁統附冀傳》：“冀心疑超等，乃使中黄門張惲入省宿，以防其變。具瑗敕吏收惲，以輒從外入，欲圖不軌。帝因是御前殿，召諸尚書入，發其事，使尚書令尹勛持節勒丞郎以下皆操兵守省閣，斂諸符節送省中。使黄門令具瑗將左右厩騶、虎賁、羽林、都候劍戟士，合千餘人，與司隸校尉張彪共圍冀第。使光禄勛袁盱持節收冀大將軍印綬，徙封比景都鄉侯。冀及妻壽即日皆自殺。悉收子河南尹胤、叔父屯騎校尉讓，及親從衛尉淑、越騎校尉忠、長水校尉戟等，諸梁及孫氏中外宗親送詔獄，無長少皆棄市。”

《後漢書》卷三八《滕撫傳》：“趙序坐畏懦不進，詐增首級，徵還棄市。”

《後漢書》卷七八《宦者列傳》：“璜兄子宣爲下邳令，暴虐尤甚。先是求故汝南太守下邳李暠女不能得，及到縣，遂將吏卒至暠家，載其女歸，戲射殺之，埋著寺内。時下邳縣屬東海，汝南黄浮爲東海相，有告言宣者，浮乃收宣家屬，無少長悉考之。掾史以下固諫争。浮曰：‘徐宣國賊，今日殺之，明日坐死，足以瞑目矣。’即案宣罪棄市，暴其尸以示百姓，郡中震慄。”

《三國志》卷一二《魏書·鮑勛傳》：“二十二年，立太子，以勛爲中庶子。徙黄門侍郎，出爲魏郡西部都尉。太子郭夫人弟爲曲周縣吏，斷盜官布，法應棄市。太祖時在譙，太子留鄴，數手書爲之請罪。勛不敢擅縱，具列上。”

《三國志》卷二二《魏書·陳矯傳》：“太祖辟矯爲司空掾屬，除相令，征南長史，彭城、樂陵太守，魏郡西部都尉。曲周民父病，以牛禱，縣結正棄市。矯曰：‘此孝子也。’表赦之。”

《三國志》卷四〇《蜀書·劉琰傳》：“琰失志慌惚。十二年正月，琰妻胡氏入賀太后，太后令特留胡氏，經月乃出。胡氏有美色，琰疑其與後主有私，呼（卒）五百撾胡，至於以履搏面，而後棄遣。胡具以告言琰，琰坐下獄。有司議曰：‘卒非撾妻之人，面非受履之地。’琰竟棄市。自是大臣妻母朝慶遂絶。”

《三國志》卷四二《蜀書·周群附張裕傳》：“裕又私語人曰：‘歲在庚子，天下當易代，劉氏祚盡矣。主公得益州，九年之後，寅卯之間當失之。’人密白其言。初，先主與劉璋會涪時，裕爲璋從事，侍坐。其人饒鬚，先主嘲之曰：‘昔吾居涿縣，特多毛姓，東西南北皆諸毛也，涿令稱曰“諸毛繞涿居乎”！’裕即答曰：‘昔有作上黨潞長，遷爲涿令者，去官還家，時人與書，欲署潞則失涿，欲署涿則失潞，乃署曰潞涿君。’先主無鬚，故裕以此及之。先主常銜其不遜，加忿其漏言，乃顯裕諫争漢中不驗，下獄，將誅之。諸葛亮表請其罪，先主答曰：‘芳蘭生門，不得不鉏。’裕遂棄市。”

《三國志》卷五九《吴書·孫和傳》注引《吴書》曰：“張純亦盡言極諫，權幽之，遂棄市。”

《晉書》卷一〇《安帝紀》：“（義熙四年）冬十一月癸丑，雷。梁州刺史楊思平有罪，棄市。”

《晉書》卷四三《山濤附遐傳》：“遐字彦林，爲餘姚令。時江左初基，法禁寬弛，豪族多挾藏户口，以爲私附。遐繩以峻法，到縣八旬，出口萬餘。縣人虞喜以藏户當棄市，遐欲繩喜。諸豪强莫不切齒於遐，言於執事，以喜有高節，不宜屈辱。又以遐輒造縣舍，遂陷其罪。遐與會稽内史何充箋：‘乞留百日，窮覈逋逃，退而就罪，無恨也。’充申理，不能得。竟坐免官。”

《晉書》卷五九《趙王倫傳》：“武帝受禪，封琅邪郡王。坐使散騎將劉緝買工所將盜御裘，廷尉杜友正緝棄市，倫當與緝同罪。有司奏倫爵重屬親，不可坐。諫議大夫劉毅駁曰：‘王法賞罰，不阿貴賤，然後可以齊禮制而明典刑也。倫知裘非常，蔽不語吏，與緝同罪，當以親貴議減，不得闕而不論。宜自於一時法中，如友所正。’帝是毅駁，然以倫親親故，下詔赦之。”

《晉書》卷六一《周浚附嵩傳》：“嵩怏怏不悦，臨發，與散騎郎張嶷在侍中戴邈坐，褒貶朝士，又詆毁邈，邈密表之。帝召嵩入，面責之曰：‘卿矜豪傲慢，敢輕忽朝廷，由吾不德故耳。’嵩跪謝曰：‘昔唐虞至聖，四凶在朝。陛下雖聖明御世，亦安能無碌碌之臣乎！’帝怒，收付廷尉。廷尉華恒以嵩大不敬棄市論，嶷以扇和減罪除名。時顗方貴重，帝隱忍。”

《晋書》卷六四《司馬元顯傳》：“義熙元年，合葬於王妃陵。追謚元顯曰忠。以臨川王寶子脩之爲道子嗣，尊妃王氏爲太妃。義熙中，有稱元顯子秀熙避難蠻中而至者，太妃請以爲嗣，於是脩之歸於别第。劉裕意其詐而案驗之，果散騎郎滕羡奴勺藥也，竟坐棄市。”

《晋書》卷六六《陶侃附稱傳》：“咸康五年，庾亮以稱爲監江夏隨義陽三郡軍事、南中郎將、江夏相，以本所領二千人自隨。到夏口，輕將二百人下見亮。亮大會吏佐，責稱前後罪惡，稱拜謝，因罷出。亮使人於閤外收之，棄市。亮上疏曰：‘案稱，大司馬侃之孽子，父亡不居喪位，荒耽於酒，昧利偷榮，擅攝五郡，自謂監軍，輒召王官，聚之軍府。故車騎將軍劉弘曾孫安寓居江夏，及將楊恭、趙韶，並以言色有忤，稱放聲當殺，安、恭懼，自赴水而死，韶於獄自盡。將軍郭開從稱往長沙赴喪，稱疑開附其兄弟，乃反縛懸頭於帆檣，仰而彈之，鼓棹渡江二十餘里，觀者數千，莫不震駭。又多藏匿府兵，收坐應死。臣猶未忍直上，且免其司馬。稱肆縱醜言，無所顧忌，要結諸將，欲阻兵構難。諸將惶懼，莫敢酬答，由是奸謀未即發露。臣以侃勛勞王室，是以依違容掩，故表爲南中郎將，與臣相近，思欲有以匡救之。而稱豺狼愈甚，發言激切，不忠不孝，莫此之甚。苟利社稷，義有專斷，輒收稱伏法。’”

《晋書》卷六九《劉隗傳》：“丞相行參軍宋挺，本揚州刺史劉陶門人，陶亡後，挺娶陶愛妾以爲小妻。建興中，挺又割盗官布六百餘匹，正刑棄市，遇赦免。”

《晋書》卷七五《范汪附堅傳》：“時廷尉奏殿中帳吏邵廣盗官幔三張，合布三十匹，有司正刑棄市。廣二子，宗年十三，雲年十一，黄幡撾登聞鼓乞恩，辭求自没爲奚官奴，以贖父命。尚書郎朱映議以爲天下之人父，無子者少，一事遂行，便成永制，懼死罪之刑，於此而弛。堅亦同映議。時議者以廣爲鉗徒，二兒没入，既足以懲，又使百姓知父子之道，聖朝有垂恩之仁。可特聽減廣死罪爲五歲刑，宗等付奚官爲奴，而不爲永制。堅駁之曰：‘自淳朴澆散，刑辟仍作，刑之所以止刑，殺之所以止殺。雖時有赦過宥罪，議獄緩死，未有行小不忍而輕易典刑者也。且既許宗等，宥廣以死，若復有宗比而不求贖父者，豈得不擯絶人倫，同之禽獸邪！案主者今奏云，惟特聽宗等而不爲永制。臣以爲王者之作，動關盛衰，嚬笑之間，尚慎所加，況於國典，可以徒虧！今之所以宥廣，正以宗等耳。人之愛父，誰不如宗？今既居然許宗之請，將來訴者，何獨匪民！特聽之意，未見其益；不以爲例，交興怨讟。此爲施一恩於今，而開萬怨於後也。’成帝從之，正廣死刑。”

《晋書》卷八四《殷仲堪傳》：“桂陽人黄欽生父没已久，詐服衰麻，言迎父喪。府曹先依律詐取父母卒棄市，仲堪乃曰：‘律詐取父母寧依毆詈法棄市。原此之旨，當以二親生存而横言死没，情事悖逆，忍所不當，故同之毆詈之科，正以大辟之刑。今欽生父實終没，墓在舊邦，積年久遠，方詐服迎喪，以此爲大妄耳。比之於父存言亡，相殊遠矣。’遂活之。”

《晋書》卷一一三《苻堅載記上》：“時商人趙掇、丁妃、鄒瓫等皆家累千金，車服之盛，擬則王侯，堅之諸公競引之爲國二卿。黄門侍郎程憲言於堅曰：‘趙掇等皆商販醜豎，市郭小人，車馬衣服僭同王者，官齊君子，爲藩國列卿，傷風敗俗，有塵聖化，宜肅明典法，使清濁顯分。’堅於是推檢引掇等爲國卿者，降其爵。乃下制：‘非命士已上，不得乘車馬於都城百里之内。金銀錦綉，工商、皂隸、婦女不得服之，犯者棄市。’”

［4］太傅：官名，晋爲八公之一。位上公，太宰之下、太保之上。一品。

［5］王朗：三國時東海郯縣（今山東省郯城縣北）人，字景興。曾任會稽太守，被孫策攻破，降附孫策。後被曹操徵召，任諫

議大夫、御史大夫等。魏文帝、明帝時任司空、司徒等職。

［6］時議者百餘人：殿本無“者”字。

其後，天子又下詔改定刑制，命司空陳群，散騎常侍劉卲，[1]給事黄門侍郎韓遜，[2]議郎庾嶷，[3]中郎黄休、荀詵等删約舊科，[4]傍采漢律，定爲魏法，制《新律》十八篇，《州郡令》四十五篇，《尚書官令》《軍中令》，合百八十餘篇。其序略曰：

舊律所難知者，由於六篇篇少故也。篇少則文荒，文荒則事寡，事寡則罪漏。是以後人稍增，更與本體相離。今制新律，宜都總事類，多其篇條。

［1］散騎常侍：官名，三國魏文帝黄初年間置，侍從皇帝左右，諫諍得失，顧問應對，與侍中等共平尚書奏事。也用作宰相、諸公等加官，入宫議政。三品。　劉卲：即劉劭，三國魏廣平邯鄲（今河北省邯鄲市附近）人，字孔才，歷任尚書郎、陳留太守、散騎常侍等職。魏晋玄學的先驅者之一，著有《人物志》流傳。

［2］給事黄門侍郎：官名，魏晋時爲侍中省或門下省次官。與侍中俱掌門下衆事，職掌略同，地位隨皇帝旨意或侍中地位而定。五品。

［3］議郎：官名，西漢始置。魏晋時品秩雖低，名義清高。七品。　庾嶷：東漢末潁川（今河南省許昌市東）人，字劭然。任議郎、太僕。

［4］中郎：官名，屬郎官。原來分屬五官、左、右中郎將，魏晋有時不置三署，但仍置中郎，無固定職掌，作爲儲備人才。八品。

舊律因秦《法經》，就增三篇，而《具律》不移，因在第六。罪條例既不在始，又不在終，非篇章之義。故集罪例以爲《刑名》，冠於律首。

《盗律》有劫略、恐猲、和賣買人，[1]科有持質，皆非盗事，故分以爲《劫略律》。《賊律》有欺謾、詐僞、逾封、矯制，《囚律》有詐僞生死，《令丙》有詐自復免，[2]事類衆多，故分爲《詐律》。《賊律》有賊伐樹木、殺傷人畜産及諸亡印，《金布律》有毁傷亡失縣官財物，故分爲《毁亡律》。《囚律》有告劾、傳覆，《厩律》有告反逮受，[3]科有登聞道辭，[4]故分爲《告劾律》。《囚律》有繫囚、鞫獄、斷獄之法，《興律》有上獄之事，科有考事報讞，宜别爲篇，故分爲《繫訊》《斷獄律》。《盗律》有受所監受財枉法，《雜律》有假借不廉，《令乙》有呵人受錢，科有使者驗賂，其事相類，故分爲《請賕律》。《盗律》有勃辱强賊，《興律》有擅興徭役，《具律》有出賣呈，科有擅作修舍事，故分爲《興擅律》。《興律》有乏徭稽留，[5]《賊律》有儲峙不辦，《厩律》有乏軍之興，及舊典有奉詔不謹、不承用詔書，漢氏施行有小愆之反不如令，[6]輒劾以不承用詔書乏軍要斬，[7]又减以《丁酉詔書》。《丁酉詔書》，漢文所下，不宜復以爲法，故别爲之《留律》。秦世舊有厩置、乘傳、副車、食厨，漢初承秦不改，後以費廣稍省，故後漢但設騎置無車馬，而律猶著其文，[8]則爲虚設，故除《厩律》，取其可用合科者，以爲《郵驛令》。其告反逮驗，别入《告劾律》。上言變事，以爲《變事令》，以驚事告急，與《興律》烽燧及科令者，[9]以爲《驚事律》。《盜律》有還贓畀主，[10]《金布律》有罰贖入責以呈黄金爲價，[11]科有平庸坐贓事，以爲《償贓律》。律之初制，無免坐之文，張湯、趙禹始作監臨部主、見知故縱之例。其見知而故不舉劾，各與同罪，失不舉劾，各以贖論，其不見不知，不坐也，是以文約而例通。科之爲制，每條有違科，不覺不知，從坐之免，不復分别，而免坐繁多，宜總爲免例，以省科文，故更制定其由例，以爲《免坐律》。諸律令中有其教制，本條無從坐之文者，皆從此取法也。凡所定增十三篇，就故五篇，[12]合十八篇，於正律九篇爲增，於旁章科令爲省矣。

[1]恐猲：恐嚇。

[2]《令丙》：丙，原本、宋本、殿本作“景”，“景”爲“丙”的避諱字，以後本卷凡遇此避諱字均徑改，不再出注。

[3]告反逮受：中華本校勘記：“《斠注》：沈家本《律目考》曰：‘逮’，玉海引作‘訊’。”

[4]科有登聞道辭：法律有舉告不實的懲處條文。

[5]令徭稽留：令，原本、宋本作“之”，殿本作“乏”，據中華本改。

[6]漢氏施行有小愆之反不如令：中華本校勘記：“《斠注》：《律目考》曰：‘之反’，《通典》作‘乏及’，《通考》‘之’亦作‘乏’。”

［7］要斬：即腰斬，古代死刑處置方式之一，将犯人从腰部斬爲兩截。《周禮·秋官·司寇》："掌戮掌斬殺賊諜而搏之。"鄭玄注："斬以鈇鉞，若今要斬也。"賈公彦疏："云'若今要斬也'者，《公羊》文十六年，何注云：'無誉上犯軍法者，斬要。'"史書記載歷代皆有腰斬之刑，於晋及其前代玆列舉之：

《史記》卷六八《商君列傳》："（孝公）以衛鞅爲左庶長，卒定變法之令。令民爲什伍，而相牧司連坐。不告奸者腰斬，告奸者與斬敵首同賞，匿奸者與降敵同罰。"

《史記》卷八七《李斯列傳》："二世二年七月，具斯五刑，論腰斬咸陽市。斯出獄，與其中子俱執，顧謂其中子曰：'吾欲與若復牽黄犬俱出上蔡東門逐狡兔，豈可得乎！'遂父子相哭，而夷三族。"

《史記》卷七《項羽本紀》："陳餘亦遺章邯書曰：'……今將軍内不能直諫，外爲亡國將，孤特獨立而欲常存，豈不哀哉！將軍何不還兵與諸侯爲從，約共攻秦，分王其地，南面稱孤；此孰與身伏鈇質，妻子爲僇乎？'"

《史記》卷九六《張丞相列傳》："魏丞相相者，濟陰人也。以文吏至丞相。其人好武，皆令諸吏帶劍，帶劍前奏事。或有不帶劍者，當入奏事，至乃借劍而敢入奏事。其時京兆尹趙君，丞相奏以免罪，使人執魏丞相，欲求脱罪而不聽。復使人脅恐魏丞相，以夫人賊殺侍婢事而私獨奏請驗之，發吏卒至丞相舍，捕奴婢笞擊問之，實不以兵刃殺也。而丞相司直繁君奏京兆尹趙君迫脅丞相，誣以夫人賊殺婢，發吏卒圍捕丞相舍，不道；又得擅屏騎士事，趙京兆坐要斬。"

《史記》卷一〇六《吴王濞列傳》："吴王兵既破，敗走，於是天子制詔將軍曰：'蓋聞爲善者，天報之以福；爲非者，天報之以殃。高皇帝親表功德，建立諸侯，幽王、悼惠王絶無後，孝文皇帝哀憐加惠，王幽王子遂、悼惠王子卬等，令奉其先王宗廟，爲漢藩國，德配天地，明並日月。吴王濞倍德反義，誘受天下亡命罪人，亂天下幣，稱病不朝二十餘年，有司數請濞罪，孝文皇帝寬之，欲其改行爲善。今乃與楚王戊、趙王遂、膠西王印、濟南王辟光、菑川王賢、膠東王雄渠約從反，爲逆無道，起兵以危宗廟，賊殺大臣及漢使者，迫劫萬民，夭殺無罪，燒殘民家，掘其丘冢，甚爲暴虐。今印等又重逆無道，燒宗廟，鹵御物，朕甚痛之。朕素服避正殿，將軍其勸士大夫擊反虜。擊反虜者，深入多殺爲功，斬首捕虜比三百石以上者皆殺之，無有所置。敢有議詔及不如詔者，皆要斬。’”

《漢書》卷六《武帝紀》：“（元鼎五年）九月，列侯坐獻黄金酎祭宗廟不如法奪爵者百六人，丞相趙周下獄死。樂通侯欒大坐誣罔要斬。

……

“太始元年春正月，因杅將軍敖有罪，要斬。

……

“（征和二年）秋七月，（桉）〔按〕道侯韓説、使者江充等掘蠱太子宫。壬午，太子與皇后謀斬充，以節發兵與丞相劉屈氂大戰長安，死者數萬人。庚寅，太子亡，皇后自殺。初置城門屯兵。更節加黄旄。御史大夫暴勝之、司直田仁坐失縱，勝之自殺，仁要斬。八月辛亥，太子自殺於湖。

……

“（征和三年）六月，丞相屈氂下獄要斬，妻（子）梟首。”

《漢書》卷七《昭帝紀》：“（五年春正月）夏陽男子張延年詣北闕，自稱衛太子，誣罔，要斬。

……

“元鳳三年夏四月，少府徐仁、廷尉王平、左馮翊賈勝胡皆坐縱反者，仁自殺，平、勝胡皆要斬。”

《漢書》卷四九《晁錯傳》：“後十餘日，丞相青翟、中尉嘉、廷尉歐劾奏錯曰：‘吴王反逆亡道，欲危宗廟，天下所當共誅。今御史大夫錯議曰：“兵數百萬，獨屬群臣，不可信，陛下不如自出臨兵，使錯居守。徐、僮之旁吳所未下者可以予吳。”錯不稱陛下德信，欲疏群臣百姓，又欲以城邑予吳，亡臣子禮，大逆無道。錯當要斬，父母妻子同産無少長皆棄市。臣請論如法。’制曰：‘可。’錯殊不知。乃使中尉召錯，紿載行市。錯衣朝衣斬東市。”

《漢書》卷六六《劉屈氂傳》：“其明年，貳師將軍李廣利將兵出擊匈奴，丞相爲祖道，送至渭橋，與廣利辭決。廣利曰：‘願君侯早請昌邑王爲太子。如立爲帝，君侯長何憂乎？’屈氂許諾。昌邑王者，貳師將軍女弟李夫人子也。貳師女爲屈氂子妻，故共欲立焉。是時治巫蠱獄急，内者令郭穰告丞相夫人以丞相數有譴，使巫祠社，祝詛主上，有惡言，及與貳師共禱祠，欲令昌邑王爲帝。有司奏請案驗，罪至大逆不道。有詔載屈氂厨車以徇，要斬東市，妻子梟首華陽街。貳師將軍妻子亦收。貳師聞之，降匈奴，宗族遂滅。”

《漢書》卷六六《王訢附惲傳》：“又惲兄子安平侯譚爲典屬國，謂惲曰：‘西河太守建平杜侯前以罪過出，今徵爲御史大夫。侯罪薄，又有功，且復用。’惲曰：‘有功何益？縣官不足爲盡力。’惲素與蓋寬饒、韓延壽善，譚即曰：‘縣官實然，蓋司隸、韓馮翊皆盡力吏也，俱坐事誅。’會有日食變，騶馬猥佐成上書告惲‘驕奢不悔過，日食之咎，此人所致’。章下廷尉案驗，得所予會宗書，宣帝見而惡之。廷尉當惲大逆無道，要斬。妻子徙酒泉郡。譚坐不諫正惲，與相應，有怨望語，免爲庶人。召拜成爲郎，諸在位與惲厚善者，未央衛尉韋玄成、京兆尹張敞及孫會宗等，皆免官。”

《漢書》卷六七《云敞傳》：“云敞字幼（儒）〔孺〕，平陵人也。師事同縣吳章，章治《尚書經》爲博士。平帝以中山王即帝位，年幼，莽秉政，自號安漢公。以平帝爲成帝後，不得顧私親，帝母及外家衛氏皆留中山，不得至京師。莽長子宇，非莽鬲絶衛氏，恐帝長大後見怨。宇與吳章謀，夜以血塗莽門，若鬼神之戒，冀以懼莽。章欲因對其咎。事發覺，莽殺宇，誅滅衛氏，謀所聯及，死者百餘人。章坐要斬，磔尸東市門。初，章爲當世名儒，教授尤盛，弟子千餘人，莽以爲惡人黨，皆當禁（固）〔錮〕，不得仕宦。門人盡更名他師。敞時爲大司徒掾，自劾吴章第子，收抱章尸歸，棺斂葬之，京師稱焉。”

《漢書》卷七六《趙廣漢傳》：“初，廣漢客私酤酒長安市，丞相（史）〔吏〕逐去客。客疑男子蘇賢言之，以語廣漢。廣漢使長安丞按賢，尉史禹故劾賢爲騎士屯霸上，不詣屯所，乏軍興。賢父上書訟罪，告廣漢，事下有司覆治。禹坐要斬，請逮捕廣漢。有詔即訊，辭服，會赦，貶秩一等。廣漢疑其邑子榮畜教令，後以它法論殺畜。人上書言之，事下丞相御史，案驗甚急。廣漢使所親信長安人爲丞相府門卒，令微司丞相門内不法事。地節三年七月中，丞相傅婢有過，自絞死。廣漢聞之，疑丞相夫人妒殺之府舍。而丞相奉齋酎入廟祠，廣漢得此，使中郎趙奉壽風曉丞相，欲以脅之，毋令窮正己事。丞相不聽，按驗愈急。廣漢欲告之，先問太史知星氣者，言今年當有戮死大臣，廣漢即上書告丞相罪。制曰：‘下京兆尹治。’廣漢知事迫切，遂自將吏卒突入丞相府，召其夫人跪庭下受辭，收奴婢十餘人去，責以殺婢事。丞相魏相上書自陳：‘妻實不殺婢。廣漢數犯罪法不伏辜，以詐巧迫脅臣相，幸臣相寬不奏。願下明使者治廣漢所驗臣相家事。’事下廷尉治（罪），實丞相自以過譴笞傅婢，出至外弟乃死，不如廣漢言。司直蕭望之劾奏：‘廣漢摧辱大臣，欲以劫持奉公，逆節傷化，不道。’宣帝惡之，下廣漢廷尉獄，又坐賊殺不辜，鞠獄故不以實，擅斥除騎士乏軍興數罪。天子可其奏。吏民守闕號泣者數萬人，或言‘臣生無益縣官，願代趙京兆死，使得牧養小民’。廣漢竟坐要斬。”

《後漢書·天文志中》：“孝順永建二年二月癸未，太白晝見三十九日。閏月乙酉，太白晝見東南維四十一日。八月乙巳，熒惑入輿鬼。太白晝見，爲强臣。熒惑爲凶。輿鬼爲死喪。質星爲誅戮。是時中常侍高梵、張防、將作大匠翟酺、尚書令高堂芝、僕射張敦、尚書尹就、郎姜述、楊鳳等，及兖州刺史鮑就、使匈奴中郎〔將〕張國、金城太守張篤、敦煌太守張朗，相與交通，漏泄，就、述棄市，梵、防、酺、芝、敦、鳳、就、國皆抵罪。又定遠侯班始尚陰城公主堅得，鬥争殺堅得，坐要斬馬市，同産皆棄市。”

《後漢書》卷六《順帝紀》：“（永建五年十月）乙亥，定遠侯班始坐殺其妻陰城公主，腰斬，同産皆棄市。”

《晋書》卷二《文帝紀》：“帝召百僚謀其故，僕射陳泰不至。帝遣其舅荀顗輿致之，延於曲室，謂曰：‘玄伯，天下其如我何？’泰曰：‘惟腰斬賈充，微以謝天下。’帝曰：‘卿更思其次。’泰曰：‘但見其上，不見其次。’於是歸罪成濟而斬之。太后令曰：‘昔漢昌邑王以罪廢爲庶人，此兒亦宜以庶人禮葬之，使外内咸知其所行也。殺尚書王經，貳於我也。’”

《晋書》卷五九《河間王顒傳》：“及趙王倫篡位，齊王冏謀討之。前安西參軍夏侯奭自稱侍御史，在始平合衆，得數千人，以應冏，遣信要顒。顒遣主簿房陽、河間國人張方討擒奭，及其黨十數人，於長安市腰斬之。”

《晋書》卷八九《忠義·劉沈傳》：“沈渡渭而壘，顒每遣兵出鬥，輒不利。沈乘勝攻之，使澹、博以精甲五千，從長安門而入，力戰至顒帳下。沈軍來遲，顒軍見澹等無繼，氣益倍。馮翊太守張輔率衆救顒，横擊之，大戰於府門，博父子皆死之，澹又被擒。顒奇澹壯勇，將活之。澹不爲之屈，於是見殺。沈軍遂敗，率餘卒屯於故營。張方遣其將敦偉夜至，沈軍大驚而潰，與麾下百餘人南遁，爲陳倉令所執。沈謂顒曰：‘夫知己之顧輕，在三之節重，不可違君父之詔，量强弱以苟全。投袂之日，期之必死，葅醢之戮，甘之如薺。’辭義慷慨，見者哀之。顒怒，鞭之而後腰斬。有識者以顒干上犯順，虐害忠義，知其滅亡不久也。”

《晋書》卷一〇六《石季龍載記》：“季龍志在窮兵，以其國内少馬，乃禁畜私馬，匿者腰斬，收百姓馬四萬餘匹以入於公。

……

“時石宣淫虐日甚，而莫敢以告。領軍王朗言之於季龍曰：‘今隆冬雪寒，而皇太子使人斫伐宫材，引於漳水，功役數萬，士衆吁嗟。陛下宜因游觀而罷之也。'季龍如其言。既而宣知朗所爲，怒欲殺之而無因。會熒惑守房，趙攬承宣旨言於季龍曰：'昴者，趙之分也，熒惑所在，其主惡之。房爲天子，此殃不小。宜貴臣姓王者當之。'季龍曰：'誰可當者？'攬久而對曰：'無復貴於王領軍也。'季龍既惜朗，且猜之，曰：'更言其次。'攬曰：'其次唯中書監王波耳。'季龍乃下書追波前議遣李宏及答楛矢之愆，腰斬之，及其四子投於漳水，以厭熒惑之變。"

[8]故後漢但設騎置無車馬，而律猶著其文：殿本"而"字挪置"無"字前。

[9]與《興律》烽燧及科令者：中華本校勘記："《律目考》：'令'疑'合'之訛。"

[10]還贓畀主：把贓物退付主人。

[11]黄金爲價：中華本校勘記："《律目考》：《通典》'價'作'償'。"

[12]就故五篇：就故，殿本作"故就"。

改漢舊律不行於魏者皆除之，更依古義制爲五刑。其死刑有三，髡刑有四，[1]完刑、作刑各三，[2]贖刑十一，罰金六，雜抵罪七，凡三十七名，以爲律首。又改《賊律》，但以言語及犯宗廟園陵，謂之大逆無道，要斬，家屬從坐，不及祖父母、孫。至於謀反大逆，臨時捕之，或污瀦，[3]或梟菹，[4]夷其三族，不在律令，所以嚴絶惡迹也。賊鬥殺人，以劾而亡，許依古義，聽子弟得追殺之。會赦及過誤相殺，不得報仇，所以止殺害也。正殺繼母，與親母同，防繼假之隙也。除異子之科，使父子無異財也。歐兄姊加至五歲刑，以明教化也。囚徒誣告人反，罪及親屬，異於善人，所以累之使省刑息誣也。改投書棄市之科，所以輕刑也。正篡囚棄市之罪，斷凶强爲義之踪也。二歲刑以上，除以家人乞鞫之制，[5]省所煩獄也。改諸郡不得自擇伏日，所以齊風俗也。

斯皆魏世所改，其大略如是。其後正始之間，天下無事，於是征西將軍夏侯玄、河南尹李勝、中領軍曹羲、尚書丁謐又追議肉刑，[6]卒不能决。其文甚多，不載。

[1]髡刑：古代剃髮之刑。《周禮·秋官·掌戮》："髡者使守積。"鄭玄注："鄭司農云：'髡當爲完，謂但居作三年，不虧體者也。'玄謂此出五刑之中而髡者，必王之同族不宫者。宫之爲翦其類，髡頭而已。守積，積在隱者宜也。"賈公彦疏："先鄭以髡爲完，但居作三年，不虧體，以此爲圜土罷民解之。不從者，掌戮所掌皆虧體，獨以此爲不虧體，於義不可，故後鄭引《文王世子》解之也。'玄謂此出五刑之中而髡者，必王之同族不宫者'，此鄭亦無正文，若合宫者宫之。今按《文王世子》據諸侯法，云公族無宫刑，不翦其類。王家同族犯淫罪者，亦當與諸侯同，不宫之，亦是不翦其類之色。按王同族犯餘罪，刑於甸師氏，刑於隱處。今同族既不宫，亦當於隱處罪之。此守積亦是隱處，故知髡者使守積，是王同族不言者必矣。是以鄭云'守積，積在隱者宜也'。"清沈家本《歷代刑法考》考述歷代髡刑：

"髡

"《周禮·秋官·掌戮》：髡者使守積。注：'鄭司農云，髡當爲"完"，謂但居作三年，不虧體者也。玄謂此出五刑之中，而髡者必王之同族不宫者，宫之爲翦其類，髡頭而已。守積，積在隱者宜也。'疏：'先鄭以髡爲完，但居作三年，不虧體。以此爲《圜土》

罷民解之。不從者，《掌戮》所掌皆虧體，獨以此爲不虧體，於義不可，故後鄭引《文王世子》解之也。'《周官義疏》：'王氏應電曰，注以髡爲王族犯宫刑而減之者，非也，公族不翦，其類但可減爲刖以下耳。苟降從髡，則應劓刖者不獲減刑乃反重耶？案記所謂公族無宫刑，蓋議獄時不當以宫而降從劓刖耳。先鄭以髡者爲《司圜》所收罷民，似可通，其不冠飾而墨幪，疑即爲其髡也。蓋能改者反其州里，不能改而出圜土者殺。其罪不至殺而又不能改者，州里莫任，將焉置之？則長髡而使之守積宜矣。'

"按：後鄭之説，固有難通，先鄭之説，賈疏已駁之。罷民必在圜土，守積則不在圜土中矣。髡者，鬄髮，罷民僅弗使冠飾，未嘗鬄髮，不得即謂之髡也。竊意髡在五刑之外，乃刑之輕於肉刑者亦施之，於情罪稍輕之人而視圜土之罷民則較重，故使守積，守積亦居作之一端也。

"《史記·始皇紀》：黥爲城旦。《集解》：'如淳曰，《律説》論決爲髡鉗，輸邊築長城，晝日伺寇虜，夜暮築長城。城旦，四歲刑。'

"《御覽》（六百四十九）：《風俗通》：'秦始皇遣蒙恬築長城，徒士犯罪〔亡〕依（止）鮮卑山，後遂繁息，今皆髡頭衣赭，亡徒之明效也。'

"按：此《風俗通》逸文。據此則秦之徒皆髡矣，漢之髡鉗，承秦法也。今皆髡頭，應以目驗言之。《後漢書·鮮卑傳》言'婚姻先髡頭'，與此略同，惟范言'鮮卑，東胡之支'，與此不同。《東胡傳》亦言以髡頭爲輕便。

"《漢志》：當黥者，髡鉗爲城旦舂。

"按：漢之髡，乃居作之最重者，餘不髡也。完則輕於髡者，亦非居作者人人皆完也。似周之髡於墨、劓、宫、刵外别爲一等，與漢法異。若《惠紀》之'七十以上及不滿十歲，當刑者完之'，似又但完而不刑矣。

"《季布傳》：乃髡鉗布，衣褐，并與其家僮數十人，之魯朱家所賣之。

“《田叔傳》：漢下詔捕趙王及群臣反者。趙有敢隨王，罪三族。唯田叔、孟舒等十餘人赭衣自髡鉗，隨王至長安。

“按：爾時爲官奴者並髡鉗，故季布髡鉗，厠家僮中，田叔等髡鉗，如爲王家奴也。

“《急就篇》：鬼薪白粲鉗釱髡。顔注：‘鬄髮曰髡。’

“《説文》：‘髡，鬄髮也。从髟，〔兀〕聲。髡或从元。’段《注》：‘《楚辭·涉江》“接輿髡首”。王注，髡，剔髮也。剔者，俗“鬄”字。元亦兀聲也，故亦从元聲。古或假“完”爲“髡”，如漢《刑法志》“完者使守積”，《王制》注同。’

“魏律：髡刑、完刑各三。

“按：髡、完爲二等，魏亦因於漢。

“又《曹瞞别傳》：太祖常行，經麥中，令士卒犯麥者死，騎士皆下馬持麥以相傳。時太祖馬騰入麥中，敕主簿，對以《春秋》之義，罰不加於尊。太祖曰：‘制法而自犯之，何以率下，然孤爲軍帥，不可殺，請自刑。’因拔劍割髮以置地。

“按：割髮抵髡操之詐。

“《御覽》（六百四十九）：晋律髡鉗五歲刑。梁同陳，曰髡鞭。（《隋志》。）

“《晋志》：諸重犯亡者，髮過三寸輒重髡之。（劉頌上）髡作者刑之威。髡罪者似秋凋落之變。（張斐《律序》）”

［2］完刑：不殘傷其身體，祇罰勞役。

［3］污瀦：即污池，平毁罪犯第宅、祖墳，掘成水池。污，殿本作“汙”。

［4］梟菹：先斬首，然後碎其尸。梟，古代死刑處决方式之一，即斬首。此刑歷代皆有，於晋及其前代兹列舉之：

《史記》卷六《秦始皇本紀》：“長信侯毐作亂而覺，矯王御璽及太后璽以發縣卒及衛卒、官騎、戎翟君公、舍人，將欲攻蘄年宫爲亂。王知之，令相國昌平君、昌文君發卒攻毐。戰咸陽，斬首數百，皆拜爵，及宦者皆在戰中，亦拜爵一級。毐等敗走。即令國中：有生得毐，賜錢百萬；殺之，五十萬。盡得毐等。衛尉竭、內史肆、佐弋竭、中大夫令齊等二十人皆梟首。車裂以徇，滅其宗。"

《史記》卷八《高祖本紀》："西入關，至櫟陽，存問父老，置酒，梟故塞王欣頭櫟陽市。留四日，復如軍，軍廣武。"索隱："梟，縣首於木也。欣自剄於汜水上，令梟之於櫟陽者，以舊都，故梟以示之也。"

《史記》卷五八《梁孝王世家》："元朔中，睢陽人類犴反者，人有辱其父，而與淮陽太守客出同車。太守客出下車，類犴反殺其仇於車上而去。淮陽太守怒，以讓梁二千石。二千石以下求反甚急，執反親戚。反知國陰事，乃上變事，具告知王與大母爭樽狀。時丞相以下見知之，欲以傷梁長吏，其書聞天子。天子下吏驗問，有之。公卿請廢襄爲庶人。天子曰：'李太后有淫行，而梁王襄無良師傅，故陷不義。'乃削梁八城，梟任王后首於市。"

《史記》卷一〇〇《季布欒布列傳》："（欒布）使於齊，未還，漢召彭越，責以謀反，夷三族。已而梟彭越頭於雒陽下，詔曰：'有敢收視者，輒捕之。'布從齊還，奏事彭越頭下，祠而哭之。"

《漢書》卷六《武帝紀》："（元光五年七月）乙巳，皇后陳氏廢。捕爲巫蠱者，皆梟首。"

《漢書》卷六六《公孫賀傳》："其明年，貳師將軍李廣利將兵出擊匈奴，丞相爲祖道，送至渭橋，與廣利辭決。廣利曰：'願君侯早請昌邑王爲太子。如立爲帝，君侯長何憂乎？'屈氂許諾。昌邑王者，貳師將軍女弟李夫人子也。貳師女爲屈氂子妻，故共欲立焉。是時治巫蠱獄急，內者令郭穰告丞相夫人以丞相數有譴，使巫祠社，祝詛主上，有惡言，及與貳師共禱祠，欲令昌邑王爲帝。有司奏請案驗，罪至大逆不道。有詔載屈氂廚車以徇，要斬東市，妻子梟首華陽街。貳師將軍妻子亦收。貳師聞之，降匈奴，宗族遂滅。"

《漢書》卷八三《薛宣傳》："初，宣後封爲侯時，妻死，而敬武長公主寡居，上令宣尚焉。及宣免歸故郡，公主留京師。後宣卒，主上書願還宣葬延陵，奏可。况私從敦煌歸長安，會赦，因留與主私亂。哀帝外家丁、傅貴，主附事之，而疏王氏。元始中，莽自尊爲安漢公，主又出言非莽。而况與吕寬相善，及寬事覺時，莽并治况，發揚其罪，使使者以太皇太后詔賜主藥。主怒曰：'劉氏孤弱，王氏擅朝，排擠宗室，且嫂何與取妹披抉其閨門而殺之?'使者迫守主，遂飲藥死。况梟首於市。"

《漢書》卷九七《外戚·孝武陳皇后傳》："孝武陳皇后，長公主嫖女也……初，武帝得立爲太子，長主有力，取主女爲妃。及帝即位，立爲皇后，擅寵驕貴，十餘年而無子，聞衛子夫得幸，幾死者數焉。上愈怒。后又挾婦人媚道，頗覺。元光五年，上遂窮治之，女子楚服等坐爲皇后巫蠱祠祭祝詛，大逆無道，相連及誅者三百餘人。楚服梟首於市。"

《後漢書》卷五《安帝紀》："（永初六年六月）辛巳，大赦天下。遣侍御史唐喜討漢陽賊王信，破斬之。"注引《續漢志》："傳信首詣洛陽，梟穀城門外。"

《後漢書》卷三八《楊琁傳》："琁初舉孝廉，稍遷，靈帝時爲零陵太守。是時蒼梧、桂陽猾賊相聚，攻郡縣，賊衆多而琁力弱，吏人憂恐。琁乃特制馬車數十乘，以排囊盛石灰於車上，繫布索於馬尾，又爲兵車，專彀弓弩，克（共）〔期〕會戰。乃令馬車居前，順風鼓灰，賊不得視，因以火燒布，〔布〕然馬驚，奔突賊陣，因使後車弓弩亂發，鉦鼓鳴震。群盜波駭破散，追逐傷斬無數，梟其渠帥，郡境以清。"

《後漢書》卷六九《竇武傳》："時武出宿歸府，典中書者先以告長樂五官史朱瑀。瑀盜發武奏，罵曰：'中官放縱者，自可誅耳。我曹何罪，而當盡見族滅?'因大呼曰：'陳蕃、竇武奏白太后廢帝，爲大逆!'乃夜召素所親壯健者長樂從官史共普、張亮等十七人，喢血共盟誅武等。曹節聞之，驚起，白帝曰：'外間切切，請出御德陽前殿。'令帝拔劍踴躍，使乳母趙嬈等擁衛左右，取棨信，閉諸禁門。召尚書官屬，脅以白刃，使作詔板。拜王甫爲黄門令，持節至北寺獄收尹勳、山冰。冰疑，不受詔，甫格殺之。遂害勳，出鄭颯。還共劫太后，奪璽書。令中謁者守南宫，閉門，絶複道。使鄭颯等持節，及侍御史、謁者捕收武等。武不受詔，馳入步兵營，與紹共射殺使者。召會北軍五校士數千人屯都亭下，令軍士曰：'黄門常侍反，盡力者封侯重賞。'詔以少府周靖行車騎將軍，加節，與護匈奴中郎將張奂率五營士討武。夜漏盡，王甫將虎賁、羽林、厩騶、都候、劍戟士，合千餘人，出屯朱雀掖門，與奂等合。明旦悉軍闕下，與武對陳。甫兵漸盛，使其士大呼武軍曰：'竇武反，汝皆禁兵，當宿衛宫省，何故隨反者乎？先降有賞！'營府素畏服中官，於是武軍稍稍歸甫。自旦至食時，兵降略盡。武、紹走，諸軍追圍之，皆自殺，梟首洛陽都亭。"

《後漢書》卷七二《董卓傳》注引《獻帝紀》："（杜）禀與賈詡有隙，脅扶風吏人爲騰守槐里，欲共攻傕。傕令樊稠及兄子利數萬人攻圍槐里，夜梯城，城陷，斬禀梟首。"

《三國志》卷七《魏書·吕布傳》："術欲結布爲援，乃爲子索布女，布許之。術遣使韓胤以僭號議告布，并求迎婦。沛相陳珪恐術、布成昏，則徐、揚合從，將爲國難，於是往説布曰：'曹公奉迎天子，輔讚國政，威靈命世，將征四海，將軍宜與協同策謀，圖太山之安。今與術結婚，受天下不義之名，必有累卵之危。'布亦怨術初不己受也，女已在塗，追還絶婚，械送韓胤，梟首許市。"

《三國志》卷一一《魏書·田疇傳》注引《傅子》曰："太祖既誅袁譚，梟其首，令曰：'敢哭之者戮及妻子。'於是王叔治、田子泰相謂曰：'生受辟命，亡而不哭，非義也。畏死忘義，何以立世？'遂造其首而哭之，哀動三軍。軍正白行其戮，太祖曰：'義士也。'赦之。"

《三國志》卷一六《魏書·鄭渾傳》："時梁興等略吏民五千餘家爲寇鈔，諸縣不能禦，皆恐懼，寄治郡下。議者悉以爲當移就險，渾曰：'興等破散，竄在山阻。雖有隨者，率脅從耳。今當廣開降路，宣喻恩信。而保險自守，此示弱也。'乃聚斂吏民，治城郭，爲守禦之備。遂發民逐賊，明賞罰，與要誓，其所得獲，十以七賞。百姓大悦，皆願捕賊，多得婦女、財物。賊之失妻子者，皆還求降。渾責其得他婦女，然後還其妻子，於是轉相寇盗，黨與離散。又遣吏民有恩信者，分布山谷告喻，出者相繼，乃使諸縣長吏各還本治以安集之。興等懼，將餘衆聚鄜城。太祖使夏侯淵就助郡擊之，渾率吏民前登，斬興及其支黨。又賊靳富等，脅將夏陽長、邵陵令并其吏民入碓山，渾復討擊破富等，獲二縣長吏，將其所略還。及趙青龍者，殺左内史程休，渾聞，遣壯士就梟其首。前後歸附四千餘家，由是山賊皆平，民安産業。"

《三國志》卷四五《蜀書·鄧芝傳》："（延熙）十一年，涪陵國人殺都尉反叛，芝率軍征討，即梟其渠帥，百姓安堵，十四年卒。"

《三國志》卷四六《吴書·孫策傳》注引《吴録》："時有烏程鄒他、錢銅及前合浦太守嘉興王晟等，各聚衆萬餘或數千。引兵撲討，皆攻破之。策母吴氏曰：'晟與汝父有升堂見妻之分，今其諸子兄弟皆已梟夷，獨餘一老翁，何足復憚乎？'乃舍之，餘咸族誅。"

《三國志》卷四七《吴書·孫權傳》注引《江表傳》："初策表用李術爲廬江太守，策亡之後，術不肯事權，而多納其亡叛。權移書求索，術報曰：'有德見歸，無德見叛，不應復還。'權大怒，乃以狀白曹公曰：'嚴刺史昔爲公所用，又是州舉將，而李術凶惡，輕犯漢制，殘害州司，肆其無道，宜速誅滅，以懲醜類。今欲討之，進爲國朝掃除鯨鯢，退爲舉將報塞怨仇，此天下達義，夙夜所甘心。術必懼誅，復詭説求救。明公所居，阿衡之任，海内所瞻，願敕執事，勿復聽受。'是歲舉兵攻術於皖城。術閉門自守，求救於曹公。曹公不救。糧食乏盡，婦女或丸泥而吞之。遂屠其城，梟術首，徙其部曲三萬餘人。"

《三國志》卷四八《吴書·孫皓傳》注引《江表傳》："浚在公

清忠，值郡荒旱，民無資糧，表求振貸。皓謂浚欲樹私恩，遣人梟首。”

《三國志》卷五四《吴書·周瑜傳》：“策薨，權統事。瑜將兵赴喪，遂留吴，以中護軍與長史張昭共掌衆事。十一年，督孫瑜等討麻、保二屯，梟其渠帥，囚俘萬餘口，還備（官亭）〔宫亭〕。江夏太守黄祖遣將鄧龍將兵數千人入柴桑，瑜追討擊，生虜龍送吴。十三年春，權討江夏，瑜爲前部大督。”

[5]乞鞫：請求復審。

[6]征西將軍：官名，東漢永元年間置，地位與雜號將軍、偏將軍、裨將軍等同。建安年間與征東、征南、征北將軍合稱四征將軍，地位提高。三品，加持節都督者二品。　夏侯玄：三國時沛國譙縣（今安徽省亳州市）人，字太初，夏侯淵之孫，曹爽之姑子。善談名理，玄學家。　河南尹：官名，京都洛陽所在河南郡長官，主管京都事務。三品。　李勝：三國時南陽（今河南省南陽市）人，字公昭。歷任曹魏滎陽太守、河南尹等職。曹爽親信，司馬懿政變後被殺。　中領軍：官名，東漢建安中曹操改領軍置。與中護軍皆典禁兵，屬丞相府。三品。　曹羲：曹爽之弟。司馬懿政變後與曹爽一起被殺。　尚書：官名，東漢尚書臺六曹各置尚書，秩六百石。魏晋出爲朝官，分掌尚書省諸曹，品秩提高。三品。　丁謐：三國魏沛國譙縣（今安徽省亳州市）人，字彦靖。曹爽親信，歷任度支郎中、散騎常侍、尚書等職，司馬懿政變後被殺。

及景帝輔政，是時魏法，犯大逆者誅及已出之女。毌丘儉之誅，[1]其子甸妻荀氏應坐死，其族兄顗與景帝姻，[2]通表魏帝，以匄其命。[3]詔聽離婚。荀氏所生女芝，爲潁川太守劉子元妻，[4]亦坐死，以懷妊繫獄。荀氏辭詣司隸校尉何曾乞恩，[5]求没爲官婢，以贖芝命。曾哀之，使主簿程咸上議曰：[6]“夫司寇作典，建三等之制；[7]甫侯修《刑》，[8]通輕重之法。叔世多變，秦立重辟，漢又修之。大魏承秦漢之弊，未及革制，所以追戮已出之女，誠欲殄醜類之族也。然則法貴得中，刑慎過制。臣以爲女人有三從之義，[9]無自專之道，出適他族，還喪父母，降其服紀，所以明外成之節，異在室之恩。而父母育罪，[10]追刑已出之女；夫黨見誅，又有隨姓之戮。一人之身，内外受辟。今女既嫁，則爲異姓之妻；如或産育，則爲他族之母，此爲元惡之所忽，戮無辜之所重。於防則不足懲奸亂之源，於情則傷孝子之心。男不得罪於他族，而女獨嬰戮於二門，非所以哀矜女弱、蠲明法制之本分也。臣以爲在室之女，從父母之誅；既醮之婦，[11]從夫家之罰。宜改舊科，以爲永制。"於是有詔改定律令。

[1]毌丘儉：三國時河東聞喜（今山西省聞喜縣東北）人，字仲恭。歷任曹魏尚書郎、羽林監、洛陽典農、荆州刺史、幽州刺史等職。後舉兵反司馬師，兵敗被殺。

[2]顗：荀顗，字景倩，本書卷三九有傳。

[3]匄其命：乞求饒命。

[4]潁川：郡名，治所在許昌縣（今河南省許昌市東）。

[5]司隸校尉：官名，三國魏時先治弘農，後治河南，轄司州所屬河南、河東、河内、弘農、平陽五郡。掌監察京師，糾察京都百官。西晋沿置。三品。　何曾：字潁考，本書卷三三有傳。

[6]主簿：官名，開府屬官，典領文書籍簿、省録衆事，職權甚重。

[7]建三等之制：《周禮·秋官·大司寇》："大司寇之職，掌建邦之三典，以佐王刑邦國，詰四方，一曰刑新國用輕典，二曰刑平

國用中典，三曰刑亂國用重典。”

［8］《刑》：即《尚書·吕刑》。周穆王時有關刑罰的文告，由吕侯請命而頒，後因吕侯後代改封甫侯，故《吕刑》又稱《甫刑》。

［9］臣以爲：臣，原本、宋本作“所”，殿本作“臣”，據殿本改。

［10］育罪：育，殿本作“有”。

［11］醮：嫁人。

文帝爲晋王，患前代律令本注煩雜，陳群、劉邵雖經改革，而科網本密，又叔孫、郭、馬、杜諸儒章句，[1]但取鄭氏，又爲偏黨，未可承用。於是令賈充定法律，[2]令與太傅鄭沖、[3]司徒荀顗、[4]中書監荀勖、[5]中軍將軍羊祜、[6]中護軍王業、[7]廷尉杜友、[8]守河南尹杜預、[9]散騎侍郎裴楷、[10]潁川太守周雄、[11]齊相郭頎、[12]騎都尉成公綏、[13]尚書郎柳軌及吏部令史榮邵等十四人典其事，[14]就漢《九章》增十一篇，仍其族類，正其體號，改舊律爲《刑名》《法例》，辨《囚律》爲《告劾》《繫訊》《斷獄》，分《盜律》爲《請賕》《詐僞》《水火》《毁亡》，因事類爲《衛宫》《違制》，撰《周官》爲《諸侯律》，合二十篇，[15]六百二十條，[16]二萬七千六百五十七言。蠲其苛穢，存其清約，事從中典，歸於益時。其餘未宜除者，若軍事、田農、酤酒，未得皆從人心，權設其法，太平當除，故不入律，悉以爲令。施行制度，以此設教，違令有罪則入律。其常事品式章程，各還其府，爲故事。減梟斬族誅從坐之條，除謀反適養母出女嫁皆不復還坐父母棄市，[17]省禁固相告之條，去捕亡、亡没爲官奴婢之制。[18]輕過誤老小女人，當罰金杖罰者，皆令半之。重奸伯叔母之令，棄市。淫寡女，三歲刑。崇嫁娶之要，一以下娉爲正，不理私約。峻禮教之防，準五服以制罪也。[19]凡律令合二千九百二十六條，[20]十二萬六千三百言，六十卷，故事三十卷。泰始三年，事畢，表上。武帝詔曰："昔蕭何以定律令受封，叔孫通制儀爲奉常，賜金五百斤，弟子百人皆爲郎。[21]夫立功立事，古今之所重，宜加禄賞，其詳考差叙。輒如詔簡異弟子百人，隨才品用，賞帛萬餘匹。"武帝親自臨講，使裴楷執讀。四年正月，大赦天下，乃班新律。

[1]章句：經學家剖章析句地解釋儒經。

[2]賈充：字公閭，本書卷四〇有傳。

[3]鄭冲：字文和，本書卷三三有傳。

[4]荀顗：顗，殿本作"覬"。

[5]中書監：官名，中書省長官之一。三國魏文帝初年分秘書置中書省，長官爲中書監、中書令。掌收納奏章、草擬詔令。平常不分高下，入朝時監略高於令。三品。　荀勖：字公曾，本書卷三九有傳。

[6]中軍將軍：官名，西晋時統左右衛、前後左右驍騎等宿衛七營禁軍，主管京師及朝廷警衛。泰始四年（268）罷，置北軍中候代其職。後爲將軍名號，與鎮軍將軍、撫軍將軍並爲三名號將軍，不統禁兵。三品。　羊祜：字叔子，本書卷三四有傳。

[7]中護軍：官名，掌武官選舉，與中領軍同掌禁軍。曹魏四品，晋三品。　王業：武陵（今湖南省常德市）人，後爲晋中

護軍。

[8]杜友：西晋人，歷任冀州刺史、尚書、廷尉等職。任愷遭賈充陷害，杜友爲之辯解，因而被免官。

[9]守：暫時署理職務。多指官階低而署理較高的官職。　杜預：字元凱，本書卷三四有傳。

[10]散騎侍郎：官名，三國魏置。隸屬散騎省，侍從皇帝左右，顧問應對，諫諍拾遺，與散騎常侍、侍中等共平尚書奏事。五品。　裴楷：字叔則，本書卷三五有傳。

[11]周雄：雄，殿本作“權”。

[12]齊：封國名，治所在臨淄（今山東省淄博市臨淄區）。相：官名，郡國相，也稱内史。五品。

[13]騎都尉：官名，最高位領騎兵之武職，不領兵時爲侍衛武官。因親近皇帝，多以侍中兼任。與駙馬都尉、奉車都尉並爲三都尉。六品。殿本無“騎”字。　成公綏：字子安，本書卷九二有傳。

[14]尚書郎：官名。東漢之制，取孝廉中之有才能者入尚書臺，在皇帝左右處理政務，初入臺稱守尚書郎中，滿一年稱尚書郎，滿三年稱侍郎。魏晋以後尚書各曹有侍郎、郎中等官，綜理職務，通稱爲尚書郎。六品。　吏部令史：官名，尚書省吏部屬官，位低權重。八品。

[15]合二十篇：中華本校勘記：“上云‘就漢九章增十一篇’，又加《諸侯律》一篇，當爲二十一篇。《隋書・刑法志》杜預《律本》二十一卷，《新唐書・藝文志》二，賈充、杜預《刑法律本》二十一卷，亦可證。”

[16]六百二十條：中華本校勘記：“《通典》一六三、《通志》六〇、《通考》一六四俱作‘六百三十條’。”

[17]謀反：反，原本、宋本作“及”，殿本作“反”，據殿本改。

[18]没爲官奴婢：犯罪之人没爲官奴，古代刑罰的一種。清沈

家本《歷代刑法考》考述晋及其前代此種情況：

"《書·甘誓》：予則孥戮汝。《史記》'孥'作'帑'。江氏（聲）《尚書集注音疏》：'"帑"或爲"奴"，當從"奴"，謂有罪而没爲奴也。或奴，或戮，視其所犯。鄭仲師注《周禮·司厲職》引此作"奴"，"帑"是子孫之稱，先王惡惡止其身，當止奴。其有辜者，必不子孫從坐。《湯誓·正義》引鄭注《湯誓》"孥戮"云，"大罪不止其身，又帑戮其子孫"，然則鄭説此經，當亦謂然，今不從之者。《左傳》引《康誥》曰，"父子兄弟罪不相及"，虞夏政尚寬簡，豈反子孫從坐？其説非是。'

"段氏（玉裁）《古文尚書撰異》：'古"奴婢""妻孥"字，皆作"奴"，故鄭司農釋《尚書》之"奴"爲奴婢，假如今本作"孥"，則司農何至釋爲奴婢？故知"孥"是俗，衛包所改，《尚書》原文只作"奴"也。《王莽傳》：莽曰"秦置奴婢之市，與牛馬同蘭"，《書》曰"予則奴戮汝"，唯不用命者被此辜矣。師古曰"奴戮之以爲奴也。説《書》者以爲帑子也。戮及妻子，此説非也"。《泰誓》曰"囚奴正士，豈及子之謂乎"？按莽所用者，今文《尚書》説也，先鄭注《司厲》引《尚書》亦用今文説。《漢書·季布欒布傳》贊曰"奴僇苟活"，亦是用今文説其字，則古文、今文皆作"奴"也。'

"孫氏（星衍）《尚書今古文注疏》：'史遷"孥"作"帑"，一作"奴"。奴者，《漢書》注李奇曰"男女徒總名爲奴"。戮者，《廣雅·釋詁》云"辱也"。《周禮·司厲》注鄭司農云"今之奴婢，古之罪人也"。鄭注《周禮》云"奴，從坐而没入縣官者，男女同名"。案三代已前，父子兄弟罪不相及，至秦始有連坐收帑之法，以此説《夏書》更不合。僞孔既以爲辱及汝子，其於《湯誓》又云"權以脅之使勿犯"，皆失之。"孥"俗字，當爲"奴"，鄭司農所引蓋今文也。《詩·棠棣》"樂爾妻帑"，疏引此文作"帑"，亦假借字。'

"《湯誓》：予則孥戮汝。顔師古《匡謬正俗》：'翙，（古文

"戮"字)《商書·湯誓》(古"誓"字)云"予則孥戮汝",孔安國傳云"古之用刑,父子兄弟罪不相及"。今云,孥戮權以脅之,使勿犯也。案孥戮者,或以爲奴,或加刑戮,無有所赦耳。此非"孥子之孥",猶《周書·泰誓》稱"囚孥正士",亦謂或囚或孥也,豈得復言并子俱囚也?又班固《漢書·季布傳》贊云"及至困厄奴僇苟活",蓋引《商書》之言以爲折衷矣。'

"段氏(玉裁)云:'此條除"孥子"之"孥"外,盡正爲"奴"字而後可讀,亦可以證《尚書》之本作"奴"矣。其實"孥子之孥"兩"孥"字,亦當正爲"奴",古子女奴婢統稱奴,其既也假"帑"爲"奴"字,其後又製"孥"字爲之。'

"孫氏《書疏》:'古無從坐之法,漢法因暴秦之舊,未能盡除,鄭用漢法説經,失之。'

"《論語》:箕子爲之奴。何晏注:'馬曰,箕子佯狂爲奴。'《殷本紀》:'箕子懼,乃佯狂爲奴,紂又囚之。'皇侃《論語義疏》:'箕子者紂之諸父也,時爲父師,是三公之職,屢諫不從,知國必殞。己身非長,不能輒去,職任寄重,又不可死,故佯狂而受囚爲奴。'黄氏(式三)《論語後案》:'爲之奴者,罪隸之奴也。《周官·司厲》"其奴男子入於罪隸,女子入於舂槀"。《夏書》云"奴戮",殷亦有是制,武王勝殷釋囚,是其徵也。'《書·泰誓》:'囚奴正士。'孔傳:'箕子正諫而以爲囚奴。''武成釋箕子囚。'孔傳:'囚奴徒隸。'《正義》:'鄭衆云"爲之奴者繫於衆隸之官",是囚爲奴,以徒隸役之也。'

"《書·説命》:説築傅巖之野。孔傳:'傅氏之巖在虞虢之界,通道所經,有澗水壞道,常使胥靡刑人築護此道。説賢而隱,代胥靡築之,以供食。'《史記·殷本紀》:'於是乃使百工營求之野,得説於傅巖中。是時説爲胥靡,築於傅險。'《墨子·尚賢》篇:'昔者傅説居北海之洲圜土之上,衣褐帶索,築於傅巖之城。'

"《周禮·司厲》:其奴男子入於罪隸,女子入于舂槀。注:'鄭司農云,謂坐爲盗賊而爲奴者,輸於罪隸、舂人、槀人之官也。由是觀之，今之爲奴婢，古之罪人也。故《書》曰“予則奴戮汝”，《論語》曰“箕子爲之奴”，罪隸之奴也，故《春秋傳》曰，斐豹隸也，著於丹書。請焚丹書，我殺督戎，耻爲奴，欲焚其籍也。玄謂奴從坐而没入縣官者男女同名。’疏：‘先鄭《尚書》“予則奴戮女”及《論語》“箕子爲之奴”，皆與此經奴爲一。若後鄭義《尚書》“奴”，奴爲子，若《詩》“樂爾妻奴”，奴即子也，後鄭不破者，亦得爲一義。’

“按：《甘誓》《湯誓》並有‘孥戮’之文，孔傳訓‘孥’爲‘子’，當是舊説，第古者罰弗及嗣，夏、商開創之初，恐未必有此不正之法。先鄭訓爲罪隸之奴，其説較長。《匡謬正俗》説與先鄭同，是古説如是。後鄭《司厲》注以爲從坐没入，而不破先鄭之説，《正義》謂亦得爲一義，乃模棱之見。文王治岐，罪人不孥，《康誥》又稱‘父子兄弟罪不相及’，（《左氏昭二十年傳》引）周之家法如是。《周禮》爲元公所作，豈能顯然違背哉？近儒江氏、段氏、孫氏皆非後鄭而從先鄭，自是定論。説代胥靡，箕子爲奴，皆足爲殷法之證，周法則《司厲》詳矣。

“《周禮·天官·酒人》：女酒三十人，奚三百人。鄭注：‘女酒，女奴曉酒者。古者從坐男女没入縣官爲奴，其少才知以爲奚。今之侍史官婢或曰奚官女。’《正義》曰：‘侍史官婢，舉漢法言之。’《漿人》：女漿十有五人，奚百有五十人。鄭注：‘女漿，女奴曉漿者。’《籩人》：女籩十人，奚二十人。鄭注：‘女籩，女奴之曉籩者。’《醢人》：女醢二十人，奚四十人。鄭注：‘女醢，女奴曉醢者。’《醯人》：女醯二十人，奚四十人。鄭注：‘女醯，女奴曉醯者。’《鹽人》：女鹽二十人，奚四十人。鄭注：‘女鹽，女奴曉鹽者。’《幂人》：女幂十人，奚二十人。鄭注：‘女幂，女奴曉幂者。’女祝四人，奚八人。鄭注：‘女祝，女奴曉祝事者。’女史八人，奚十有六人。鄭注：‘女史，女奴曉書者。’《縫人》：女工八十人，奚三十人。鄭注：‘女工，女奴曉裁縫者。’

“按：酒人以下，女酒等凡八百八十餘人，如皆爲没官之女奴，安得如此之多數？恐不然也。《説文·女部》：‘奴婢，皆古之罪人也。《周禮》曰“其奴男子入於罪隸，女子入於舂槀”。从女从又。’《初學記》（十九）引《説文》作‘男入罪曰奴，女入罪曰婢’。又《辛部》：‘童，男有罪曰奴，奴曰童，女曰妾。从辛重省聲。’

“按：許氏亦取先鄭之説，可見古説之相同。童字从辛，辛，罪也，有罪曰奴，故从辛也。

“《風俗通》：古制本無奴婢，即犯事者或原之。臧者，被臧罪没入爲官奴婢。獲者，逃亡獲得爲奴婢也。

“按：今本《風俗通》無此條，見《初學記》十九、《藝文類聚》三十五。奴之名自夏迄周皆有之，而應劭謂古無之者，蓋古者無買賣奴婢之事，秦始有之，見《漢書·王莽傳》，漢承秦俗，其時奴婢與財貨相等。《食貨志》：‘東置滄海郡，人徒之費疑於南夷。又興十餘萬人築衛〔朔方〕，轉漕甚遠，自山東咸被其勞，費數十百鉅萬，府庫並虚。乃募民入奴婢得以終身復，爲郎增秩。’《陸賈傳》：‘陳平乃以奴婢百人，車馬五十乘，錢五百萬遺賈。’《張安世傳》：‘家童七百人，皆有手技作事。’《霍光傳》：‘賞賜前後黄金七千斤，錢六十萬，雜繒三萬匹，奴婢百七十人。’《貨殖傳》：‘蜀卓氏富至童八百人。’（《史記》作“千人”）‘齊俗賤奴虜，而刁間獨愛貴之。桀黠奴，人之所患，唯刁間收取，使之逐魚鹽商賈之利，或連車騎交守相，然愈益任之，終得其力，起數千萬。故曰寧爵無刁，言能使豪奴自饒，而盡其力也。’此可見漢代畜奴之風甚盛，舉凡輸納、賞賜、贈遺等事，皆可以奴婢當之，而家業之富饒及生産之盡力，皆可於奴婢卜之，此等奴婢不皆爲有罪之人矣。《季布傳》：‘周氏曰：漢求將軍急，迹且至臣家，能聽臣，臣敢進計；即否，願自剄。布許之。乃髡鉗布，衣褐，置廣柳車中，並與其家僮數十人，之魯朱家所賣之。朱家心知其季布也，買置田家。’《欒布傳》：‘爲人所略，賣爲奴於燕，爲其主家報仇。’《成紀》永始四年，禁民逾制，詔内亦有多畜奴婢之語。《哀紀》又有多畜奴婢亡限之詔，可見西漢風俗，買賣奴婢之習未能改也。後世相沿，不以爲非。桂氏（馥）云：‘《説文》奴婢，皆古罪人，今之奴婢，其祖父初無罪惡，而世世不可逃，亦可痛已。’

“漢律：罪人妻子没爲奴婢，黥面。（《魏志·毛玠傳》）

“按：漢之奴婢有二類：一爲官奴婢，如文、武二《紀》所稱，乃有罪而入官爲奴婢者。漢律久亡，何罪當入官，已無可考。《司厲》先鄭注謂坐爲盜賊而爲奴，後鄭謂從坐而没入縣官，二者蓋兼有之。《高紀》郎中田叔、孟舒等十人，自髡鉗爲王家奴。《田叔傳》云‘赭衣，自髡鉗’，此僞爲官奴者，可見當日之官奴必皆髡鉗也。一爲私家之奴婢，《高紀》五年，詔民以飢餓自賣爲人奴婢者，皆免爲庶人。此民間之自相買賣者，本非罪人。觀於免爲庶人之詔，則當日之奴婢無論爲官奴婢、爲私家之奴婢，未嘗令其世世爲奴婢也。後世奴婢但有主家放出及本人贖身之事，而國家無赦免之文，亦刑法中一缺典也。文帝已除黥刑，何以奴婢尚有黥面之律？證諸《毛玠傳》，是魏世尚承用此法，豈緣坐之妻子特黥面以示别歟？《後漢書·朱穆傳》有‘臣願黥首繫趾’之語，殆此一事尚未除也。

“《魏志·毛玠傳》：後有白玠者：‘出見黥面反者，其妻子没爲官奴婢，玠言曰“使天不雨者蓋此也”。’太祖大怒，收玠付獄。大理鍾繇詰玠曰：‘自古聖帝明王，罪及妻子。《書》云左不共左，右不共右，予則孥戮女。司寇之職，男子入於罪隸，女子入於舂槀。漢律，罪人妻子没爲奴婢，黥面。漢法所行黥墨之刑，合於古典。今真奴婢祖先有罪，雖歷百世，猶有黥面供官，一以寬良民之命，二以宥并罪之辜。此何以負於神明之意，而當致旱？’

“按：毛玠之意殆以妻子没官爲非法，故有不雨之誚，鍾繇之詰亦用康成之説，未必真爲古典。父子兄弟罪不相及，春秋時猶行之，況三代盛時耶？至‘祖先有罪，歷百世猶有黥面’之語，尤爲不典。繇本漢人，豈未知免爲庶人之詔謂以寬良民之命？夫既屬良民，烏可黥面而使之爲奴婢？其辭雖辯，能令玠心折否？第據此可爲魏氏官奴婢之法。

"《晋書·刑法志》：去捕亡亡没爲奴婢之制。

"按：第二'亡'字疑有誤，此蓋但去逃亡罪人妻子没官之制，非别條没官爲奴婢之制一律皆删。《酉陽雜俎》引《晋令》：'奴婢亡，加銅青若墨黥，黥兩眼後；再亡，黥兩頰上；三亡，横黥目下。'此可爲晋有官奴婢之證。"

[19]五服：古代以親疏爲差等的五種喪服制度。

[20]凡律令合二千九百二十六條：對於具體的晋律、晋令，史無詳載。近人程樹德《九朝律考·晋律考》（以下簡稱《晋律考》），張鵬一、徐清廉《晋令輯存》有詳細考述。

《晋律考·晋班定新律始末》："晋班定新律始末。文帝爲晋王，患前代律令本注煩雜。雖經改革，而科網本密。又叔孫、郭、馬、杜諸儒章句但收鄭氏，又爲偏黨，未可承用。於是令賈充定法律，與太傅鄭冲、司徒荀顗、中書監荀勖、中軍將軍羊祜、中護軍王業、廷尉杜友、守河南尹杜預、散騎侍郎裴楷、潁川太守周權、齊相郭頎、都尉成公綏、尚書郎柳軌及吏部令榮邵等十四人典其事，就漢《九章》增十一篇，仍其族類，正其體號，改舊（當作具）律爲刑名、法例，辨《囚律》爲《告劾》《繫訊》《斷獄》，分《盜律》爲《請賕》《詐僞》《水火》《毁亡》，因事類爲《衛宫》《違制》撰《周官》爲《諸侯律》，合二十篇，六百二十條，二萬七千六百五十七言。蠲其奇穢，存其清約，事從中典，歸於益時，其餘未宜除者，若軍事、田農、酤酒，未得皆從人心，權設其法，太平當除，故不入律，悉以爲令，施行制度，以此設教，違令有罪則入律。其常事品式章程，各還其府爲故事。减梟斬族誅從坐之條；除謀反適養母出女嫁皆不復坐；父母棄市，省禁固相告之條，去捕亡、亡没爲官奴婢之制；輕過誤老小、女人當罰金、杖罰者，皆令半之；重奸伯叔母之令，棄市；淫寡女，三歲刑。崇嫁娶之要，一以下娉爲正，不理私約，峻禮教之防，准五服以制罪也。凡律令合二千九百二十六條、十二萬六千三百言、六十卷，故事三十卷，泰始三年事畢。表上詔曰：昔蕭何以定律令受封，叔通制儀爲奉常，賜金五百斤，弟子百人，皆爲郎中。夫立功立事，古人之所重，宜加禄賞，其詳考差叙，輒如詔簡異弟子百人，隨才品用，賞帛萬餘匹。武帝親自臨講，使裴楷執讀。四年正月，大赦天下，乃班新律。（《刑罰志》）

“咸熙元年秋七月，帝奏司空荀顗定禮儀，中護軍賈充正法律，尚書僕射裴秀議官制，太保鄭冲總而裁焉。（《文帝紀》）

“泰始四年春正月丙戌，律令成，封爵賜帛各有差。（《武帝紀》）

“充所定新律，既班於天下，百姓便之。詔曰：漢氏以來，法令嚴峻，故自元成之世，及建安嘉平之間，咸欲辯章舊典，删革刑書，述作體大，歷年無成。先帝愍元元之命，陷於密網，親發德音，釐正名實。車騎將軍賈充獎明聖意，諮詢善道，太傅鄭冲，又與司空荀顗、中書監荀勖、中軍將軍羊祜、中護軍王業及廷尉杜友、守河南尹杜預、散騎侍郎裴楷、潁川太守周雄、齊相郭頎、騎都尉成公綏、荀煇、尚書郎柳軌等，典正其事。朕每鑒鏈其用心，常慨然嘉之。今法律既成，始班天下，刑寬禁簡，足以克當先旨。自太傅車騎以下，皆加禄賞。於是賜充子弟一人關内侯，絹五百匹。（《賈充傳》）

“晋武帝以魏制峻密，又詔車騎賈充諸儒學删定名例爲二十卷，并合二千九百餘條。（《魏書・刑罰志》）

“賈充等上所刊修律令，侍中盧珽、中書侍郎范陽張華請鈔新律死罪條目，懸之亭傳以示民，從之。（《通鑑》卷七十九）

“賈充初定律令，與羊祜共咨太傅鄭冲。冲曰：皋陶嚴明之旨，非僕暗懦所探。羊曰：上意欲令小加弘潤，冲乃粗下意。（《世説》）

“充有才識，明達治體，加善刑法，由此與散騎常侍裴楷共定科令，蠲除密網，以爲晋律。（《世説》注引《晋諸公贊》）

“荀勖與賈充共定律令，班下施用，各加禄賜。（《藝文類聚》

五十四引王隱《晋書》）

“泰始四年，歲在戊子正月二十日，晋律成。（《御覽》六百三十七引《晋朝雜事》）

“晋律篇目

“晋命贾充等十四人，增損漢魏律爲二十篇。一刑名，二法例，三盜律，四賊律，五詐僞，六請賕，七告劾，八捕律，九繫訊，十斷獄，十一雜律，十二户律，十三擅興律，十四毁亡，十五衛宫，十六水火，十七厩律，十八關市，十九違制，二十諸侯，凡一千五百三十條。（《唐六典注》）

“按《晋志》云六百二十條，此疑誤。

“晋命賈充等增損魏律爲二十篇，於魏《刑名律》中分爲法例律。（《唐律疏義》）

“按《寄簃文存》云，《晋律》就《漢九章》增定，故與《魏律》不同，無《魏律》之劫略、驚事、償臧、免坐四篇，而增法例、衛宫、水火、關市、違制、諸侯六篇；復漢溪之厩律一篇，而無囚律，此增祺之數也。

“晋律注解

“《漢晋律序注》一卷，晋張裴撰。《雜律解》二十一卷，張斐撰。（《隋書・經籍志》）張斐《律解》二十卷。（《新唐書・藝文志》）

“明法掾張裴（《隋志》《唐志》均作斐，此疑誤。）又作注律表上之，其要曰：律始於刑名者，所以定罪制也，終於諸侯者，所以畢其政也。王政布於上，諸侯奉於下，禮樂撫於中，故有三才之義焉，其相須而成，若一體焉。刑名所以經略罪法之輕重，正加減之等差，明發衆篇之多義，補其章條之不足，較舉上下網領。其犯盜賊詐僞請賕者，則求罪於此，作役水火畜養守備之細事，皆求之作本名，告訊爲之心舌，捕繫爲之手足，斷獄爲之定罪名，例齊其制，自始及終，往而不窮，變動無常，周流四極，上下無方，不離於法律之中也。其知而犯之，謂之故意，以爲然，謂之失；違忠欺上，謂之謾；背信藏巧，謂之詐；虧禮廢節，謂之不敬；兩訟相趣，謂之鬥；兩和相害，謂之戲；無變斬擊，謂之賊；不意誤犯，謂之過失；逆節絶理，謂之不道，陵上僭貴，謂之惡逆；將害未發，謂之戕；倡首先言，謂之造意；二人對議，謂之謀；制衆建計，謂之率；不和，謂之强；攻惡，謂之略；三人，謂之群；取非其物，謂之盜；貨財之利，謂之贓，凡二十者，律義之較名也。夫律者，當慎其變，審其理，若不承用詔書，無故失之刑，當從贖；謀反之同伍實不知情，當從刑；此故失之變也。卑與尊鬥皆爲賊，鬥之加兵刃水火中不得爲戲，戲之重也。向人室廬道徑射，不得爲過失之禁也。都城人衆中走馬殺人，當爲賊，賊之似也；過失似賊，戲似鬥，鬥而殺傷傍人，又似誤盜傷；縛守似强盜呵人，取財似受賕；囚辭所連似告劾；諸勿聽理似故縱；持質似恐猲；如此之比，皆爲無常之格也。五刑不簡，正於五罰，五罰不服，正於五過，意善功惡，以金贖之。故律制生罪不過十四等，死刑不過三，徒加不過六，囚加不過五，累作不過十一歲，累笞不過千二百，刑等不過一歲，金等不過四兩，月贖不計日，日作不拘月，歲數不疑閏，不以加至死，并死不復加，不可累者，故有并數不可并數，乃累其加以加論者，但得其加與加同者，連得其本不在次者，不以通論，以人得罪與人同，以法得罪與法同，侵生害死，不可齊其防，親疏公私，不可常其教，禮樂崇於上，故降其刑，刑法閑於下，故全其法显故尊卑叙，仁義明，九族親，王道平也。律有事狀相似，而罪名相涉者。若加威勢下手取財爲强盜，不自知亡爲縛守，將中有惡言爲恐猲，不以罪名呵爲呵人，以罪名呵爲受賕，劫名其財爲持質；此八者，以威勢得財而名殊者也。即不求自與爲受求，所監求而後取爲盜賊，輸入呵受爲留難，斂人財物、積藏於官爲擅賦，加毆駿擊之爲戮辱；諸如此類，皆爲以威勢得財而罪相似者也。夫刑者，司理之官；理者，求情之機；情者，心神之使。心感則情動於中，而形於言，暢於四支，發於事業。是故奸人心愧而面赤，内怖而色奪。論罪者，務本其心，審其情，精其事，近取諸身，遠取諸物，然後乃可以正刑。仰手似乞，俯手似奪，捧手似謝，擬手似訴，拱臂似自首，攘臂似格鬥，矜莊似威，怡悦似福，喜怒憂懽，貌在聲色，奸真猛弱，候在視息，出口有言，當爲告，下手有禁，當爲賊，喜子殺怒子，當爲戲，怒子殺喜子，當爲賊；諸如此類，自非至精，不能極其理也。律之名例非正文而分明也，若八十，非殺傷人，他皆勿論。即誣告謀反者反坐，十歲不得告言人；即奴婢捍主，主得謁殺之；賊燔人廬舍，積聚盜賊贓五匹以上棄市；即燔官府積聚盜亦當與。同毆人教令者與同罪，即令人毆其父母，不可與行者同得重也。若得遺物强取强乞之類，無還贓法隨例畀之文，法律中諸不敬違儀失式及犯罪爲公爲私贓入身不入身，皆隨事輕重取法以例求其名也。夫理者，精玄之妙，不可以一方行也；律者，幽理之奥，不可以一體守也。或計過以配罪，或化略不循常，或隨事以盡情，或趣舍以從時，或推重以立防，或引輕而就下，公私廢避之宜，除削重輕之變，皆所以臨時觀釁，使用法執銓者，幽於未制之中，采其根牙之微，致之於機格之上，稱輕重於豪銖，考輩類於參伍，然後乃可以理直刑正。夫奉聖典者，若操刀執繩，刀妄加則傷物，繩妄彈則侵直。梟首者惡之長，斬刑者罪之大，棄市者死之下，髡作者刑之威，贖罰者誤之誡。王者立此五刑，所以實君子而逼小人，故爲敕慎之經，皆擬《周易》有變通之體焉。欲令提綱而大道清，舉略而王法齊，其旨遠，其辭文，其言曲而中，其事肆而隱，通天下之志，唯忠也，斷天下之疑，唯文也；切天下之情，唯遠也，彌天下之務，唯大也，變無常體，唯理也，非天下賢聖，孰能與於斯。夫形而上者謂之道，形而下者謂之器，化而裁之謂之格。刑殺者，是冬震曜之象，髡罪者，似秋凋落之變，贖失者，是春陽悔吝之疵也。五刑成章，輒相依准法律之義焉。（《刑法志》）

“按《一切經音義》引張裴解晋律，有小曰鐘大曰鍉二語，此《律解》佚文之可考者。《史記·平準書》索隱采引漢晋《律序》云：狀如跟衣，著足下，重六斤，以代刖，至魏武改以滅代鈦也。《書鈔》四十五引張斐《律序》云，鄭鑄《刑書》，晋作執秩，申韓之徒，各自立制。又云律令者政事之經，萬機之緯也。《御覽》六百三十八，引張斐《律序》云，張湯制越宮，趙禹律作朝會正見律。此律序佚文之可考者。《御覽》六百四十二引《律序》徒加不適六，因加不過五，下注云：罪已定爲徒，未定爲因。累作不過十二歲，下注云：五歲徒犯一等加六歲，犯六等加爲十二歲作，累笞不過千二百下注云：五歲徒加六等，笞之一千二百。此《律序》注文之可考者。

"《律本》二十一卷，杜預撰。梁有杜預《雜律》七卷，亡。（《隋書·經籍志》）

"賈充杜預刑法律本二十一卷。（《新唐書·藝文志》）

"杜預，字元凱，與車騎將軍賈充等定律令，既成，預爲之注解，乃奏之曰；法者蓋繩墨之斷例，非窮理盡性之書也，故文約而例直，聽省而禁簡。例直易見，禁簡難犯；易見則人知所避，難犯則幾於刑厝。厝刑之本，在於簡直，故必審名分。審名分者，必忍小理。古之刑書，銘之鐘鼎，鑄之金石，所以遠塞異端，使無淫巧也。今所注皆網羅法意，格之以名分，使用之者執名例以審趣舍，伸繩墨之直，去析薪之理也。詔班於天下。（《杜預傳》）

"按《書鈔》四十四，引《晋律注》云，謂其贖五歲以下一等減半，四歲以下一等減半也。四十五引《晋律注》云，梟斬棄之於市者斬頭也，令上不及天，下不及地也。《御覽》六百五十一引《晋律法》云，免官，謂不聽應收治者也。預注晋律，傳世最久，疑皆杜注佚文。《御覽》六百三十八，引杜預《律序》云，律以正罪名，令以存事制。是杜預注晋律，尚有序文也。

"齊武帝命删定郎王植之集注張、杜舊律，合爲一書，凡千五百三十條。事未施行，其文殆滅。（《通典》一百六十四）

"江左相承用晋世張杜律二十卷，世祖留心法令，數訊囚徒，詔獄官詳正舊注。先是七年尚書删定郎撰定律章，表奏之曰：臣尋晋律，文簡辭約，旨曰通大綱，事之所質，取斷難釋。張斐、杜預同注一章，而生殺永殊。自晋泰始以來，唯斟酌参用，陛下紹興，光開帝業，下車之痛，每惻上仁滿堂之悲，有矜聖思，爰發德音，刪正刑律，敕臣集定張、杜二注，謹礪愚蒙，盡思詳撰，削其煩害，録其尤衷。取張注七百三十一條，杜注七百九十一條；或二家兩釋於義乃備者，又取一百七條；其注相同者，取一百三條；集爲一書，凡一千五百三十二條，爲二十卷，請付外詳校，擿其違謬。從之。於是公卿八座參議，考正舊注有輕重處。竟陵王子良下意，多使從輕，其中朝議不能斷者，制旨平决。至九年，稚珪上表曰，臣與公卿八座，共刪注律，謹奉聖旨，諮審司徒臣子良，禀受成規，創立條緒。使兼監臣宋躬、兼平臣王植等鈔撰同異，定其去取，詳議八座裁正大司馬臣嶷。其中洪疑大議，衆論相背者，聖照玄覽，斷自天筆，始就成立律文二十卷，録叙一卷，凡二十一卷，今以奏聞，請付外施用，宣於四海。（《南齊書·孔稚圭傳》）

"按《新唐書·藝文志》志有宗躬齊《永明律》八卷；殆即此議而未行之本。（宗躬《南齊書》作宋躬，字訛，必有一誤。）

"晋禮律並重

"異姓相養，禮律所不許。（《殷仲堪傳》）

"先王以道德之不行，故以仁義化之；仁義之不篤，故以禮律檢之。（《李充傳》）

"詭易禮律，不顧憲度。（《華廙傳》）

"夜使清河王遐收瓘。左右疑遐矯詔，咸諫曰：禮律刑名，臺輔大臣，未有此比，且請拒之，須自表得報，就戮未晚也。瓘不從。（《衛瓘傳》）

"純行酒，賈充不時飲。純曰：長者爲壽，何敢爾乎？充曰：父老不歸供養，將何言也。純曰：高貴鄉公何在？充慚怒，上表解職，純懼自劾，詔免官。又以純父老不求供養，使據禮典正其臧否。太傅何曾、太尉荀顗、驃騎將軍齊王攸議曰：凡斷正臧否，宜先稽之禮。律八十者一子不從政，九十者其家不從政，新令亦如之。按純父年八十一，兄弟六人，三人在家，不廢侍養。純不求供養，其於禮律，未有違也。（《庾純傳》）

“按《文選》潘元茂《册魏公九錫文》：經緯禮律，爲民軌儀，是魏初已有此語。《南史·傅隆傳》，隆議曰：禮律之興，本之自然。《張率傳》，卿言宰相是何人，不從天下，不由地出。卿名家奇才，若復以禮律爲意，便是其人。《蔡興宗傳》：有解士先者，告申坦昔與丞相義宣同謀，時昧坦已死，子令孫自繫廷尉。興宗議曰：若坦昔爲戎首，身今尚存，累經肆眚，猶應蒙宥，令孫天屬，理相爲隱，况人亡事遠，追相誣訐，斷以禮律，義有合關。是六朝時猶常用此語也。

“晋律目

“不孝。（唐律入十惡）

“謀殺其國王侯伯子男官長。（唐律謀殺府主等官在賊盗）

“誣偷。（未詳）

“受財汪法。（唐律監主受財枉法，在職制。）

“掠人和賣。（漢律有和賣買人，唐律略人略賣人，在賊盗。）

“誘藏亡奴婢。（唐律略和誘奴婢，在賊盗。）

“以上六條，見《御覽》引晋律。（詳潛律佚文條）

“詐僞將吏。（唐律詐假官，在詐僞。）

“越武庫垣。

“兵守逃歸家。（唐律征人巧詐避役，在擅興。）

“兄弟保人。（未詳）

“闌利宫殿門。（唐律闌入宫門，在衛禁。）

“上變事。（漢律有上言變事）

“露泄選舉。

“謀發密事。（唐律漏泄大事，在職制。）

“毆兄姊。（魏律毆兄姊加至五歲刑，晋止四歲刑，蓋仍漢律之舊。）

“傷人。（唐律兵刃斫傷人，在鬥訟。）

“僞造宫印。（唐律僞寫官文書印，在詐僞。）

“不憂軍事。

“戲殺人。（唐律戲殺傷人，在鬥訟。）

“越戍。（李悝雜律有越城，唐律越州鎮戍等城垣，在衛禁。）

“作穽。（唐律施機鎗作坑穽，在雜律。）

“走馬衆中。（唐律城内街巷走車馬，在雜律。）

“挾天文圖讖。（《晋書·載記》咸康二年，禁郡國不得私學星讖，有犯者誅。蓋晋律止二歲刑，故特嚴其制。）

“以上十七條，見《御覽》引《晋律注》。（詳晋律佚文條）

“不敬。（唐律入十惡）

“不道。（同上）

“惡逆。（同上）

“向人室廬道徑射。（唐律向城官私宅射，在雜律。）

“盜傷縛守。

“呵人取財。

“鬥殺傷傍人。

“囚辭所連。（唐律囚引人爲徒侣，在斷獄。）

“諸勿聽理。

“持質。（漢科有持質，唐律入賊盜。）

“恐猲。（唐律恐猲取人財物，在賊盜。）

“强盜。

“受求所監。（漢律目有受所監受財枉法。）

“擅賦。

“得遺物。（唐律得闌遺物，在雜律。）

“以上十五條見《晋志》引張斐律表。

“乏軍興。（漢律唐律均有乏軍興）

“上一條，見《晋書·劉隗傳》（以乏軍興論於理爲枉）

“詐列父母死。（唐律十惡不孝。《注》詐稱祖父母父母死。）

“誣罔父母。

“淫亂破義。

“反逆。（《世説注》引謝鯤《元化論序》曰，每見國家赦書，謀反逆皆赦。唐律謀反大逆，在賊盜。）

“以上四條，見《宋書·王韶之傳》（有司奏東冶士朱道民禽三叛土依例放遣。韶之啓曰：臣尋舊制，以罪補士，凡有十餘條，雖同異不紊，而輕重實殊。至於詐列父母死、誣罔父母淫亂、破義、反逆，此四條實窮亂抵逆，人理必盡，雖復殊刑過制，猶不足以塞莫大之罪，既獲全首領，大造已隆，寧可復遂拔徒隸，綏帶常年，自同編户，列齒齊民乎？臣懼此制永行，所虧實大。）

“竊執官仗，拒戰邏司。

“以上一條，見《宋書·明帝紀》：泰始四年，詔曰：自今竊執官仗，拒戰邏司，或攻剽亭寺及害吏民者，凡此諸條，悉依舊制。按《陳書·南康王方泰傳》率人仗抗拒，傷禁司，爲有司所奏。上大怒，下方泰獄。是陳律亦有此條。殆沿晉律之舊。

“八議。（見《羊曼傳》。唐律八議，在名例。）

“自首。（見《庾純傳》。唐律犯罪未發自首，在名例。）

“詐冒復除。（見《高陽王睦傳》。漢令丙有詐自復免，魏入詐僞律，唐律詐自復除，在詐僞。）

“犯陵上草木。（見《刑法志》。唐律盜園陵内草木，在賊盜。）

“盜發冢。（見《宋書》沈約《自序》，唐律發冢，在賊盜。）

“以上五條，疑皆晉律目之所有，姑附於末。

“晉律佚文

“詐取父母卒棄市。（《殷仲堪傳》引律）

“桂陽人黄欽生父没已久，詐服衰麻，言迎父喪，府曹先依律詐取父母卒棄市，仲堪乃曰：“律詐取父母，寧依毆詈法棄市。原此之旨，當以二親生存而横言死没，情事悖逆，忍所不當，故同之毆詈之科，正以大辟之刑。今欽生父實終没，墓在舊邦，積年久遠，方詐服迎喪，以此爲大妄耳。比之於父存言亡，相殊遠矣。”遂活之。

“按《唐律疏議》，其詐稱祖父母父母死，謂祖父母父母見在而詐稱死者，若先死而詐稱始死者非。觀此知疏義注釋各條，均有所本。

“受教殺人，不得免死。(《衛瓘傳》引律)

“初瓘爲司空時，帳下督榮晦有罪，瓘斥遣之。及難作，隨兵討瓘，故子孫皆及於禍。(劉)繇等執黄幡撾登聞鼓，上言曰：律受教殺人，不得免死，况乎手害功臣，賊殺忠良，雖云非謀，(按據此晋律有謀殺、故殺之分)理所不赦。害公子孫，實由於晦，及將人劫盗府庫，皆晦所爲。考晦一人，衆奸皆出，乞驗盡情僞，加以族誅。詔從之。

“淫寡女，三歲刑。(《刑法志》)

“奸伯權母，棄市。(同上)

“八十非殺傷人，他皆勿論。(同上)

“十歲不得告言人。(同上)

“賊燔人廬舍，積聚盗賊贓五匹以上，棄市。(同上)

“歐人教令者，與同罪。(同上)

“傷死人四歲刑，妻傷夫五歲刑，子不孝父母，棄市。(《宋書·顧覬之傳》引律。又見《通典》一百六十七。)

“沛郡相縣唐賜往比(《通典》作北)村朱起母彭家飲酒，還，因得病吐蠱蟲十餘枚，臨死語妻張，死後刳腹出病。後張手自剖視，五臟悉靡碎。郡縣以張忍行刳剖，賜子副又不禁駐，事起赦前，法不能决。律傷死人四歲刑，(《宋書》及《南史》均無傷死人四歲刑六字，今據《通典》補)妻傷夫五歲刑，子不孝父母，棄市，并非科例。三公郎劉思議，賜妻痛往遵言，兒識謝及理，考事原心，非存忍害，謂宜哀矜。覬之議曰，法移路尸，猶爲不道，况在妻子，而忍行凡人所不行？不宜曲通小情，當以大理爲斷，謂副爲不孝，張同不道。詔如覬之議。

“子賊殺傷毆父母，梟首，罵詈，棄市；婦謀殺夫之父母，亦棄市。(《南史·孔靖傳》引律。又見《通典》一百六十七。)

“安陸應城縣人張江陵與妻吴共罵母黄令死，黄忿恨自經死，已值赦。案律，子賊殺傷毆父母，梟首；罵詈，棄市。婦(《南史》無婦字，據《通典》補）謀殺夫之父母，亦棄市，會赦免刑補治。江陵駡母，母以自裁，重於傷毆，若同殺科，則疑重；用傷毆及詈科，則疑輕，制唯有打母遇赦猶梟首，無訾母致死會赦之科。（孔）深之議曰：夫題里逆心，而仁者不入，名且惡之，况乃人事？故毆傷咒詛，法所不原，詈之致盡，則理無可宥。罰有從輕，蓋疑失善，求之文旨，非此之謂。江陵雖遇赦恩，故合梟首。婦本以義，愛非天屬，黄之所恨，情不在吴，原死補治，有允正法。詔如深之議，吴可棄市。

“捕虎一，購錢三千，其豹半之。（《爾雅·釋獸》注郭璞引律）

“公侯有罪，得以金帛贖。（《通鑑·晋紀》三十三，燕主盛引法例律。）

“按史不言慕容盛定律，其所引律，即晋律也。

“凡諸侯上書言及諸侯不敬，皆贖論。（《書鈔》四十四引《晋律》）

“諸侯應八義以上，請得減收留贖，勿髡鉗笞。（同上引《晋律》）

“按以上二條，疑諸候律佚文。

“過誤傷人，三歲刑。（《御覽》六百四十《晋書》引律。又見《南史·何承天傳》及《通典》一百六十六。）

“安帝義熙中，劉毅鎮姑熟，常出行。南陵縣吏陳滿，射鳥箭誤中直帥，雖不傷人，據法當棄市。何承天議曰：獄貴情斷，疑則從輕。昔有驚漢文帝乘輿馬者，張釋之斷以犯蹕，罪止罰金。何者？明其無心於驚馬也。故不以乘輿之重，而加異制。今滿意在射鳥，非有心於中人，按律，過誤傷人三歲刑，况不傷乎？（湯球《晋書》輯本，以此條爲臧榮緒《晋書》據録。）

“髡鉗五歲刑，笞二百。（若諸王亡詐僞、將吏越武庫垣，兵守逃歸家兄弟保人之屬，并五歲刑也。）四歲刑。（若復上闌人宫殿門上變事通露泄選舉、謀發密事、毆兄姊之屬、并四歲刑。）三歲刑。

（若傷人上而謗，僞造官印、不憂軍事戲殺人之屬，并三歲刑也。）二歲刑。（二歲刑減一等入罰金，三歲至五歲刑耐罪、皆越戍作穽走馬衆中、有挾天文圖讖之屬，并爲二歲刑。）（《御覽》六百四十二引晋律並注。此條文多訛誤。又《御覽》六百四十九引晋律有‘髡鉗五歲刑’五字。）

“鉗重二斤，翅長二尺五寸。（《御覽》六百四十四引晋律。《廣韵》引同。）

“諸有所督罰，五十以下鞭，如令，平心無私，而以辜死者，二歲刑。（《御覽》六百五十引晋律。）

“贖死金二斤也。（《御覽》六百五十一引晋律。《書鈔》四十四引同。）

“失（《書鈔》引無“失”字）贖罪囚罰金四兩也。（同上引晋律）

“其年老小篤疾病及女徒，皆收贖。（同上引晋律）

“諸應收贖者，皆月入中絹一匹，老小女人半之。（同上引晋律）

“以金罰相代者，率金一兩，以罰當十也。（同上引晋律）

“除名比三歲刑。（同上引晋律）

“按唐律除名比徒三年。在名例，蓋沿晋制。

“其當除名、而所取飲食所用之物非以爲財利者，應罰金，四兩以下勿除名。（同上引晋律）

“吏犯不孝，謀殺其國王侯伯子男官長、誣偷受財枉法、及掠人和賣、誘藏亡奴婢、雖遇赦、皆除名爲民。（同上引晋律）

“免官比三歲刑，其無真官而應免者，正刑召還也。（同上引晋律）

“有罪應免官，而有文武加官者，皆免所居職官。（同上引晋律）

“其犯免官之罪，不得減也。（同上引晋律）

“其當免官者先上。（同上引晋律）

“晋刑名

“死刑三。(《唐六典注》，大辟之刑有三，一曰梟，二曰斬，三曰棄市。)

“梟(《晋書・齊王冏傳》，骨肉遭梟夷之刑。《蘇峻傳》，張健等遂降，并梟其首。《南史・元凶劭傳》：劭濬及其子，并梟首大航。《世説》王孝伯死，縣其首於大桁。)

“斬(《御覽》引《晋書》：楚王瑋矯詔解嚴斬刑。又引《三十國春秋》曰，丞相斬都運令史淳于伯於建康，於是以刀拭柱，血逆流二丈三尺，下四尺五寸，其直絃。《世説》注引司《馬晞傳》，有司奏晞等斬刑。)

“棄市(《晋志》引張斐律表曰，棄市者，死之下。《御覽》引《晋書》，咸和三年句容令孔恢罪棄市。詔曰，恢自陷刑網，罪當大辟。)

“以上爲死罪。(《唐六典注》，棄市以上爲死罪，二歲刑以上爲耐罪，罰金一兩以上爲贖罪。)

“按《周禮》鄭注，斬以鈇鉞，若今要斬；殺以刀刃，若今棄市。是斷爲腰斬，棄市爲斬首，漢制如此，義極明顯。《史記》索隱以棄市爲絞罪，恐不足信。沈氏《刑法分考》據周顗等議肉刑云，截頭絞頸，尚不能禁，以爲晋律議自魏代，斷爲魏之棄市，已爲絞刑，晋宋梁陳，相沿不改。考《左傳》哀二年，若其有罪，絞縊以戮，杜注，絞所以縊人物。杜預晋人，若晋已用絞，不容僅以縊人物爲釋繹，是晋無絞刑明矣。梁陳二代，其刑名有棄市而無斬刑，所謂無斬刑者，無腰斬之刑也。若謂死刑棄斬首而專用絞，恐無是理。今考《魏志》《晋書》《南史》，實無處腰斬之刑者，疑魏晋以來，律雖存腰斬之條，(魏晋死刑，均依漢制。)而習用止爲斬首，至梁始廢之耳，不必强釋晋之棄市爲絞刑也。其以絞爲刑名，蓋自北魏始。

“髡刑四(《唐六典注》髡刑有四，一曰髡鉗，五歲刑，笞二百；二曰四歲刑；三曰三歲刑；四曰二歲刑。)髡鉗五歲刑，笞二百。(《晋書·武帝紀》，咸寧二年赦五歲刑以下。)

“四歲刑。

“三歲刑。

“二歲刑。

“以上爲耐罪。

“贖。(《唐六典注》，贖死金二斤，贖五歲刑金一斤十二兩，四歲三歲二歲，各以四兩爲差。《晋書·魏舒傳》，以公事當免官，詔以贖論。《南史·王僧祐傳》，在直屬疾，不待對人輒去。中丞沈約彈之，坐贖論。《到撝傳》，爲左丞庾杲之所糾，以贖論。《文獻通考》一百七十一，晋新律，意善功惡，以金贖之，金等不過四兩。)

“贖死，金二斤。

“贖五歲刑，金一斤十二兩。

“贖四歲刑，金一斤八兩。

“贖三歲刑，金一斤四兩。

“贖二歲刑一斤。按《唐六典注》云，晋贖罪，得兼用絹。《世説》劉道真嘗爲徒，扶風王駿以五百匹布贖之，是又得用布贖罪也。

“雜抵罪。(《唐六典注》，又有雜抵罪罰金十二兩八兩四兩二兩一兩之差。)

“按雜抵罪，蓋即奪爵免官除名之類。魏律雜抵罪凡七，晋無考。

“罰金

“十二兩。

“八兩。(《書鈔》引臧榮緒《晋書》，凡民私釀酒酤，其有婚姻及疾病者聽之，餘有犯，罰金八兩。)

“四兩。

“二兩。(《南史·徐孝嗣傳》，泰始中，以登殿不著韈，爲書侍御史蔡準所奏，罰金二兩。)

“一兩。

“以上爲贖罪。

“夷三族

“益州牙門張弘，誣其刺史皇甫晏反，殺之，傳首京師。弘坐伏誅，夷三族。（《武帝紀》）

“永嘉元年正月，除三族刑。（《懷帝紀》）

“以（諸葛）玫（周）穆世家，罪止其身，因此表除三族之法。（《東海王越傳》）

“建興三年，敕雍州掩骼埋胔，修復陵墓，有犯者，誅及三族。（《愍帝紀》）

“太寧三年二月，復三族刑，惟不及婦人。時孫秀亂關中，解結在都，坐議秀罪應誅，秀由是致憾。及（解）系被害，結亦同戮。女適裴氏，明日當嫁而禍起，裴氏欲認活之。女曰：家既若此，我何活爲？亦坐死。朝廷遂議革舊制，女不從坐，由結女始也。（《解結傳》）

“自晉興以來，用法大嚴，遲速之間，輒加誅斬，一身伏法，猶可强爲，今世之誅，動輒滅門。（《閻纘傳》）

“公孫宏、歧盛，并夷三族。（《楚隱王瑋傳》）

“諸葛黨屬，皆夷三族。（《齊王冏傳》）

“遂收機等九人付廷尉徙邊，賴成都王穎、吴王晏并救理之，得減死徙邊。（《陸機傳》）

“與二兄俱被害，妻子徙邊。（《解系傳》）

“加罪黜徙。（《齊王冏傳》）

“特降刑書宥（王）遜，遠徙永嘉郡。（《南史・王儉傳》）

“禁固

“省禁錮相告之條。（《刑法志》）

“參佐禁固。（《温嶠傳》）

“請除（宋）挺名，禁錮終身。（《劉隗傳》）

“有司奏衍不能守死善道，即求離昏，宜加顯責，以勵臣節，

可禁錮終身。從之。(《王衍傳》)

“明年，詔原（王）敦黨獄，（周）撫詣闕請罪，有詔禁錮之。(《周訪傳》)

“時（晋義熙中）新制，長吏以父母疾去官，禁錮三年。山陰令沈叔任，父疾去職。鮮之因此上議曰，省父母疾，而加以罪名，悖義疾理，莫此爲大，謂宜從舊，於義爲允。從之。於是自二品以上，父母没者、墳墓崩毁及疾病族屬輒去，並不禁錮。(《宋書·鄭鮮之傳》)

“永明元年，爲御史中丞袁彖所奏，免官禁錮。(《南史·褚澄傳》)

“以寒貧乞郡，辭旨抑揚，詔免官，禁錮五年。(《南史·謝朏傳》)

“以怨望免，禁錮十年。(《南史·謝超宗傳》)

“坐畜伎免官，禁錮十年。(《南史·王晏傳》)

“除名

“除名流徙，退免大事，臺乃奏處，其餘外官，皆專斷之。(《劉頌傳》)

“時蜀新平，人飢土荒，頌表求振貸，不待報而行，由是除名。(同上)

“時制王敦綱紀除名。(《温嶠傳》)

“（張）嶷以扇和減罪除名。(《周嵩傳》)

“（王）敦平，有司奏彬及兄子安成太守籍之，并是敦親，皆除名。(《王彬傳》)

“劉弘顧望，除名爲民。(《文選·范尚書讓吏部封侯第一表》注引《晋陽秋》)

“奪爵

“邕卒，子肜嗣，坐刀斬妻，奪爵。(《南史·劉穆之傳》)

“子植嗣，多過失，不受母訓，奪爵。(《南史·向靖傳》)

“子長嗣，坐駡母，奪爵。(《南史·王亮傳》)

“没官爲奚奴

“擿登聞鼓，乞恩辭求自没爲奚官奴，以贖父命。（《范堅傳》）

“有女巫嚴道育，夫爲劫，坐没入奚官。（《南史·元凶邵傳》）

“晋鞭杖之制（宋南齊附）

“升平二年三月，佽飛督賢王鐃獻鵂鳥，帝怒，鞭之二百。（《穆帝紀》《御覽》六百四十九引《晋中興書》曰，皇帝詔，佽飛督賢王鐃忽上吾鵂鳥，口云以辟惡，此凶物，豈宜妄進？於是頓鞭鐃二百。）

“贾午考竟用大杖。（《賈充傳》）

“武帝以山濤爲司徒，頻讓不許，出而往歸家。左丞白褒，又奏濤違詔，杖褒五十。（《御覽》六百五十引王隱《晋書》）

“謝鯤字幼輿，弱冠知名。值中朝大亂，長沙王乂輔政，親媚小人，忌害君子。時疾鯤名，譖之。乂遂執，欲鞭之。鯤解衣服鎖，神無動容，乂異而释之，又無喜色。（《御覽》六百四十九引《晋中與書》）

“胡毋崇爲永康令，多受貨賂，政治苛暴。詔都街頓鞭一百，除名爲民。（《御覽》六百五十一引《晋中興書》）

“太始四年，江夏王義恭第十五女卒，年十九，未笄。禮官議成人服，諸王服大功。左丞孫敻重奏禮官違越經典，於理無據，太常以下結免贖論，謐坐杖督五十。（《南史·江謐傳》）

“典筆吏取筆失旨，頓與五十鞭。（《南史·趙伯符傳》）

“（顏）褘之等六人，鞭杖一百。（《南史·顏師伯傳》）

“桓公在荆州，全欲以德被江漢，耻以威刑肅物。令史受杖，正從朱衣上過。桓式年少，從外來云，向從閣下過，見令史受杖，上捎雲眼，下拂地足，意譏不著。桓公云，我猶患其重。（《世説》）

“昔在晋初，河内温縣領校向雄送御犧牛不充，呈郡輒隨比。

送洛，值天大熱，郡送牛多暍死，臺法甚重。太守吴奮召雄與杖，雄不受杖曰：郡牛者，亦死也；呈牛者，亦死也。奮大怒，下雄獄。（《世説注》）

“永初二年六月壬寅，詔曰，杖罰雖有舊科，然職務殷碎，推坐相尋，若皆有其實，則體所不堪，文行而已，又非設罰之意，可籌量牏爲中否之格。甲辰，制諸署敕吏四品以下，又府署所得輒罰者，聽統府寺行四十杖。（《宋書·武帝紀》）

“永明五年，制二品清官行僮幹杖不得出十，張融坐鞭幹錢敬道杖五十，免官。（《通典》三十五）

“晋肉刑之議

“玄又議肉刑，琳之以爲唐虞象刑，夏禹立辟，蓋淳薄既異，致化不同。《書》曰世輕世重，言隨時也。夫三代風純而事簡，故罕蹈刑辟，季末俗巧而務殷，故動陷憲網。若三千行於叔世，必有踴貴之尤，此五帝不相術法，肉刑不可悉復者也。漢文發仁惻之意，傷自新之路莫由，革古創制，號稱刑厝，然名輕而實重，反更傷人。故孝景嗣位，輕之以緩，緩而人慢，又不禁邪，期於刑罰之中，所以見美於昔，歷代詳論而未獲厥中者也。兵荒以後，罹法更多，棄市之刑，本斬右趾，漢文一謬，承而弗革，所以前賢悵恨，議之而未辯。鍾繇陳群之意，雖小有不同，欲以右趾代棄市。若從其言，則所活者衆矣，降死之生，誠爲輕法，可以全其性命，蕃其産育，仁既濟物，功亦益衆。又今之所患，逋逃爲先，屢叛不革，宜令逃身靡所，亦以肅戒未犯，永絶惡原。至於餘條，宜且依舊。（《南史·孔琳之傳》）

“晋曹志議曰：嚴刑以殺，犯之者寡；刑輕易犯，蹈惡者多。臣謂玩常苟免，犯法乃衆，黥刖彰罪，而民甚耻。且創制墨刖，見者知禁，彰罪表惡，聞者多服。假使惡多尚不至死無妨産育，苟能殺以止殺，爲惡縱寡，積而不已，降至無人，天無以神，君無以尊矣。故古人寧過不殺，是以爲上；寧寬得衆，不寧急積殺若及於張聽訟，刑以止刑，可不革舊，過此以往，肉刑是宜。假令漢文於張

承大亂之後，創基七十，國寡民稀，止禁刑書，鞭杖爲治也。(《藝文類聚》五十四)

“八議

“羊聃字彭祖，遷廬陵太守，剛克粗暴，恃國戚，縱恣尤甚，睚眦之嫌，輒加刑殺。庾亮執之，歸於京都，有司奏聃罪當死，以景獻皇后，是其祖姑，應八議。成帝詔曰：此事古今所無，何八議之有？猶未忍肆之市朝，其賜命獄所。(《羊曼傳》、《御覽》二百六十二引《晋陽秋》曰，時廬陵太守羊冉，疑郡人簡良等爲賊，殺一百九十人，徒謫百有餘人。有司奏冉罪死，以景獻皇后有属八議。帝曰，此古所無，何八議之有乎？未忍肆之市朝，其賜命獄所。琅琊王太妃山氏，冉之甥也，詣闕請命，丞相以太妃爲言，於是減死罪。既出，有疾，見簡良爲祟，旬日而卒。《太平廣記》一百二十六引《還冤記》羊聃字彭祖，晋廬江太守，爲人剛克粗暴，恃國姻親，縱恣尤甚，睚眦之嫌，輒加刑戮。征西大將軍庾亮檻送，具以狀聞，右司馬奏：聃殺郡將吏及民簡良等二百九十人，徒謫一百餘人，應棄市，依八議請宥。顯宗詔曰：此事古今所未有，此而可忍，孰不可忍，何八議之有？下獄所賜命。聃兄子賁，先尚南郡公主，自表解婣，詔不許。琪鎁孝王妃山氏，聃之甥也，苦以爲請，於是司徒王導啓聃罪不容恕，宜極重法，叫太妃憂戚動疾，陛下罔極之恩，宜蒙生全之宥。於是詔下曰：山太妃惟此一舅，發言摧鯁，乃至吐血，情盧深重。朕丁荼毒，受太如撫育之恩，同於慈親，若不堪難忍之痛，以致頓斃，朕亦何顔自處？今便原聃生命，以慰太妃渭陽之恩。於是除名爲民。少時，聃病疾，恒見簡良等曰，枉豈可受？今來相取，自由黄泉。經宿死。)

“石鑒奏預擅飾城門官舍，稽乏軍興。遣御史檻車徵詣廷尉，以預尚主，在八議，以候贖論。(《杜預傳》)

“大鴻臚何遵奏廙免爲庶人，不應襲封。有司奏曰，廙所坐餘名削爵，一時之制。廙爲世子，著在名簿，不聽襲嗣，此爲刑罰再加。諸侯犯法，八議平處者，褒功重爵也。嫡統非犯終身棄罪，廢

之爲重，依律應聽襲封。（《華廙傳》）

“倫當同罪，有司奏倫爵重屬親，不可坐。諫議大夫劉毅駁曰：王法賞罰，不阿貴賤，然後可以齊禮制而明典刑也。當以親貴議減，不得闕而不論。（《趙王倫傳》）

“廷尉論正斬刑，詔以謝玄勛參微管，宜宥及後嗣，降死，徙廣州。（《南史·謝靈運傳》）

“若親貴犯罪，大者必議，小者必赦，是縱封豕於境内，放長蛇於左右也。（《御覽》六百五十二引《傅子》）

“大不敬棄市

“嵩褒貶朝士，帝召嵩入，面責之。嵩跪謝曰：昔唐虞至聖，四凶在朝，陛下雖聖明御世，亦安能無碌碌之臣乎？帝怒，收付廷尉，華恒以嵩大不敬棄市論。（《周嵩傳》）

“廷尉劉頌，奏旉等大不敬棄市論。（《庾旉傳》）

“有司奏濬表既不列前後所被七詔月日，又赦後違詔不受（王）渾節度，大不敬，付廷尉科罪。（《王濬傳》）

“簡文帝登祚，未解嚴。大司馬桓温屯中堂，吹警角，恬奏劾温大不敬，請科罪。（《敬王恬傳》）

“劉毅爲司隸校尉。皇太子朝，鼓吹入東掖門，毅以爲大不敬，止之於門外。奏劾保傅以下，詔赦之，然後入。（《書鈔》引干寶《晋紀》）

“不孝棄市

“玄又奏道子酣縱不孝，當棄市。（《簡文三子傳》）

“（武陵王）澹妻郭氏，賈后内妹也。初恃勢，無禮於澹母。齊王冏輔政，澹母諸葛太妃表澹不孝，由是澹與妻子徙遼東。（《宣五王傳》）

“荀販於朝會中，奏純以前坐不孝免黜，不宜升進。（《庾純傳》）

“（王）敦畏帝神明，欲誣以不孝廢之。（《世説》注引劉謙之《晋紀》）

“時有尹嘉者，家貧，母熊，自以身貼錢爲嘉償責，坐不孝當死。承天議曰：被府宣令普議尹嘉大辟事，稱法吏葛藤籤母告子不孝，欲殺者許之。法云謂違犯教令，敬恭有虧，父母欲殺，皆許之。其所告惟取信於所求而許之。謹尋事原心，屬母辭自求質錢爲子還責，嘉雖虧犯教義，而熊無請殺之辭。熊求所以生之，而今殺之，非隨所求之謂。始以不孝爲劾，終於和賣結刑，倚旁兩端，母子俱罪，藤籤法文，爲非其條。（《宋書·何承天傳》）

“按唐律不孝入十惡，子孫違犯教令入鬥訟。此條所謂法云違犯教令、敬恭有虧、父母欲殺皆許之，當即晉律本文。晉時未有十惡之名，不孝爲律目之一，而違犯教令，亦止附於不孝條中，并未別爲專條也。

“殺子棄市

“七月桓温卒，大司馬府軍中人朱興妻周，息男道扶年三歲，得癇病，因其病發，掘地生埋之，爲道扶姑雙文所告，正周棄市刑。徐羨之議曰：自然之愛，虎狼猶人，周之凶忍，宜加顯戮。臣以法律之外，故宏濟物之理，愚謂可特原母命，投之遐裔，從之。（《御覽》七百四十引《晋陽秋》）

“按據此知晋律無殺子孫減輕之條，故云法律之外。

“晋安帝時，郭逸妻以大竹杖打逸前妻之子，子死，妻因棄市如常刑。（《御覽》五百十一引《三十國春秋》）

“王濬在巴郡，兵民苦役，生男多不舉，乃嚴其殺子之防而厚恤之，所育者數千人。（《御覽》四百七十九引干寶《晋紀》）

“藏户棄市

“時江左初基，法禁寬弛，豪族多挾藏户口，以爲私附。遐繩以峻法，到縣八旬，出口萬餘縣人。虞喜以藏户當棄市。（《山遐傳》）

“會庚戌制不得藏户，（司馬）玄匿五户，桓温表玄犯禁，收付廷尉。（《彭城穆王傳》）

“盜御物棄市

“散騎將劉緝買工所將盜御裘，廷尉杜友正緝棄市。（《趙王倫傳》）

“賈苞爲太廟吏。光熙中，盜太廟靈衣及劍，伏誅。（《册府元龜》）

“盜官物棄市

“時廷尉奏殿中帳吏邵廣盜官幔三張，合布三十匹，有司正刑棄市。廣二子，宗，年十三；雲，年十一，黄幡撾登聞鼓，乞恩辭求自没爲奚官奴，以贖父命。尚書朱暎議，以爲天下之人，父無子者少，一事遂行，便成永制，懼死罪之刑，於此而弛。堅亦同暎議。時議者以廣爲鉗徒，二兒没入，既足以懲，又使百姓知父子之道，聖朝有垂恩之仁，可特聽減廣死罪爲五歲刑。宗等付奚官爲奴，而不爲永制。堅駁之曰：自淳朴澆散，刑辟仍作，刑之所以止刑，殺之所以止殺，雖時有赦過宥罪，議獄緩死，未有行小不忍而輕易典刑者也。且既許宗等宥廣以死，若復有宗比而不求贖父者，豈得不擯絶人倫同之禽獸邪？按主者今奏云，惟特聽宗等而不爲永制，臣以爲王者之作，動關盛衰，嚬笑之間，尚慎所加，况於國典，可以徒虧？今之所以宥廣，正以宗等耳，人之愛父，誰不如宗？今既居然許宗之請，將來訴者，何獨匪民？特聽之意，未見其益，不以爲例，交興怨讟，此爲施一恩於今，而開萬怨於後也。成帝從之，正廣死刑。（《范堅傳》、《御覽二百三十一引《晋中興書》曰：范堅字子常，爲廷尉。秦王典吏邵廣盜官幔合布四十匹，依律棄市。廣息雲、宗二人，自没爲官奴婢以贖父，尚書議可特聽。堅駁之曰：此爲施一恩於今，開萬怨於後。顯宗從之，正廣滕刑。）

“建興中，宋挺割盜官布六百餘匹，正刑棄市，遇赦免。（《劉隗傳》）

“凡劫身斬刑家人棄市

“義熙五年，吴興武康縣人王延祖爲劫，父睦以告官。新制，凡劫身斬刑，家人棄市。睦既自告，於法有疑。時（尚之父）叔度爲尚書，議曰：設法止奸，必本於情理，非謂一人爲劫，闔門應刑；所以罪及同産，欲開其相告，以出造惡之身。睦父子之至，容可悉共逃亡，而割其天屬，還相縛送，解腕求存，於情可愍，并合從原。從之。（《南吏·何尚之傳》）

“時有前將軍陳天福，坐討唐寓之於錢唐，掠奪百姓財物，棄市。（《南史·王僧虔傳》）

“按據此知晉律劫規僅棄市刑，新制蓋加重之。

“劫制同籍期親補兵

“吴興餘杭民薄道舉爲劫，制同籍期親補兵，道舉從弟代公道生等，並爲大功親，非應在補謫之例。法以代公等母存，爲期親，則子宜隨母補兵。承天議曰：尋劫制同籍期親補兵，大功不在例。婦人三從，既嫁從夫，夫死從子。今道舉爲劫，若其叔尚存，制應補謫，妻子營居，固其宜也。但爲劫之時，叔父已没，代公道生，并是從第大功之親，不合補謫。今若以叔爲期親，令代公隨母補兵，既違大功不謫之制，又失婦人三從之道。由於主者守期親之文，不辨男女之異，遠嫌畏負，以生疑懼，非聖朝恤刑之旨。謂代公等母子，并宜見原。（《宋書·何承天傳》）

“遭劫不赴救

“孝武於元嘉中出鎮歷陽，沈亮行參征虜將軍事。民有盜發塚者，罪所近村人與符伍遭劫不赴救同坐。亮議曰：尋發塚之情，事止竊盜，徒以侵亡犯死，故同之嚴科。夫穿掘之侣，必銜枚以晦其跡；强劫之黨，必讙呼以威其事。故凶赫者易應，潛密者難知。且山原爲無人之鄉，邱壙非恒途所踐，至於防救，不得比之村郭。督實劾名，理與劫異，則符伍之坐居宜降矣。又劫罰之科，雖有同符伍之限，而無遠近之斷，夫塚無村界，當以比近坐之。若不域之以界，則數步之内與十里之外，便應同罹其責。防民之禁，不可頓去，止非之憲，宜當其律。愚謂相去百步赴告不時者一歲刑，自此以外，差不及咎。（《宋書》沈約《自序》）

“按遭劫不赴救，晉律當有此條，故當時以比附定罪。

“主守偷五匹常偷四十匹處死

“主守偷五匹、常偷四十匹，並加大辟，議者咸以爲重。弘以爲小吏無知，臨時易昧，或由疏慢，事蹈重科，宜進主守偷十匹、常偷五十匹死，四十匹降以補兵。至於官長以上，荷蒙榮禄，冒利五匹，乃已爲弘，士人至此，何容復加哀矜？且此輩人士，可殺不可謫，謂宜奏聞，决之聖旨。文帝從弘議。（《南史・王弘傳》。又《宋書・王弘傳》右丞孔默之議：常盗四十群主守五匹，降死補兵，雖大存寬惠，以紓民命，然官及二千石及失節士大夫，時有犯者，罪乃可戮，恐不可以補兵也。謂此制可施小人，士人自還用舊律。）

“按據此知主守偷五匹、常偷四十匹死，本係晋律舊制，至宋文帝時始改也。《南史・沈慶之傳》，兩匹八十尺也，是宋初以四十尺爲一匹。晋當與宋同。漢律主守盗度十金棄市，盖漢時以金計算，晋則以匹計算也。

“受故吏物

“咸寧初，有司奏（何曾子）劭及兄遵等受故鬲令袁毅貨，雖經赦宥，宜皆禁止，事下廷尉。（《何曾傳》）

“居職犯公坐

“諸居職其犯公坐者，以法律從事，其以貪濁贓污爲罪，不足至死者，刑竟及遇赦，皆宜禁錮終身，輕者二十年。如此不廉之吏，必將化爲夷齊矣。（《抱朴子・審舉》篇）

“按唐律名例有同職犯公坐，據此，知晋時已有此律，疑當時多不依法處罰，故云以法律從事也。晋自惠帝以後，法漸多門，故劉頌上疏，謂事同議異，力言臣下不得以意妄議，皆以法律從事，然後法信於下。事詳《晋志》。

“非所宜言

“吏部郎周穆與其妹夫諸葛玫共説越曰：主上之爲太弟，張方意也。清河王本太子，爲群凶所廢，先帝暴崩，多疑東宫，公盍思伊霍之舉，以寧社稷乎？言未卒，越曰：此豈宜言耶？遂叱左右斬之。（《東海王越傳》）

“彦回讓司徒，乃與僕射王儉書，欲依蔡謨事例。儉以非所宜

言，勸彥回受命。(《南史·褚彥回傳》)

“方鎮皆啓稱（巴東王）子響爲逆，榮祖曰：此非所宜言。(《南齊書·垣榮祖傳》)

“按非所宜言一條，始於秦律，漢律、晋律、梁律、北齊律均有之，(詳見《漢律考》《北齊律考》）今唐律不載。唐律本於隋《開皇律》，殆隋代删去之。

“上表不以實

“謁者以弘訓宫爲殿内，制玄位在卿下。玄恚怒，厲聲色而責謁者。謁者妄稱尚書所處，玄對百僚而罵尚書以下。御史中丞庾純奏玄不敬，玄又有表不以實，坐免官。(《傅玄傳》)

“矯詔

“楚王瑋以矯詔伏誅。（《文選·晋紀總論》注引干寶《晋紀》）

“誣罔

“後將軍（荀）眅敢以私議貶奪公論，抗言矯情，誣罔朝廷，宜加貶黜。眅坐免官。(《庾純傳》)

“齊王攸之就國也，下禮官議崇錫之物。旉與博士大叔廣、劉暾、繆蔚、郭頤、秦秀、傅珍等上表諫，武帝以博士不答所問，答所不問，大怒，事下有司。尚書朱整、褚䂮等奏，旉等侵官離局，迷罔朝廷，請收旉等八人付廷尉科罪。詔曰：旉等備爲儒官，聽肆其誣罔之言，以干亂視聽，而旉是議主，應爲戮首。(《庾旉傳》)

“漏洩

“郗隆字弘始，初爲尚書郎，轉左丞，坐漏洩事，免。(《郗鑒傳》)

“上欲以爲吏部郎，已受密旨，承天宣漏之，坐免官。（《南史·何承天傳》）

“民殺長吏

“民殺長吏，科議者謂值赦，宜加徙送。秀之以爲律文雖不顯民殺官長之旨，若值赦，但止徙送，便與悠悠殺人，曾無一異。民

敬畏官，比之父母，行害之身，雖遇赦，謂宜長附尚方，窮其天命，家口補兵。從之。（《宋書·劉秀之傳》）

"按據此知魏晋相承之律，民殺長吏，本同凡論，加重之科，自秀之始也。

"擅縱罪人

"擅縱五歲刑以下二十一人，爲有司所劾。帝以宏累有政績，聽以贖罪論。（《王宏傳》）

"爲領軍校尉，坐擅放司馬彪，繫廷尉。（《郭舒傳》）

"擅去官

"石崇爲大司農，坐未被詔擅去官，免。（《文選·思歸引序注》引臧榮緒《晋書》）

"評價貴

"（謝）元時舉承天賣茭四百七十束與輿官屬求貴價，承天坐白衣領職。（《宋書·何承天傳》）

"毛惠素仕齊爲少府，臨事清刻，敕市銅官碧青一千二百斤，供御畫，用錢六十五萬。有讒惠素納利，武帝怒，敕尚書評價貴二十八萬餘，有司奏，伏誅。（《南史·毛惠素傳》）

"乏軍興

"石鑒奏預稽乏軍興，徵詣廷尉。（《杜預傳》）

"隗奏曰：淳于伯息忠訴辭稱枉，云伯督運訖去，二月事畢代還，無有稽乏，受賕使役，罪不及死。軍是戍邊，非爲征軍，以乏軍興論，於理爲枉。四年之中，供給運漕，凡諸徵發，租調百役，皆有稽停，而不以軍興論。至於伯也，何獨明之？捶楚之下，無求不得，因人畏痛，飾詞應之。理曹國之典刑，而使忠等稱冤明時。於是右將軍王導等上疏，引咎請解職。（《劉隗傳》）

"虚張首級

"後爲鎮南將軍、豫州刺史，坐虚張首級。詔曰：昔雲中守魏尚，以斬首不實受刑。武牙將軍田順，以詐增虜獲自殺。誣罔敗法，古今所疾。（《石鑒傳》）

“後失軍期

“昨聞教以陸機後失軍期，師徒敗績，以法加刑，莫不謂當。（《陸雲傳》）

“按晋令軍法凡六篇，以法加刑，蓋指軍法言之。

“王安期作東海郡，吏録一犯夜人來。（《世説》）

“殷浩始作揚州，劉尹行曰：小欲晚，便使左右取襆，人問其故。答曰：刺史嚴，不敢夜行。（同上）

“犯事在赦前

“咸寧三年，睦遣使募徙國内人縣受逋逃、私占及變易姓名、詐冒復除者七百餘户。冀州刺史杜友奏睦招誘逋亡，不宜君國。有司奏事在赦前，應原。（《高陽王睦傳》）

“律令無正文依附名例斷之其正文皆勿論

“時劉頌爲三公尚書，上疏曰：律法斷罪，皆當以法律令正文；若無正文，依附名例斷之；正文名例所不及，皆勿論。法吏以上，所執不同，得爲異議。如律之文，守法之官，唯常奉用律令，至於法律之内，所見不同，乃得爲異議也。今限法曹郎令史意有不同爲駁，唯得論釋法律，以正所斷，不得援求諸外論，隨時之宜，以明法官守局之分。詔下其事，侍中太宰汝南王亮奏，以爲夫禮以訓世，而法以整俗，理化之本，事實由之，若斷不斷，常隨輕重意，則王憲不一，人無所錯矣。故觀人設教，在上之舉，守文直法，臣吏之節也。臣以去太康八年隨事異議，周懸象魏之書，漢咏畫一之法，誠以法與時共，義不可二。今法素定，而法爲議，則有所開長，以爲宜如頌所啓，爲永久之制。於是門下屬三公曰：昔先王議事以制，自中古以來，執法斷事，既以立法，誠不宜復求法外小善也。若常以善奪法，則人遂善而不忌法，其害甚於無法也。按啓事欲管法令斷一，事無二門，郎令史以下應復出法駁按，隨事以聞也。及於江左，元帝爲丞相，朝廷草創，議斷不循法律，人立異議，高下無狀。主簿熊遠奏曰：禮以崇善，法以閑非，故禮有典，法有常，防人之惡而無邪心。是以周建象魏之制，漢創畫一之法，故能闡弘大道，以至刑厝。律令之作，由來尚矣，經賢智，歷夷險，隨時斟酌，最爲周備。自軍興以來，法度陵替，至於處事不用律令，競作屬命，人立異議，曲適物情，虧傷大例，府立節度，復不奉用，臨事改制，朝作夕改，至於主者不敢任法，每輒關諮，委之大官，非爲政之體。若本曹處事不合法令，監司當以法彈違，不得動用開塞，以壞成事。按法蓋粗術，非妙道也，矯割物情以成法耳。若每隨輒改法制，此爲以情壞法。法之不一，是爲多門，開人事之路，廣私請之端，非先王立法之本意也。凡若違律令節度，當合經傳及前比故事，不得任情以破成法。愚請宜令録事更立條制，諸立議者，皆當引律令經傳，不得直以情言，無所依準，以虧舊典也。若開塞隨宜，權道制物，此是人君之所得行，非臣子所宜專用。主者唯當徵文據法，以事爲斷耳。是時帝以權宜從事，尚未能從。（《刑法志》）

“按據此知晋律在西晋已成具文，江左以後，并比備亦不常用，高下任情，請託日廣。蓋其時士大夫務爲清談，鮮知律令，其末流固必至於此也。

“造意

“（楊）駿之誅也，纘棄官歸，要駿故主簿潘岳、掾崔基等共葬之。基岳畏罪，推瓚爲主，墓成當葬。駿從弟模告武陵王澹，將表殺造意者，衆咸懼，填冢而逃，瓚獨以家財成墓，葬駿而去。（《閻瓚傳》）

“交關

“時安遠將軍郝詡與故人書云，與尚書令裴秀相知，望其有益。有司奏免秀官，詔曰：不能使人之不加諸我，此古人所難，交關人事，詡之罪耳，豈尚書令能防乎？其勿有所問。（《裴秀傳》）

“劉超字世踰，忠清慎密，自以職在中書，絶不與人交關書疏。（《世説》卷二注引《晋陽秋》）

“按交關見漢律。據此，知晋律亦有此條。

“自首

“旉父純，詣廷尉自首，旉以議草見示，愚淺聽之，詔免純罪。（《庾純傳》）

“考竟

“收吴太妃趙粲及韓壽妻賈午等，付暴室考竟。（《趙王倫傳》）

“以兵仗送太子妃王氏、三皇孫於金墉城，考竟謝淑妃及太子保林蔣俊。（《愍懷太子傳》）

“時尚書令史扈寅非罪下獄，詔使考竟。頌執據無罪，寅遂得免。（《劉頌傳》）

“其考竟（劉）友以懲懋邪佞。（《魏舒傳》）

“鞫獄責家人下辭

“宋臺建，爲侍中。建議以爲鞫獄不宜令子孫下辭，明言父祖之罪，虧教傷情，莫此爲大。自今但令家人與囚相見，無乞鞫之訴，便足以明伏罪，不須責家人下辭。朝議從之。（《南史·蔡廓傳》）

“晋禁復仇

“褚裒當之鎮，（何）無忌及丹陽尹桓景等餞於板橋。時王廙子丹陽丞耆之在坐，無忌志欲復仇，拔刀將手刃之。裒景命左右救捍獲免。御史中丞車灌奏無忌欲專殺人，付廷尉科罪。成帝詔曰：自今已往，有犯必誅，於是聽以贖論。（《譙剛王遜傳》）

“王談年十許歲，父爲鄰人竇度所殺，談陰有復仇之志。十八年，密貴市利插刃，陽若爲耕耘者。度常乘船出入，經一橋下。談伺度行還於橋上，以插斬之，應手而死。既而歸罪有司，太守孔巖義其孝男，列上宥之。（《御覽》四百八十二引《續晋陽秋》）

“晋避仇移徙之制

“時會稽剡縣民黄初妻趙打息載妻王死亡，遇赦。王有父母及息男稱、息女葉，依法徙趙二千里外。隆議之曰：父子至親，分形同氣，稱之於載，即載之於趙，雖云三世，爲體猶一，未有能分之者也。稱雖創巨痛深，固無仇祖之義，若稱可以殺趙，趙當何以處載？將父子孫祖，互相殘戮，懼非先王明罰，咎繇立法之本旨也。舊令云：殺人父母，徙之二千里外，不施父子孫祖明矣。趙當避王期功千里外耳。令亦云：凡流徙者，同籍親近欲相隨者聽之，此又大通情體，因親以教愛者也。趙既流移，載爲人子，何得不從？載從而稱不行，豈名教所許？如此，稱趙竟不可分，趙雖内愧終身，城當沉痛没齒，孫祖之義，自不得永絶，事理固然也。從之。（《宋書·傅隆傳》。《南史·宋宗室諸王傳》：義慶元嘉中爲丹陽尹，有百姓黄初妻趙，殺子婦，遇赦，應避孫仇，義慶議，以爲《周禮》父母之仇，避之海外，蓋以莫大之寃，理不可奪；至於骨肉相殘，當求之法外，禮有過失之宥，律無仇祖之文，况趙之縱暴，本由於酒，論心即實，事盡荒耄，豈得以荒耄之王母，等行路之深仇？宜共同域，無虧孝道。）

“晋禁以妾爲妻

“泰始十年詔曰：嫡庶之别，所以辨上下，明貴賤，而近世以來，多由内寵，自今以後，皆不得登用妾媵以爲嫡正。（《武帝紀》）

“居喪昏嫁請客

“王籍之居叔母喪而昏。隗奏之，帝下令曰：《詩》稱殺禮多昏，以會男女之無夫家，正今日之謂也，可一解禁止。自今以後，宜爲其防。東閣祭酒顔含在叔父喪嫁女，隗又奏之。廬江太守梁龕明日當除父服，今日請客奏伎，丞相長史周顗等三十餘人同會。隗奏，請免龕官，削侯爵。顗等知龕有喪，吉會非禮，宜各奪俸一月，以肅其違。從之。（《劉隗傳》）

“按唐律十惡不孝《注》，居父母喪、身自嫁娶，若作樂釋服從吉。

“晋改定大臣終喪法令

“尋拜大鴻臚，遭母喪。舊制，既葬還職。默自陳懇至，久而見許，遂改定法，令聽大臣終喪，自默始也。（《鄭默傳》）

“晋除任子法

“咸和五年正月，詔除諸將任子。（《武帝紀》）

“自蘇峻反後，諸將多以子爲質，謂之保任。至是王導慮郭默之不可制，乃詔除任子之法。（《元經傳》）

“晋除酒禁

“義熙三年二月己丑，除酒禁。（《安帝紀》）

“曩者既年荒穀貴，人有醉者相殺，牧伯因此輒有酒禁，嚴令重申，官司搜索收執，榜徇者相辱，制鞭而死者大半，防之彌峻，犯者至多，至乃穴地而釀，油囊懷酒。（《抱朴子·酒誡》篇）

“按《宋書·文帝紀》，元嘉二十一年，南徐、南豫州、揚州之浙江并禁酒。二十二年秋九月，開酒禁。是宋初亦曾禁酒，未幾而除，略與晋同。

“晋科

“揚州刺史西陽王子尚上言，山湖之禁，雖有舊科，人俗相因，替而不奉，熂山封水，保爲家利。自頃以來，頽弛日甚，富强者兼嶺而占，貧弱者薪蘇無托，至漁采之地，亦又如兹，斯實害人之深弊，爲政所宜去絶，損益舊條，更申恒制。有司檢壬辰詔書，占山護宅强盗律論，贓一丈以上皆棄市，希以壬辰之制，其禁嚴刻，事既難遵，理與時弛，而占山封水，漸染復滋，更相因仍，便成先業，一朝頓去，易致嗟怨。今更利革立制五條，凡是山澤先恒熂爈，養種竹木雜果爲林芿，陂湖江海魚梁鰌鮆場，恒加功修作者，聽不追奪。官品第一第二聽占山三頃；第三第四品二頃五十畝；第五第六品二頃；第七第八品一頃五十畝；第九品及百姓一頃：皆依定格，條上貲簿。若先已占山，不得更占；先占闕少，依限占足。若非前條舊業，一不得禁。有犯者，水土一尺以上，並計贓依常盗律論。停除咸康二年壬辰之科。從之。（《南史·羊玄保傳》）

“按成康爲晋成帝年號，《壬辰詔書》蓋即漢《丁酉詔書》、晋《庚寅詔書》（俱見《晋志》）之類，於律外科人之罪者也。《宋書·孝武帝本紀》，大明七年秋七月丙申詔曰：前詔江海田池與民共利，歷歲未久，浸以弛替，名山大川，往往占固。有司檢糾，申明舊制，殆即指此。唐律占山野陂湖利，在雜律。

“晋以《春秋》决獄

“凡爲駁議者，若違律令節度，當合經傳及前比故事，不得任情以破成法。(《刑法志》)

“（王）渾表濬違詔不受節度，誣罪狀之有司，遂按濬檻車徵。濬上書自理曰，詔謂臣忽棄明制，專擅自由，伏讀嚴詔，驚怖悚慄。案《春秋》之義，大夫出疆，由有專輒，臣雖愚蠢，以爲事君之道，當竭節盡忠，奮不避身，苟利社稷，死生以之。(《王濬傳》)

“贾后諷群公有司奏曰：皇太后陰漸奸謀，圖危社稷。魯侯絶文姜，《春秋》所許。詔曰：此大事，更詳之。有司又奏皇太后内爲唇齒，叶同逆謀。昔文姜興亂，《春秋》所貶，宜廢皇太后爲峻陽庶人。(《武悼楊皇后傳》)

“趙王倫收蕤及弟北海王寔繫廷尉，當誅。倫太子中庶子祖納上疏諫曰：罪不相及，惡止其身，此先哲之弘謀，百王之達制也。蕤寔獻王之子，明德之胤，宜蒙特宥。會孫秀死，蕤等悉得免。蕤密表冏專權，與左衛將軍王輿謀共廢冏，事覺，免爲庶人。尋詔曰：前表冏所言深重，雖管蔡失道，牙慶亂宗，不復過也。《春秋》之典，大義滅親，其徙蕤上庸。(《宣五王傳》)

“先是，張華被誅，冏建議欲復其官爵。論者或以爲非，羡駁之曰：后體齊於帝，尊同皇極，罪在枉子，事不爲逆，義非所討。今以華不能廢枉子之后，與趙盾不討殺君之賊同，而貶責之，於義不經通也。華竟得追復爵位。(《温羡傳》)

“都護徐龕違裒節度，軍次代陂，爲石遵將李菟所敗，死傷太半，龕執節不撓，爲賊所害。裒以《春秋》責帥，授任失所，威略虧損，上疏自貶。(《褚裒傳》)

“隗又奏：(宋）挺已喪亡，不復追貶。愚蠢意暗，未達斯義。昔鄭人斫子家之棺，漢明追討史遷，經傳褒貶，皆追書先世數百年間，非徒區區欲釐當時，亦將作法垂於來世，當朝亡夕没便無善惡

也。請曹如前追除挺名爲民，録妾還本，顯證惡人，班下遠近。從之。（《劉隗傳》）

“敦平，有司奏彬及兄子安成太守籍之，並是敦親，皆除名。詔曰：司徒導以大義滅親，其後昆雖或有違，猶將百世宥之，况彬等公之近親。乃原之。（《王彬傳》）

“敦平後，周顗、戴若思等皆被顯贈，惟協以出奔不在其例。咸康中，協子彝上疏訟之。在位者多以明帝之世褒貶已定，非所得更議，且協不能抗節隕身，乃出奔遇害，不可復其官爵也。時庾冰輔政，疑不能決。左光禄大夫蔡謨與冰書曰：《春秋》之義，以功補過。過輕功重者，得以加封；功輕過重者，不免誅絶；功足贖罪者無黜。雖先有邪佞之罪，而臨難之日黨於其君者，不絶之也。孔寧、儀行父親與靈公淫亂於朝，君殺國滅，由此二臣，而楚尚納之。傳稱有禮不絶其位者，君之黨也。若刁令有罪，重於孔儀，絶之可也。若無此罪，宜見追論。冰然之，於是追贈本官。（《刁協傳》）

“時女子李忽覺父北叛時，殺父。（周）處奏曰：覺父以偷生，破家以邀禍，子圉告歸，懷嬴結舌，忽無人子之道，證父攘羊，傷風污俗，宜在投畀，以彰凶逆，俾刑市朝，不足塞責。奏可，殺忽。（《御覽》六百四十七引王隱《晋書》）

“晋令

“程樹德按：《隋書·經籍志》，《晋令》四十卷。《舊唐書·經籍志》，晋令四十卷，賈充等撰。《新唐書·藝文志》同。考《唐六典注》，晋令賈充等撰令四十篇：一户，二學，三貢士，四官品，五吏員，六俸廪，七服制，八祠，九户調，十佃，十一復除，十二關市，十三捕亡，十四獄官，十五鞭杖，十六醫藥疾病，十七喪葬，十八雜上，十九雜中，二十雜下，二十一門下散騎中書，二十二尚書，二十三三臺秘書，二十四王公侯，二十五軍中吏員，二十六選吏，二十七選將，二十八選雜士，二十九宫衛，三十贖，三十一軍戰，三十二軍水戰，三十三至三十八皆軍法，三十九四十皆雜法，其篇目今尚可考。據《晋志》，晋令凡二千三百六條，九萬八千六百四十三言。(《晋志》凡律令合二千九百二十六條，十二萬六千三百言，以律六百二十條二萬七千六百五十七言除之，即得此數。)是書宋初尚存，《太平御覽》屢引之，然王應麟所纂《玉海》，則已於《漢書注》及宋《禮志》輯其佚文，是南渡後此本已佚，故《宋史·藝文志》即不著録。今從《漢書注》、宋《禮志》、《南史》、《通典》、《文選注》、《唐六典》、《北堂書鈔》、《藝文類聚》、《初學記》、《太平御覽》諸書，輯得若干條，各依其類，載於篇目之下。其不敢定爲屬於何篇者，則别附於末，臆斷之誚，知所不免，特取便觀覽而已。

“户令

“養人子男，後自有子男，及閹人非親者，皆别爲户。(《通典》六十九，《東晋養兄弟子爲後》《後自生子議》杜瓊引令。)

“郡國諸户口黄籍，籍皆用一尺二寸札，已在官役者載名。(《御覽》六百六引《晋令》)

“學令

“諸縣率千餘户置一小學，不滿千户亦立。(《御覽》五百三十五引《晋令》)

“貢士令

“舉秀才必五策皆通，拜爲郎中。一策不通，不得選。(《書鈔》七十九引《晋令》)

“舉秀才明經傳者，簡以衆典才茂。(同上引《晋令》)

“舉秀才皆行儀典，爲一州之俊。(同上引《晋令》)

“官品令

“按晋令他篇皆散佚無考，惟此篇首尾尚稱完具。《通典》并載有晋官品目録一篇，《唐六典注》所引晋《官品令》文獨多，其中或僅云晋氏，或單稱晋，以他條證之，實則皆《官品令》中文也。宋官品多仍晋之舊，《宋書·禮志》載之綦詳。兹以《晋書·職官志》與《宋書·禮志》參校，猶可得其彷佛云。

“第一品

“公。(《晋志》，晋初以景帝諱，故采《周官》名，置太宰以代太師之任，與太傅、太保皆爲上公。又云：晋受魏禪，因其制，安平王孚爲太宰，鄭冲爲太傅，王祥爲太保，義陽王望爲太尉，何曾爲司徒，荀顗爲司空，石苞爲大司馬，陳騫爲大將軍，凡八公，同時并置。)

“三公緑綟綬也。(《初學記》十一，《御覽》二百六，引晋《官品令》。)

“相國丞相緑綟綬。(《文選·齊竟陵王行狀》注引《晋官品》)

“太傅金章紫綬，進賢三梁冠，介幘，絳朝服，佩山玄玉。(《通典》二十。又《通典》五十六，載晋制，三公及封郡公、縣侯、鄉亭侯則三梁，御大夫下至千石則兩梁，中書門下至門郎小吏並一梁。)

“太尉進賢三梁冠，介幘，絳朝服，金章紫綬，佩山玄玉。(同上)

“按《南齊書·輿服志》云：進賢冠，諸開國公侯、鄉亭侯、卿大夫、尚書、關内侯、二千石、博士、中書郎、丞郎、秘書監承郎、太子中舍人、洗馬舍人、諸府長史卿尹丞，下至六百石令長小吏，以三梁二梁一梁爲差。事見晋令。

“大司馬在三司上，武冠，絳朝服，金章紫綬，佩山玄玉，與大將軍同。(同上引《晋令》)

“司馬官品第一，武冠，絳朝服，佩山玄玉。(《書鈔》五十七引晋《官品令》)

“諸位從公。(《晋志》，驃騎、車騎、衛將軍、伏波、撫軍、都護、領軍、中軍、四征、四鎮、龍驤、典軍、上軍、輔國等大將軍，左右光禄三大夫開府者，皆爲位從公。太宰、太傅、太保、司徒、司空、左右光禄大夫、光禄大夫、開府位從公者，爲文官公，冠進賢三梁，墨介幘。大司馬、大將軍、太尉、驃騎、車騎、衛將軍、諸大將軍、開府位從公者，爲武官公，皆著武冠，平上黑幘。諸公及開府位從公者，品秩第一，食奉日五斛。）

“開國郡公縣公爵。（《通典》三十一，晋令有開國郡公、縣公、郡侯、縣侯伯子男及鄉亭關内關外等侯之爵。《宋志》，郡公金章玄朱綬，給五時朝服，進賢三梁冠，佩山玄玉。）

“太康十年，皇子三人爲郡王，領四郡，爲城皆五萬户。（《書鈔》七十引晋《官品令》）

“諸王置妾八人，郡公侯妾六人。（《魏書·太武五王列傳》引《晋令》）

“第一第二品有四妾，第三第四有三妾，第五第六有二妾，第七第八有一妾。（同上引晋《官品令》）

“第二品

“特進

“特進位次諸公在開府驃騎上，冠進賢兩梁冠，黑介幘，五時朝服，佩水蒼玉。（《通典》三十四，引晋惠帝元康定令，又見《晋志》及《唐六典》卷二《注》。）

“驃騎、車騎、衛將軍。（《晋志》，驃騎已下及諸大將軍不開府非持節都督者，品秩第二，其禄與特進同。）

“諸大將軍

“諸持節都督。（《晋志》，持節都督無定員。《通典》三十二，晋刺史任重者爲使持節都督，輕者爲持節，皆銅印墨綬，進賢兩梁冠，絳朝服。）

“開國縣侯伯子男爵。

“第三品

“侍中

“侍中品第三，武冠，絳朝服，佩水蒼玉。（《唐六典》卷八《注》引《晋令》，又見《通典》二十一。）

“大法駕出，則正直侍中負傳國璽陪乘。（《書鈔》五十八，引晋《官品令》。）

“大法駕出，則次直侍中護駕，正直侍中負傳國璽，陪乘，不置劍，餘皆騎從。御登殿，與散騎常侍對狀。(《晉志》‘對狀’作‘對扶’，‘狀’疑‘扶’之訛。) 侍中居左，常侍居右。(同上，引晉《官品令》。)

“舊侍中職掌擯威儀，盡獻納，糾正補過。文樂若有不正，皆得駁除。書表章奏，皆掌署也。(同上，引晉《官品令》。)

“侍中除書表章奏，皆掌署之。(《文選》沈休文《恩倖論》注引《晉令》)

“散騎常侍

“散騎常侍品第三，冠右貂金蟬，絳朝服，佩水蒼玉。(《唐六典》卷八注引《晉令》)

“中常侍

“尚書令

“尚書令假銅印墨綬，冠進賢兩梁冠，納言幘，五時朝服，佩水蒼玉。(《唐六典》卷一《注》。又見《晉志》及《宋書·禮志》。)

“僕射

“尚書僕射六人，皆銅印墨綬，進賢兩梁冠，納言幘，絳朝服，佩水蒼玉，執笏負符，加侍中者，武冠，左貂金蟬。(《書鈔》五十九，引晉《官品令》。)

“尚書。(《晉志》，晉置吏部、三公、客曹、駕部、屯田、度支六曹。太康中，有吏部殿中及五兵、田曹、度支、左民、爲六曹，又無駕部三公客曹。)

“吏部尚書，五時朝服，納言幘，進賢兩梁冠，佩水蒼玉，乘軺車皂輪。(《唐六典》卷二《注》引晉令。又見《宋書·禮志》。)

“中書監令

“中書監中書令，並第三品，秩千石，銅印墨綬，進賢兩梁冠，絳朝服，佩水蒼玉，軺車，監令掌贊詔命，記會時事，典作文書。(《唐六典》卷九《注》)

“中書爲詔令，記會時事，典作文書也。(《御覽》二百二十引《晋令》)

“中書令，銅印墨綬，進賢兩梁冠，絳朝服，佩水蒼玉，乘軺車。(同上引晋制。“制”疑“令”之訛。又見《通典》二十一。)

“秘書監

“秘書監品第五，(“五”疑“三”之訛)絳朝服，銅印墨綬，進賢兩梁冠，佩水蒼玉。(《唐六典》卷十《注》引晋令。又見《宋書·禮志》及《通典》二十六。)

“諸征鎮安平將軍。(《晋志》三品將軍著武冠，平上黑幘，五時朝服，佩水蒼玉。)

“鎮軍、撫軍、前後左右征虜、輔國、龍驤等將軍。(《宋書·禮志》，征、鎮、安、平、中軍、鎮軍、撫軍、左右後將軍、征虜、冠軍、輔國、龍驤將軍，金章紫綬，給五時朝服，武冠，佩水蒼玉。征虜下疑脱‘寇軍’二字。)

“鎮軍將軍金章紫綬，給五時朝服，武冠，佩水蒼玉。(《通典》三十四)

“輔國將軍，品第三。(《唐六典》卷五《注》引晋《官品令》)

“冠軍大將軍，金章紫綬，給五時朝服，武冠，佩水蒼玉。(同上，引晋令。)

“光禄大夫。(《晋志》，光禄大夫假銀章青綬者，品秩第三位，在金紫將軍下、諸卿上，著進賢兩梁冠，黑介幘，五時朝服，佩水蒼玉。)

“諸卿尹。(《晋志》，太常光禄勛、衛尉、太僕、廷尉、大鴻臚、宗正、大司農、少府、將作大匠、太后三卿、大長秋皆爲列卿。按《通典》，晋官品於大長秋别列，餘以諸卿尹括之，意者其標目本晋《官品令》之舊歟?)

“太常置功曹主簿五官等員，品第三，銀章青綬，進賢兩梁冠，五時朝服，佩水蒼玉。(《唐六典》十四《注》。又見《通典》二十四。）

“太常置主簿録事。（同上，引晉令。）

“光禄勛有寺丞功曹主簿五官等員。（《唐六典》十五《注》）

“光禄勛有主簿。（同上，引晉令。）

“衛尉屬官有冶令丞各一人，掌工徒鼓鑄。（《唐六典》二十二《注》）

“諸冶官庫各置督一人。（同上，引晉令。按此屬衛尉，故附於衛尉之下。）

“衛尉主簿二人。（《唐六典》十六《注》引晉令）

“太僕銀章青綬，五時朝服，進賢兩梁冠，佩水蒼玉，品第四。（‘四’疑‘三’之誤）丞一人，部丞五人，置公曹主簿五官等員。統典農、典虞都尉、典虞丞牧官都尉、左右中典牧都尉、典牧令、諸羊牧丞、乘黄、驊騮、龍馬三厩令。（《唐六典》十七《注》）

“大鴻臚置主簿録事史。（《唐六典》十八《注》引晉令）

“少府，銀章青綬，五時朝服，進賢兩梁冠，絳朝服，佩水蒼玉，品第三。統材官、校尉、中左右三尚方、中黄左右藏、左校、甄官、平準、奚官等令，左校、坊鄴、中黄左右藏、油官等丞。（《唐六典》二十二《注》）

“少府置主薄二人。（同上，引晉令。）

“將作大匠，置功曹主簿五官等員，掌土木之役。（《唐六典》二十三《注》）

“太子保傅。（《晉志》，泰始三年，始建太子太傅、少傅。愍懷建官，乃置六傅，三太三少，以景帝諱師，故改太師爲太保。自元康以後，諸傅或二、或三、或四、或六。渡江以後，有太傅少傅，不立師保。）

“太子太師，（‘師’應作‘保’，下同。）品第三，舊視尚書令，位在卿下。進賢兩梁冠，五時朝服。（《書鈔》六十五引晉《官品令》）

“太子太師，銀印青綬，佩水蒼玉。（同上，引晉《官品令》）

“太子太保，銀印青綬。(《通典》三十《注》引晋令)

“太子太傅，品第三。進賢兩梁冠，絳朝服，佩水蒼玉，銀章青綬。(《唐六典》二十六《注》引晋令)

“太子二傅，皆進賢兩梁冠，黑介幘，五時朝服，佩水蒼玉。(《通典》二十。又見《晋志》)

“大長秋。(《晋志》大長秋有后則置，無后則省。)

“太子詹事。

“詹事品第三，舊視中領護。(《書鈔》六十五引晋《官品令》)

“詹事，分清，兩梁冠，絳朝服，銀章青綬。(同上，引晋《官品令》。按《通典》三十，太子詹事銀印青綬，介幘，進賢兩梁冠，絳朝服，佩水蒼玉。“分清”當爲“介幘”之誤。)

“詹事，品第三，銀章青綬，絳朝服，兩梁冠。局事擬尚書令，位視領護將軍、中書令，長三率、中庶子、庶子、洗馬、舍人。(《唐六典》二十六《注》引晋令)

“司隸校尉。(《宋志》，司隸校尉，銀章青綬，給五時朝服，武冠，佩水蒼玉。)

“中領軍。(按中領軍、中護軍，《通典》列入第三品。《唐六典》以領軍列第三，中領軍、護軍、中護軍均列第四。考《晋志》漢建安中，改護軍爲中護軍，領軍爲中領軍。晋元帝永昌元年，省護軍并領軍。明帝太寧二年，復置領護，資重者爲領軍護軍，資輕者爲中領軍，中護軍是第三品，當爲領軍護軍。《通典》載宋官品，第三品亦爲領護軍，意者省置無常，故《官品令》標目，尚沿襲未改歟?)

“領軍品第三。金章紫綬，中領軍將軍第四品，銀章青綬，武冠，絳朝服，佩水蒼玉。(《唐六典》二十四《注》)

“中護軍。領、護皆金章紫綬，中領、中護銀章青綬，武冠，絳朝服，佩水蒼玉。(《通典》二十八)

“中護軍將軍、護軍將軍等並銀章青綬，武冠，絳朝服，品第

四。（《唐六典》卷二《注》）

“縣侯爵。（《宋志》，縣鄉亭侯，金印紫綬，朝服，進賢三梁冠。）

“第四品

“武衛。

“左右衛。

“左右二衛，各大將軍一人，品第四。銀章青綬，武冠，絳朝服，佩水蒼玉。（《唐六典》二十四《注》。又見《通典》二十七。）

“中堅。中壘。

“驍騎。

“游擊。（《晉志》，晉以領、護、左右衛、驍騎、游擊爲六軍。）

“游擊將軍四品。（《唐六典》卷五《注》引晉《官品令》）

“前軍。左軍。右軍。後軍。

“寧朔。建威。振威。奮威。廣威。建武。振武。揚武。廣武。五營校尉。左右積弩。積射。强弩。奮武等將軍。（按《晉志》，屯騎、步兵、越騎、長水、射聲等校尉，是爲五校。魏晉逮於江左，猶領營兵，即五營校尉是也，不得厠於各威武將軍之中，應别爲一條，疑傳寫者先後倒置。《宋志》，奮威下有揚威，故宋官品標目爲五威五武，此以奮武别列，又無揚威，疑有脱誤。）

“城門校尉。

“城門校尉品第四，秩二千石，銀章青綬，絳朝服，武冠，佩水蒼玉。（《唐六典》卷八《注》。又見《通典》二十一。）

“護軍監軍。（《宋志》，監軍，銀章青綬，給五時朝服，武冠，佩水蒼玉。）

“東、西、南、北中郎將。（《宋志》，東、西、南、北中郎將，銀印青綬，給五時朝服，武冠，佩水蒼玉。）

“州刺史領兵者。（《宋志》，州刺史，銅印墨綬，給五時朝服，進賢兩梁冠。）

“護匈奴中郎將。

“護羌戎夷蠻越烏桓校尉。（《宋志》，護匈奴中郎將、護羌戎夷蠻越烏丸戊己校尉，銅印墨綬。）

“御史中丞。

“御史中丞，督司百僚皇太子以下，其在行馬内有違法憲者，皆彈糾之；雖在行馬外而監司不糾，亦得奏之。（《傅咸傳》引令）

“都水使者。（《宋志》，御史中丞、都水使者，銅印墨綬，給五時朝服，進賢兩梁冠，佩水蒼玉。）

“都水使者一人，掌舟檝之事，官品第四。（《唐六典》二十二《注》）

“鄉侯爵。

“第五品

“給事中。

“給事中品第五，武冠，絳朝服。（《唐六典》卷八《注》引晉令二十一，晉給事中在散騎常侍下，給事黄門侍郎上，武冠，絳朝服。）

“給事黄門。

“給事黄門侍郎，品第五，秩六百石，武冠，絳朝服。（《唐六典》卷八《注》引晉令）

“給事黄門四人，與侍中掌文案，讚相威儀，典署其事。（《書鈔》五十八引晉《官品令》）

“給事黄門四人，大法駕出，次直黄門郎從駕。（同上，引晉《官品令》。）

“散騎。（《晉志》，散騎侍郎四人，通直散騎侍郎四人，員外散騎侍郎無員。）

“中書侍郎。

“中書侍郎四人，品第四。（‘四’疑‘五’之誤。）給五時朝服，進賢一梁冠。（《唐六典》卷九《注》引晉令）

“每一郎直西省，專掌詔草，更直省五日。從駕則正直從，次

直守。(《唐六典》卷九《注》)

“謁者僕射。(《宋志》，謁者僕射，銅印墨綬，給四時朝服，高山冠，佩水蒼玉。)

“虎賁中郎將。

“冗從僕射。(《宋志》，冗從僕射，銅印墨綬，給五時朝服，武冠。)

“羽林監。

“羽林左右監，品第五。銅印墨綬，武冠，絳朝服。其侍殿陛，著鶡尾冠，紗縠單衣。(《唐六典》二十五《注》。《宋志》，虎賁中郎將、羽林監，給四時朝服，武冠。其在陛列及陛鹵簿，鶡尾絳紗縠單衣。)

“太子中庶子。

“庶子。

“中庶子、庶子各四人，局擬散騎常侍，品第五，班同三令四率，次中書侍郎下。絳朝服，武冠，手巾幘。高功中庶子與高功中舍人共掌禁令，糾正違闕，侍臣左右，儐相威儀，盡規獻納，奏事文書，皆典綜之。釋奠，中庶子扶左，庶子扶右。(《唐六典》二十六《注》)

“家令。

“家令，品第五，銅印墨綬，進賢兩梁冠，絳朝服。(《唐六典》二十七《注》)

“率更令

“太子率更令一人，銅印墨綬，進賢兩梁冠，掌宫殿門户之禁，郎將屯衛之士，局擬光禄勛衛尉。(《唐六典》二十七《注》)

“僕。

“太子僕，銅印墨綬，進賢兩梁冠絳朝服，主輿馬親族，局擬太僕宗正。(《唐六典》二十七《注》)

“衛率。(《宋志》太子衛率，銅印墨綬，給五時朝服，武冠。)

“左右衛率，品第五，舊視中領護。(《書鈔》六十引晋令)

“凡太子出，前衛率導在前黄麾外，左右二率從夾導輿車，後衛率從在烏皮外，並載戟執刀。四率各丞一人，服視左右衛將軍，品第五，位中庶子。(《唐六典》二十八《注》)

“諸軍司。(《宋志》，諸軍司馬銀章青綬，朝服，武冠。按‘司’下疑脱‘馬’字。)

“北軍中候。(《宋志》，北軍中候，銅印墨綬，給四時朝服，武冠。)

“都督。

“護軍。

“讓匈奴中郎。

“西域代部護羌烏桓等校尉。

“禮見諸將軍。

“鷹揚、折衝、輕車、武牙、威遠、寧遠、虎威、材官、伏波、淩江等將軍。(《宋志》，鷹揚以下諸將軍，銀章青綬，給五時朝服，武冠。)

“牙門將。(《宋志》，牙門將，銀章青綬，朝服，武冠。)

“騎督。(《宋志》，騎都督守，銀印青綬，朝服，武冠。)

“安夷、撫夷護軍。(《宋志》，安夷撫軍、護軍，銀印青綬，五時朝服，武冠。)

“郡國太守相内史。

“守相内史，銀章青綬，進賢兩梁冠。(《通典》三十三)

“州郡國都尉。(《宋志》，州郡國都尉，銀印青綬，五時朝脂，武冠。)

“亭侯爵。

“第六品

“尚書左右丞。(《晉志》，左丞主臺内禁令，宗廟祠祀朝儀禮制，選用著吏急假。右丞掌臺内庫藏廬舍，凡諸器用之物，及廩振人租布刑獄兵器，督録遠道文書章表奏事。)

“左右丞銅印黄授，絳服，進賢一梁冠。(《唐六典》卷一

《注》）

“尚書郎。（《晉志》，尚書凡三十五曹，置郎二十三人，更相統攝。《宋志》，尚書郎朝服，進賢一梁冠。《唐六典》卷二《注》，吏部郎，品第五，諸曹郎，第六。）

“治書侍御史。（《晉志》，四人。）侍御史。（《晉志》，晉置侍御史九人，品同治書，有十三曹：吏曹、課第曹、直事曹、印曹、中都督曹、外都督曹、媒曹、符節曹、水曹、中壘曹、營軍曹、法曹、算曹。《宋志》，侍御史，朝服法冠。）

“諸督軍糧。

“奉車駙馬騎等都尉。（《宋志》，奉車駙馬騎都尉，銀印青綬，朝服，武冠。）

“諸博士。（《晉志》，晉初承魏制，置博士十九人。咸寧四年，置國子祭酒、博士各一人，又有太常博士，掌引導乘輿；王公以下應追謚者，則博士議定之。《宋志》，諸博士給皂朝服，進賢兩梁冠，佩水蒼玉。）

“國子博士品第六，介幘，兩梁冠，佩同祭酒。（《唐六典》二十一《注》）

“祭酒博士當爲訓範，總統學中衆事。（同上，引晉令。）

“國子祭酒，介幘，皂朝服，進賢兩梁冠，佩水蒼玉。（《通典》二十七）

“博士祭酒掌國子生，師事祭酒，執經葛巾單衣，終身致敬。（《類聚》四十六，據齊《職儀》引晉令。）

“博士皆取履行清淳，通明（《類聚》作清通淳明，兹從《書鈔》）典義，若散騎中書侍郎太子中庶子以上，乃得召試，諸生有法度者、及白衣試在高第，拜郎中。（《類聚》四十六引晉令。《御覽》三百三十六引晉令。《書鈔》六十七引晉令，無太子以下。）

“公府長史司馬。（《宋志》，公府司馬銅印墨綬，朝服，武冠。）

“公府長史官品第六，銅印墨綬，絳朝服，進賢兩梁冠。掾屬

官品第七，朝服，進賢一梁冠。(《宋書·禮志》引晋令)

“公府長史著朝服。(《南史·王儉傳》引晋令）從事中郎。

“二品將軍及諸大將軍特進都督中護軍長史司馬。

“廷尉正、監、平。(《晋志》，正、監、評廷尉屬官。《宋志》，廷尉正監平，銅印墨綬，給皂零辟朝服，法冠。)

“秘書郎、著作郎、丞郎。（按《晋志》，秘書監屬官有丞有郎。考《通典》載《宋官品標目》，亦爲秘書著作丞郎，此以丞郎别爲一條，疑誤。《晋志》，著作郎一人，謂之大著作郎，專掌史任，又署佐著作郎八人。)

“秘書丞，品第六，銅印墨綬，進賢一梁冠，絳朝服。(《唐六典》卷十《注》引晋令。又見《通典》二十六。)

“秘書郎中，品第六，進賢一梁冠，絳朝服。(同上，引晋令)

“秘書郎，掌中外五（《初學記》及《御覽》均作“三”）閣經書覆核閣事，(《初學記》作“覆校殘闕”，《御覽》作“復校闕遺”。）正定脱誤。(《書鈔》五十七，引晋官品令《初學記》十二，引晋令《御覽》二百二十三，引晋令《文選·褚淵碑文注》引晋令，秘書郎掌三閣經書，無覆核以下。)

“著作郎，品第六，進賢一梁冠，絳朝服。（《唐六典》卷十《注》引晋令，又見《通典》二十六。)

“著作郎，掌起居集注，撰録諸言行勛伐舊載史籍者。（《史通》引晋令）

“國史之任，委之著作，每著作郎初至，必撰名臣傳一人。(《史通》引晋令）

“著作佐郎，品第六，進賢一梁冠，絳朝服。(《唐六典》卷十《注》引晋令）

“黄沙治書侍御史。(《晋志》，黄沙獄治書侍御史一人，掌詔獄及廷尉不當者，皆治之。《宋志》，黄沙治書侍御史，銀印墨綬，朝服法冠。)

“諸護軍長史司馬。

“水衡典虞牧官典牧司鹽都尉。（《宋志》，水衡典虞牧官典牧都尉，銀印青綬，朝服，武冠。）

“水衡都尉置主簿一人，又左右前後中五水衡，皆有主簿。（《唐六典》二十三《注》引晋令）

“太子門大夫。

“太子門大夫，局准公申令。（疑“率更令”之誤）班同中舍人，主通遠近箋表，宮門禁防。（《唐六典》二十六《注》）

“度支中郎將校尉都督。

“材官校尉。

“王郡公侯郎中令、中尉、大農。（《晋志》，王下有郎中令、中尉、大農爲三郎。《宋志》，王郡公侯郎中令、大農，銅印青綬，朝服，進賢兩梁冠。）王傅師及國將軍。（《晋志》，王置師友、文學各一人，景帝諱，故改，“師”爲“傅”。友者，因文王仲尼四友之名號。按“傅師”疑“傅友”之訛，《宋官品》亦作師友。）

“諸王置友一人，品第六，進賢一梁冠，絳朝服。（《唐六典》二十九《注》）

“諸縣置令秩千石者。（《晋志》，縣大者置令，小者置長。《宋志》，諸縣署令秩千石者，銅印墨綬，朝服，進賢兩梁冠。）

“縣千户以上，州郡五百以上，皆爲令；不滿此爲長也。（《書鈔》七十八引晋令）

“太子侍講門大夫。

“中舍人。

“司馬督。

“太子常從虎賁千人督校尉。

“督守殿中將軍。（《宋志》，殿中將軍，銀章青綬，四時朝服，武冠。）

“黄門令。

“黄門冗從僕射。

“關内名號侯爵。（《宋志》，關内關中名號侯，金印紫綬，朝服，進賢兩梁冠。）

“第七品

“殿中監。　（《宋志》，殿中監，銅印墨綬，給四時朝服，武冠。）

“諸卿尹丞。（《晉志》，列卿各置丞。《宋志》，諸卿尹丞，銅印墨綬，朝服，進賢一梁冠。《唐六典注》，晉諸卿丞，銅印黃綬。）

“太史令，品第七，秩六百，銅印墨綬，進賢一梁冠，絳朝服。（《唐六典》卷十《注》引晉令）

“司徒丞，品第七，進賢一梁冠，介幘皂衣，銅印黃綬。（《唐六典》十九《注》，又見《通典》二十六。）

“宗匠屬官有太醫令丞，銅印墨綬，進賢一梁冠，絳朝服，品第七。（《唐六典》十四《注》）

“符節御史。（按《晉志》，引晉《官品令》第七品；又有禁防御史，《通典》標目不載，附識於此。）

“獄丞部丞。　（《宋志》，獄丞，銅印墨綬，朝服，進賢一梁冠。）

“獄左右丞一人。（《唐六典》十八《注》引晉令）太僕有部丞五人。（《唐六典》十七《注》）

“黃沙典事。

“太子保傅詹事丞。

“詹事丞一人，品第七，銅印墨綬，進賢一梁冠，皇（疑皂之誤）朝服，局擬尚書左右丞。（《唐六典》二十六注引晉令）

“諸軍長史司馬秩六百石者。（《宋志》，諸軍長史，銅印墨綬，朝服，進賢一梁冠。）

“護匈奴中郎將，護羌戎夷蠻越烏桓校尉長史司馬。

“北軍中候丞。（《宋志》，北軍中候丞，銅印黃綬，朝服，進賢一梁冠。）

“城門五營校尉司馬。（《宋志》，城長五營校尉司馬，銅印墨綬，朝服，武冠。）

“宜禾伊吾都尉。

“公保傅相郎中令。

“淮海津都尉。

“門下中書通事舍人。

“中書通事舍人，品第七，絳朝服，武冠。（《唐六典》卷九《注》引晋令）

“舍人通事事兼謁者之任。（同上，引晋令。）通事舍人，武冠，絳朝服，掌呈奏案章。（《通典》十一）

“尚書曹典事。（《宋志》，尚書曹典事，朝服，進賢一梁冠。）

“太子洗馬。

“太子洗馬八人，掌皇太子圖籍經書，職如謁者，局準秘書郎，品第七，班同舍人。次中書舍人下，絳朝服，進賢一梁冠，黑介幘。（《唐六典》二十六《注》，又見《通典》三十。）

“食官令舍人。

“黄門中郎將校尉都督。

“諸縣置令六百石者。

“左右都候。

“閶闔門司馬。

“城門候。（《宋志》，左右都候、閶闔門司馬、城門候，銅印墨綬，朝服，武冠。）

“尚藥監。

“大官食監。

“崇德殿大監、尚衣尚食大監，并銀章艾綬，二千石。崇華殿大監、元華食監、都監、上監，銅印墨綬、千石。女使、賢人、蔡人、中使、大使，碧綸綬。（《唐六典》十二引晋令）

“中署監。

“小黄門。（《宋志》，小黄門，給四時朝服，武冠。）諸署令僕射謁者。

“藥長寺人監。

“副牙門將。

“部曲部督殿中。

“中黄門尉都尉。

“黄門諸署丞長史。（《宋志》，黄門諸署丞，銅印黄綬，給四時朝服，進賢一梁冠。黄門諸署史，給四時朝服，武冠。）

“中黄門。（《宋志》，中黄門，給四時科單衣，武冠。）

“太中中散諫議大夫議郎。（《宋志》，太中中散諫議大夫議郎，朝服，進賢一梁冠；秩千石者兩梁冠。）

“關外侯爵。（《宋志》，關外侯，銀印青綬，朝服，進賢兩梁冠。）

“第八品

“門下中書主事通事。（《宋志》，門下主事，給四時朝服，武冠。《唐六典》卷八注，門下主事品第八。）

“散騎集書、中書、尚書、秘書、著作、治書、主書、主圖、主譜、令史。（《宋志》，散騎集書、中書、尚書、令史、秘書、著作、治書、主書、主璽、主譜、令史，朝服，進賢一梁冠。）

“郡國相内史丞長史。

“烏桓西域代部騎馬。

“四安、四平長史司馬。（《晋志》，三品將軍置長史司馬各一人，秩千石。）

“水衡、典虞、牧官、典牧、材官、州郡國都尉司馬。（《宋志》，水衡、典虞、牧官、典牧、材官、州郡國都尉司馬，銅印墨綬，朝服，武冠。）

“司鹽司竹監丞。

“諸縣令長相。

“關谷長。（《宋志》，關谷長，銅印墨綬，朝服，進賢一梁冠。）

“諸縣署令千石之丞尉。（《宋志》，諸縣署丞，銅印黄綬，朝服，進賢一梁冠。）

“諸縣道尉，銅印黄綬，朝服，武冠。(《通典》三十三)

“王郡公侯諸侍郎諸雜署令。

“王太妃公主家令。

“副散督司馬長史。

“部曲將郡中都尉司馬。

“羽林郎。

“黄門從官。（《宋志》，黄門諸署從官，給四時科單衣，武冠。)

“寺人中郎郎中。

“雜號宣威將軍以下。(《宋志》，宣威將軍以下至裨將軍，銅印，朝服，武冠。)

“第九品

“蘭臺謁者、都水黄沙令史。(《宋志》，蘭臺謁者、都水使者令史，朝服，進賢一梁冠。)

“門下散騎中書尚書秘書令史。

“門下令史，品第九。(《唐六典》卷八《注》)

“中書令史，品第九。(同上卷九《注》)

“秘書令史，品第九。(同上卷十《注》)

“秘書閣有令史，掌衆書。(《南齊書·百官志》引晋令)

“殿中蘭臺謁者都水黄沙書令史。

“諸縣署令長相之丞尉。

“關谷塞護道尉。(《宋志》，諸縣尉關谷塞護道尉，銅印黄綬，朝服，武冠。)

“王郡公侯諸署長。（《宋志》，王公侯諸署令長，銅印墨綬，朝服，進賢一梁冠。)

“司理治書謁者中大夫署丞。(《宋志》，司理治書，銅印墨綬，朝服，進賢一梁冠。)

“王太妃公主家丞。（《宋志》，公主家丞，銅印黄綬，朝服，進賢一梁冠。)

“僕舍人。

“副散部曲將。

“武猛中郎將校尉。

“别部司馬、軍司馬、假司馬。（《宋志》，别部司馬、軍假司馬，銀印，朝服，武冠。）

“右内外文武官六千八百三十六人，（内八百九十四人，外五千九百四十二人。）内外諸色職掌一十一萬一千八百三十六人，都計内外官及職掌人一十一萬八千六百七十二人。（《通典》三十七）

“諸去官者從故官之品。其除名，不得從例。（《通典》九十，晋《崇氏議》引令。）

“年九十，乃聽悉歸。（《庾純傳》引令）

“犯免官錮三年。（《御覽》六百五十引晋令按以上三條，疑亦官品令佚文，附録於末。）

“吏員令

“諸郡國不滿五千以下，置幹吏二人。（《後漢書·欒巴傳》注引晋令）

“諸津渡二十四所，各置監津吏一人。（《唐六典》二十三《注》引晋令）

“諸官有秩梔子守護者，置吏一人。（《類聚》八十九引晋令，《御覽》九百五十九引晋令，梔子作支子。）

“諸官有梨守護者，置吏一人。（《御覽》九百六十九引晋令）

“諸官有秩者守護橙者，置吏一人。（《御覽》九百七十一引晋令）

“閬中縣置守黄甘吏一人。（《御覽》九百六十六引晋令）

“俸廩令（無考）

“服制令

“冠十三品。（《南齊書·輿服志》引晋《服制令》）

“婕妤，銀印青綬，佩珠璫玉。（《御覽》一百四十四引晋《服制令》）

“皇太子給五時朝服，遠游冠。(《隋書·禮儀志》引晉令)

“皇太子諸王給遠游冠。(同上，引晉令。)

“皇太子及妃諸王纁（《初學記》作玄）朱綬；郡公主朱綬，郡侯青朱綬。(《御覽》六百八十二引晉令)

“皇太子妃佩瑜玉。諸王郡公、太宰、太傅、太保、司空、諸長公主、諸王世子、大司馬、大將軍、太尉佩玄玉。(《御覽》六百九十二引晉令)

“郡公侯太夫人、中人，銀印青綬，佩水蒼玉。(《唐六典》卷二《注》引晉令)

“三貴人，曲蓋；九嬪，直蓋，皆信幡。（《唐六典》十二《注》引晉令)

“旄頭羽林，著韋腰襦。(《御覽》三百九十五引晉令)

“第三品已下，得服雜杯之綺。第六品已下，得服七綵綺。(《御覽》八百十六引晉令)

“第六品已下，不（《初學記》引無不字）得服羅綃。(同上，引晉令，《初學記》二十七引晉令。)

“第六品已不得服今縝綾錦，有私織者，録付尚方。(《類聚》八十五引晉令。按‘已’字下疑脱‘下’字。)

“六品已下，得服金釵以蔽髻。(《御覽》七百十八引晉令)

“第七品已下始服金釵，第三品已上蔽結爵釵。(《書鈔》一百三十六引晉令)

“步摇蔽髻，皆爲禁物。(《御覽》七百十五引晉令)

“山鹿、白豹、游毛狐、白貂領、黄貂班、白鼲子、渠搜國裘，皆禁服也。(《御覽》六百九十四引晉令，《初學記》二十六引晉令，禁服作‘禁物’。) 織成衣爲禁物。(《御覽》八百十六引晉令) 錦帳爲禁物。(《御覽》六百九十九引晉令) 士卒百工，履色無過緑青白，婢履色無過紅青。市儈賣者，皆當著巾帖額，題所繪賣者及姓名，一足著黑履，一足著白履。(《御覽》六百九十七及八百二十八引晉令，《初學記》二十六引晉令，紅青作‘純青’。)

“士卒百工都得著假髻。（《御覽》七百十五引晋令）

“士卒百工，不得服真珠璫珥。（《御覽》八百零二引晋令，《書鈔》一百三十五引晋令）

“士卒百工，不得服犀玳瑁。（《御覽》八百零七引晋令）

“士卒百工，不得服越疊。（《御覽》八百二十引晋令）

“百工不得服大絳紫襈、假髻、真珠璫珥、文犀瑇瑁、越疊以飾路張乘犢車。（《御覽》七百七十五引晋令）

“女奴不得服金釵。（《御覽》七百十八，引晋令。）朝服皂緑中單衣。（《御覽》六百九十一，引晋令。）

“祠令

“郡縣國祠社稷先農，縣又祠靈星。（《北史·劉芳傳》引晋《祠令》）

“户調令

“丁男之户，歲輸絹三匹，綿三斤。女及次丁男爲户者半，輸其諸邊郡或三分之二，遠者三分之一。夷人輸賨布户一匹，遠者或一丈。男子一人占田七十畝，女子三十畝，其外丁男課田五十畝，丁女二十畝，次丁男半之，女則不課。男女年十六已上、至六十爲正丁，十五已下至十三、六十一已上至六十五爲次丁，十二已下六十六已上爲老小，不事。遠夷不課田者，輸義米户三斛，遠者五斗，極遠者輸算錢，人二十八文。（《食貨志》引户調式）

“其趙郡中山常山國輸縑當絹者、及餘處常輸疏布當綿絹者，縑一匹當絹六丈，疏布一匹當絹一匹，絹一匹當綿三斤。舊制，人間所織絹布等，皆幅廣二尺二寸，長四十尺爲一端，令任服，後乃漸至濫惡，不依尺度。（《初學記》二十七引晋令）

“其上黨及平陽輸上麻二十二斤，下麻三十六斤，當絹一匹，課應用者枲麻加半畝。（《御覽》九百九十五引晋令）

“其夷民守護棕皮者，一身不輸之。（《類聚》八十九引晋令，《御覽》九百五十九引晋令。）

“佃令

“其應有佃客者，官品第一第二者，佃客無過五十户；第三品十户；第四品七户；第五品五户；第六品三户；第七品二户；第八品第九品一户。（《食貨志》按，此疑佃令佚文。）

“復除令

“無子而養人子以續亡者，後於事役復除無回避者聽之，不得過一人。（《通典》六十九東晋《養兄弟子爲後後自生子議》杜瑗引令）

“關市令

“諸度關及乘船筏上下經津者，皆有所寫一通付關吏。（《御覽》五百九十八引晋令）

“坐廬使者，皆不得宿肆上。（《御覽》八百二十八引晋令）

“欲作漆器物賣者，各先移主吏者名乃得作，皆當淳漆著布骨，器成，以朱題年月姓名。（《御覽》七百五十六引晋令）

“捕亡令

“奴始（《御覽》作‘婢’）亡，加銅青若墨黥兩眼從（《御覽》作後）；再亡，黥兩頰上；三亡横黥目下。皆長一寸五分，廣五分。（《酉陽雜俎》卷八引晋令，無廣五分三字。《御覽》六百四十八引晋令。）

“獄官令

“獄屋皆當完固，厚其草蓐，切無漏濕。（《書鈔》四十五引晋令）

“獄屋皆當完固，厚其草蓐，家人餉饋，獄卒爲温煖傳致，去家遠無餉饋者，悉給廩，獄卒作食，寒者與衣，疾者給醫藥。（《御覽》六百四十三引晋令）

“死罪二械加拳手。（《御覽》六百四十四引晋令）

“鞭杖令

“應得法杖者，以小杖過五寸者稍行之，應杖而髀有瘡者臀也。（《書鈔》四十五引晋令）

“杖皆用荆，長六尺，制杖大頭圍一寸，尾三分半。（同上，引晋令。）

“鞭皆用牛皮生革廉成，法鞭生革去四廉。（同上，引晋令。）

“應得法鞭者，執以鞭過五十稍行之，有所督罪，皆隨過大小。大過五十，小過二十，鞭皆用牛皮革廉成，法鞭生革去四廉，常鞭用熟靼，（之利反、柔革也。）不去廉，作鵠頭，紉長一尺一寸，鞘長二尺二寸，廣三分，厚一分，柄皆長二尺五寸。（《御覽》六百四十九引晋令）

“應受杖而體有瘡者督之也。（《御覽》六百五十引晋令）

“醫藥疾病令（無考）

“喪葬令

“乘傳出使遭（《御覽》引遭下有‘期’字）喪以上，即自表聞，聽得（《御覽》引無‘得’字）白服乘騾車，到副使攝事。（《宋書·禮志》引晋令，《御覽》七百九十七引晋令。）

“諸葬者不得作祠堂碑石獸。（《文選·任彦昇〈爲范始興作求立太宰碑表〉》注引晋令，《御覽》五百八十九引晋令云，諸葬者皆不得入祠堂石碑石表石獸，文小異。）

“諸侯卿相官屬爲君斬衰，既葬而除。（《丁潭傳》引令）

“長吏卒，官吏皆齊衰，以喪服理事，若代者至，皆除之。（《通典》卷九十九引晋喪葬令）

“雜令（無考）

“門下散騎中書令（無考）

“尚書令（無考）

“三臺秘書令（無考）

“王公侯令

“王公之太子攝命治國者，安車駕三旂七鎏，其侯太子五鎏。（《宋書·禮志》引晋令）

“軍吏員令（無考）

“選吏令（無考）

“選將令

“選三部司馬，皆限力舉千二百斤以上。前驅司馬取便大戟。由基司馬取能挽一石七斗以上弓。(《御覽》三百八十六引晋令)

“選雜士令（無考)

“宫衛令

“車駕出入，相風前引。(《類聚》六十八引晋令）車駕出入，相風已前侍御史令史主之。(《御覽》卷九引晋令)

“贖令（無考)

“軍戰令

“弓弩士習弓（《御覽》引‘習’下無‘弓’字）射者，給竹弓角弓，皆二人一張。(《初學記》二十二引晋令，《御覽》三百四十七引晋令。)

“兩頭進戰，視麾所指，聞三金音止，二金音還。(《御覽》三百四十一引晋令)

“軍列營，步騎士以下皆著兜鍪。(《御覽》三百五十六引晋令)

“軍水戰令

“水戰有飛雲船、蒼隼船、先登船、飛鳥船。(《初學記》二十五引晋令)

“水戰飛雲舟，相去五十步；蒼隼舡，相去四十步。(《書鈔》一百三十七引晋令)

“水戰飛雲船，相去五十步；蒼隼船，相去四十步；金船，相去三十步；小兒先登飛鳥船，相去五十步。(《御覽》七百六十九引晋令)

“水戰有飛蒼隼船。(《御覽》七百七十引晋令)

“軍法令

“誤舉烽燧，罰金一斤八兩，故不舉者，棄市。(《御覽》七百三十四引晋令)

“雜法令（無考)

“下列諸條，不敢定爲屬於某篇，姑附於末。朔望，集公卿於

朝堂而論政事。(《魏書·穆崇傳》引晋令)

“殺人父母，徙之二千里外。(《南史·傅隆傳》引舊令)

“凡流徙者，同籍親近欲相隨者，聽之。(同上，引令。)

“大小中正爲内官者，聽月三會議上東門外，設幔陳席。(《通典》三十二《注》引晋令)

“常以蝗向生時，各部吏案行境界，行其所由勒生苗之内，皆令周遍。(《類聚》一百引晋令)

“居洛陽内園菜欲課以當者耳其引長流，灌紫葱可各三畝。(《類聚》八十二引晋令，《齊民要術》卷二注云，晋令有紫葱。)

“承尉以官舍有桑果皆給之，其無桑及不滿三百株，皆使吏卒隨間於官舍種桑，滿三百株。(《類聚》八十八引晋令)

“使信節，皆鳥書之。(《御覽》六百八十一引晋令)

“諸有虎，皆作檻穽籬栅，皆施篰。捕得大虎，賞絹三匹，子半之。(《御覽》八百零九引晋令)

“蜜工收蜜十斛，有能增二升者，賞穀十斛。(《御覽》八百五十九引晋令)

“凡民不得私煮鹽，犯者四歲刑，主吏二歲刑。(《御覽》八百六十五引晋令，《書鈔》一百四十六引晋令。)

“翡鳥不得西度隴。(《御覽》九百二十四引晋令)

“晋假寧令

“諸内外官五月給田假，九月給受衣假，爲兩番，各十五日。田假若風土異宜，種收不等，通隨給之。(《御覽》六百三十四，范寧啓國子生假故事引假寧令)

“諸百官九品私家附廟除程給假五日，四時祭祀各給假四日，去任所三百里内，亦給程。(同上)

“諸文武官若流外已上者，父母在，三年給定假三十日；其拜墓，五年一假七日，并除程。若已經還家者，計還後給。其五品已上所司審勘，當於事每闕者奏，不得輒自奏請。親冠假三日，五服内親冠給假一日，并不給程。(同上)

“諸昏給假九日，除程。周親昏嫁五日，大功五日，小功已下一日，并不給程。以下無主者、百里内除程者、本服周親已上疾病危篤、遠行久别及請急難，并量給假。(同上)

“急假者一月五急，一年之中以六十日爲限。千里内者疾病申延二十日，及道路解故九十五日。(《初學記》二十引晋令)

“晋詔條

“魏咸熙二年十一月，晋王令諸郡中正以六條舉淹滯，一曰忠恪匪躬，二曰孝敬盡禮，三曰友於兄弟，四曰潔身勞謙，五曰信義可復，六曰學以爲己。(《武帝紀》)

“永和元年四月，詔會稽王昱録尚書六條事。二年二月，以左光禄大夫蔡謨領司徒，録尚書六條事。(《穆帝紀》)

“《晋刺史六條制》一卷。(《隋書·經籍志》)

“泰始二年十二月，班五條詔書於郡國，一曰正身，二曰勤百姓，三曰撫孤寡，四曰厚本息，五曰去人事。(《武帝紀》)

“班五條詔十卷，亡。(《隋書·經籍志》)

“宋百官志，晋康帝世，何充表曰：咸康中分置三録，王導録其一，荀崧陸曄各録六條事，然則以有二十四條。若止有十二條，則荀陸各録六條，導又何所司乎？其後每置二録，輒云各掌六條事，又是止有十二條。晋江右有四録，則四人參録，江右張華、江左庾亮并經關尚書七條，亦不知皆何事也。(《玉海》)

“晋故事

“秀創制朝儀，廣陳刑政，朝廷多遵用之，以爲故事。(《裴秀傳》)

“其常事品式章程，各還其府爲故事。(《刑法志》)

“孝綽子諒，字有信，少好學，有文才，尤博悉晋代故事，時人號曰皮裹晋書。(《梁書·劉孝綽傳》)博涉多通，尤悉魏晋以來吉凶故事。(《梁書·范岫傳》)

“《晋故事》四十三卷，《晋建武故事》一卷，《晋咸和咸康故事》四卷，晋孔愉撰《晋修復山陵故事》五卷，車灌撰《晋八王故事》十卷，《晋宋舊事》一百三十五卷，《晋東宫舊事》十卷，《晋雜議》十卷，《晋彈事》十卷（《唐志》作九卷），《晋駁事》四卷。（《隋書·經籍志》）

"《晋太始太康故事》八卷，孔愉《晋建武咸和咸康故事》四卷，《晋建武以來故事》三卷，《晋氏故事》三卷，《晋故事》四十三卷，《晋諸雜故事》二十二卷，車灌《晋修復山陵故事》五卷，《晋八王故事》十二卷。（《唐書·藝文志》）

"晋賈充等撰律令，兼删定當時制詔之條，爲故事三十卷，與律令并行。（《唐六典》注）

"按《隋志》云，漢初蕭何定律九章，其後漸更增益，令甲已下，盈溢架藏。晋初杜預，删而定之，有律、有令、有故事。是故事亦多關於律也。"

[21]弟子百人皆爲郎：原本、宋本、殿本"郎"下有"中"字，據中華本校勘記删。

其後，明法掾張裴又注律，[1]表上之，其要曰：

律始於《刑名》者，所以定罪制也；終於《諸侯》者，所以畢其政也。王政布於上，諸侯奉於下，禮樂撫於中，故有三才之義焉，其相須而成，若一體焉。

[1]明法掾張裴：中華本校勘記："《斠注》：'裴'誤。按：《南齊書·孔稚珪傳》、《隋書·經籍志》二、《新唐書·藝文志》二、《書鈔》四五、《御覽》六三八、六四二皆作'斐'。"

《刑名》所以經略罪法之輕重，正加减之等差，明發衆篇之多義，補其章條之不足，較舉上下綱領。其犯盜賊、詐僞、請賕者，則求罪於此，作役、水火、畜養、守備之細事，[1]皆求之作本名。告訊爲之心舌，捕繫爲之手足，斷獄爲之定罪，名例齊其制。[2]自始及終，往而不窮，變動無常，周流四極，上下無方，不離於法律之中也。

[1]作役：勞作苦役。清沈家本《歷代刑法考》考述晋及前代歷代“工役”之法説：

“《史記·始皇紀》：三十四年，適治獄吏不直者，築長城及南越地。

“《漢書·惠紀》：三年六月，發諸侯王、列侯徒隸二萬人城長安。

“《武紀》：元狩三年，發謫吏穿昆明池。注如淳曰：‘《食貨志》：（以）〔於〕舊吏弄法，故謫使穿池，更發有貲者爲吏也。’

“《食貨志》：於是除千夫、五大夫爲吏，不欲者出馬；故吏皆謫令伐棘上林，作昆明池。

“《昭紀》：元鳳六年春正月，募郡國徒築遼東玄菟城。

“《後漢書·光武紀》：建武二十六年，雲中、五原、朔方、北地、定襄、雁門、上谷、代八郡民歸於本土。遣謁者分將施刑補理城郭。

“按：秦、漢發罪人以充役在尋常力役之外，其故有二：一則正卒不足又役及有罪之人，如始皇之適吏築城是也；一則不欲勞民故以罪人充役，如惠帝發徒隸城長安是也。其事同其意則不同矣。《昭紀》言‘募’，當是願充役者，役之不强迫也。始元、元鳳之間，以息民爲心，霍光之功德豈可没哉？建武時之遣弛刑補理邊郡城郭與秦之開邊謫戍亦大不相同。王莽之亂，百姓虚耗，故發罪人以充役，既可省良民之遠築，又可使有罪者服勞而思善，策之最便者也。

“《漢舊儀》：秦制：凡有罪，男髡鉗爲城旦。城旦者，治城也。女爲舂。舂者，治米也。皆作五歲。完四歲，鬼薪三歲。鬼薪者，男當爲祠祀鬼神伐山之薪蒸也；女爲白粲者，以爲祠祀擇米也，皆作三歲。罪爲司寇，司寇男備守，女爲作如司寇，皆作二歲。男爲戍罰作，女爲復作，皆一歲到三月。

“按：城旦以下罪，並工役之事。

“《漢書·百官公卿表》：司隸校尉，周官，武帝征和四年初置。持節，從中都官徒千二百人。注師古曰：‘以掌徒隸而巡察，故云司隸。中都官，京師諸官府也。’

“按：中都官，謂京師諸官府，是漢時京師諸官府皆有徒隸以供役。《宣紀》‘發三輔、中都官徒弛刑，詣金城’，謂三輔屬縣及諸官府之徒也。《百官公卿表》‘少府屬官導官，令主擇米’，似女徒之白粲，即供導官之役使者。《衛青傳》‘青嘗從人至甘泉居室，有一鉗徒相青’，甘泉居室亦少府屬官之一，既有鉗徒供役使。又《龐參傳》‘坐法輸作若盧’，若盧，官名，亦屬少府，詔獄所在亦有輸作之人，是少府有徒隸也。《韋彪傳》‘坐論輸左校’，《李燮傳》‘輸作左校’，《史弼傳》‘論輸左校’，《皇甫規傳》‘論輸左校’，《李膺傳》‘輸作左校’，《劉祐傳》‘輸左校’，《蔡衍傳》‘曹鼎輸作左校’，左校，官名，屬將作大匠。《續漢書·百官志》‘將作大匠，屬官左校令一人，掌左工徒；右校令一人，掌右工徒’，是將作大匠有徒隸也。《伍被傳》‘上林有水司空，主囚徒者’，水司空屬水衡都尉，是水衡都尉有徒隸也。此漢時諸官府並有徒隸供役之證。《昭紀》《趙充國傳》並云‘三輔、太常徒’，當時諸陵縣屬太常，故徒隸之屬於太常者視他官府爲多矣。

“《宣紀》：女徒。(詳總考)

“按：時曾孫在襁褓，收繫郡邸獄，女徒趙徵卿、胡組更乳養之。郡邸長、丞屬大鴻臚，主諸郡邸之在京師者，女徒乳養亦充役也。又《平紀》‘女徒歸家，顧山錢月三百’，應劭謂‘舊刑鬼薪，取薪於山以給宗廟，今使女徒出錢顧薪，故曰顧山也’，是顧山即鬼薪也。

"《成紀》：鐵官徒。(詳徒)

"按：《紀》稱潁川鐵官徒、山陽鐵官徒。《續漢書·郡國志》'潁川郡屬縣陽城有鐵'，西漢當有鐵官，故有徒以供役。山陽無聞。

"《文紀》注蘇林曰：'一歲爲罰作，二歲刑以上爲耐。'

"按：鬼薪也，城旦也，白粲也，舂也，皆工役之專務，即此以爲罪名。若罰作，若耐，則不名一事，但視其所能者役之。鐵官，其一端也。"

[2]名例齊其制：中華本校勘記："《通典》一六四、《通考》一六四'制'上有'法'字。"

其知而犯之謂之故，意以爲然謂之失，違忠欺上謂之謾，背信藏巧謂之詐，虧禮廢節謂之不敬，兩訟相趣謂之鬥，兩和相害謂之戲，無變斬擊謂之賊，不意誤犯謂之過失，逆節絶理謂之不道，陵上僭貴謂之惡逆，將害未發謂之戕，唱首先言謂之造意，二人對議謂之謀，制衆建計謂之率，不和謂之强，攻惡謂之略，三人謂之群，取非其物謂之盜，貨財之利謂之贓：凡二十者，律義之較名也。

夫律者，當慎其變，審其理。若不承用詔書，無故失之刑，當從贖。謀反之同伍，實不知情，當從刑。此故失之變也。卑與尊鬥，皆爲賊。鬥之加兵刃水火中，不得爲戲，戲之重也。向人室廬道徑射，不得爲過，失之禁也。都城人衆中走馬殺人，當爲賊，賊之似也。過失似賊，戲似鬥，鬥而殺傷傍人，又似誤，盜傷縛守似强盜，呵人取財似受賕，囚辭所連似告劾，諸勿聽理似故縱，持質似恐猲。如此之比，皆爲無常之格也。

五刑不簡，正於五罰，[1]五罰不服，正於五過，意善功惡，以金贖之。故律制，生罪不過十四等，死刑不過三，徒加不過六，[2]囚加不過五，累作不過十一歲，累笞不過千二百，刑等不過一歲，金等不過四兩。月贖不計日，日作不拘月，歲數不疑閏。不以加至死，并死不復加。不可累者，故有并數；不可并數，乃累其加。以加論者，但得其加；與加同者，連得其本。不在次者，不以通論。以人得罪與人同，以法得罪與法同。侵生害死，不可齊其防；親疏公私，不可常其教。禮樂崇於上，故降其刑；刑法閑於下，故全其法。是故尊卑叙，仁義明，九族親，王道平也。

[1]正於五罰：不够以五刑處置的，處以相應的五種贖金之罰。《尚書·吕刑》："五辭簡孚，正於五刑。五刑不簡，正於五罰。"孔安國傳："不簡核，謂不應五刑，當正五罰，出金贖罪。"

[2]徒：古代刑罰之一。清沈家本《歷代刑法考》考述晋及前代歷代徒刑説：

"《書·説命》：説築傅巖之野。傳：'傅氏之巖在虞、虢之界，通道所經，有澗水壞道，常使胥靡刑人築護此道。説賢而隱，代胥靡築之，以供食。'疏：'《史記·殷本紀》云，是時説爲胥靡，築於傅險。晋灼《漢書音義》云，胥，相也。靡，隨也。古者相隨坐，輕刑之名。言於時築傅險則以杵築地。傅説賢人，必身不犯罪，言其説爲胥靡，當是時代胥靡也。皇甫謐云，高宗夢天賜賢人胥靡之衣，蒙之而來，且云我徒也，姓傅名説，天下得我者豈徒也哉？武丁悟而推之曰，傅者相也，説者歡悦也，天下當有傅我而説民者哉？明以夢視百官，百官皆非也，乃使百工寫其形象，求諸天下。果見築者胥靡衣褐，帶索執役於虞、虢之間傅巖之野。名説，以其得諸傅巖，謂之傅説。案：謐言初夢即云姓傅名説，又言得之傅巖謂之傅説，其言自不相副。謐惟見此書，傅會爲近世之語，其言非實事也。'《漢書·楚元王傳》：申公、白生獨留。王戊稍淫暴，二十年，爲薄太后服私奸，削東海、薛郡，乃與吴通謀。二人諫，不聽，胥靡之，衣之赭衣，使杵臼雅舂於市。注應劭曰：'《詩》云"若此無罪，淪胥以鋪"。胥靡，刑名也。'晋灼曰：'胥，相也。靡，隨也。古者相隨坐輕刑之名。'師古曰：'聯繫使相隨而服役之，故謂之胥靡，猶今之役囚徒以鎖聯綴耳。晋説近之，而云隨坐輕刑，非也。'

"按：胥靡之名，惟見此二事，他無可證。傅説事疑爲周代圜土罷民之比，弗使冠飾而任之以事者，古者未聞罪人以徒爲名。皇甫謐之説，孔疏謂傅會爲近世之語是也。申公、白生杵臼雅舂，似即城旦舂之舂，觀本《傳》語意，亦不以胥靡爲罪名，應劭之説恐未必是，晋灼注顔已駁之。《周禮·秋官·大司寇》：以嘉石平罷民。凡萬民之有罪過而未麗於法而害於州里者，桎梏而坐諸嘉石，役諸司空。重罪旬有三日坐，期月役；其次九日坐，九月役；其次七日坐，七月役；其次五日坐，五月役；其下罪三日坐，三月役。使州里任之，則宥而舍之。《司圜》：掌收教罷民。凡害人，弗使冠飾而加明刑焉，任之以事而收教之。能改者，上罪三年而舍，中罪二年而舍，下罪一年而舍。其不能改而出圜土者，殺。雖出三年不齒。

"按：肺石之制與今之枷號相似，特此制既坐而又役之，與枷號不同。圜土之制實爲後來徒罪之所自昉，三年、二年、一年亦徒分五等之所昉，特此則聚而教之，後之徒罪但屬於官，不以圜土聚之，此與徒罪之不同者也。今日東西各國監禁習藝之法則甚爲近之。

“《周禮·天官·大宰》：胥十有二人，徒百有二十人。注：‘此民給徭役者，若今衛士矣。胥讀如諝，謂其有才智爲什長。’疏：‘胥有才智爲什長，徒給使役，故一胥十徒也。《王制》云，下士視上農夫食九人，禄足以代耕。則府食八人，史食七人，胥食六人，徒食五人，禄其官並亞士，故號庶人在官者也。鄭云，若今衛士者，衛士亦給徭役，故以漢法况之。’《小宰》：掌百官府之徵令，辨其八職。七曰胥，掌官叙以治叙。八曰徒，掌官令以徵令。注：‘治叙，次序官中，如今侍曹伍伯傳吏朝也。徵令，趨走給召呼。’疏：‘云治叙次序官中者，既有才智爲什長，當次序官中，須人驅役之，處則科次其徒，故云次叙官中也。云如今侍曹伍伯傳吏朝也者，漢時五人爲伍。伯，長也，是五人之長。言傳吏朝也者，傳在朝群吏諸官事務於朝也。云徵令趨走給召呼者，其徒止爲在朝趨走，供給官人召呼使役之事也。’

“按：徒，使也（《廣雅·釋詁》），衆也。（《公羊·昭八年傳》注）《周禮·地官·司徒》疏鄭目録云，司徒主衆徒。《詩·綿》‘乃召司徒’，箋‘司徒，役之事’。《荀子·王霸》篇注‘人徒謂胥徒，給徭役者也’。《易·象上》傳‘舍車而徒’，崔注‘徒，塵賤之事也。古者供役使者謂之徒，其人本庶人，故亦訓衆，其事爲人下，故亦曰塵賤之事，非有罪之人也’。三代以上，罪無徒名，若戰國時之刑徒、（《史記·孫子傳》‘孫臏以刑徒陰見，説齊使’。）黥徒，（《范睢傳》‘令兩黥徒夾而馬食之’。）猶曰受刖之人、受黥之人耳，即《漢書·叙傳》之‘布實黥徒’、《衛青傳》之‘有一鉗徒相青’，語意亦如是，非指徒罪言也。秦漢始有徒稱，然其刑之名爲鬼薪、城旦之屬，不名爲徒，第以此等人供役使之事，故當時稱之爲徒耳。《唐律疏議》始云‘徒者，奴也’，蓋奴辱之，其説不知何本，實與古義不合。《論衡·四諱》篇云‘被刑謂之徒’，王充雖漢人，亦徇於後起之義，非古也。

“《史記·始皇紀》：隱宫徒刑者七十餘萬人，乃分作阿房宫，或作麗山。

"按：'徒刑'二字，始見於此，然此文頗有可疑，隱宫之解説者分歧。《黥布傳》'及壯，坐法黥。布已論輸麗山，(《正義》言：'布論決受黥竟，麗山作陵也。時會稽郡輸身徒。')麗山之徒數十萬人，布皆與其徒長豪桀交通'。所謂麗山之徒，猶《游俠傳》言'布衣之徒'，《過秦論》言'遷徙之徒'，謂徒衆也。布受黥刑，非徒刑而亦輸麗山。《高帝紀》'送徒酈山，徒多道亡'，乃解縱所送徒，此'徒'字明是徒衆，可以見麗山之徒不皆曾論徒刑者。秦雖暴虐，亦何至犯徒刑者七十餘萬之多？此《紀》先言'始皇大怒，使刑徒三千人皆伐湘山樹，赭其山'，其文作'刑徒'，此'徒刑'恐有訛。

"《始皇紀》：輕者爲鬼薪。李斯曰：'臣請史官非秦紀皆燒之。非博士官所職，天下敢有藏《詩》、《書》、百家語者，悉詣守、尉雜燒之。令下三十日不燒，黥爲城旦。'

"按：鬼薪、城旦，並徒役之事，此秦之徒刑也，而其名則曰鬼薪、城旦，可以見秦時並不名徒，前條'徒刑'語未可信也。

"漢有罰作及耐罪。(詳總考)

"按：漢罰作爲一歲刑，正司寇爲二歲刑，鬼薪、白粲爲三歲刑，城旦舂爲四歲刑，其所爲並徒役之事。文十三年所定律文爲城旦舂等名，可知漢律不名徒也。其稱爲徒者，亦如《周官》胥徒之徒，因供徒役，遂以徒名。凡膺此罪之人，亦皆爲供徒役者，故其人亦稱爲徒，非謂所論之罪名爲徒。沿習既久，并罪名亦改爲徒，蓋自北周始。

"《漢書·文紀》二年，民讁作縣官及貸種食未入、入未備者，皆赦之。《景紀》：中四年，赦徒作陽陵者。《武紀》：元封二年春，幸緱氏，遂至東萊。夏四月，還祠泰山。至瓠子，臨決河，赦所過徒。《宣紀》：元康元年，詔其赦天下徒。五鳳元年，赦徒作杜陵者。《元紀》：初元四年，行幸河東，祠后土。赦汾陰徒。永光元年春正月，行幸甘泉，郊泰畤。赦雲陽徒。《成紀》：建始二年春正月，上始郊〔祀〕長安南郊。赦奉郊縣長安、長陵及中都官耐罪徒。河平四年春正月，赦天下徒。鴻嘉元年春二月，行幸初陵，赦作徒。注師古曰：'徒人之在陵作役者。'《哀紀》：建平二年夏四月，赦天下徒。《平紀》：元始元年秋九月，赦天下徒。二年九月，赦天下徒。

"按：漢代赦徒之典，文帝時曰'謫作'，其後曰'徒作'、曰'作徒'、曰'耐罪徒'，皆謂有罪作役之人，非其刑名曰徒刑也。夷考其義，因其充徒役，故謂之徒。周之徒，庶人在官充役者也，漢之徒，有罪在官充役者也，其人異，其義同。故屬於鐵官者曰鐵官徒，(《成紀》：'陽朔三年夏六月，潁川鐵官徒申屠聖等百八十人殺長吏，盜庫兵，自稱將軍。永始三年，山陽鐵官徒蘇令等二百二十八人攻殺長吏，盜庫兵，自稱將軍。'）屬於三輔太常者曰三輔太常徒，(《昭紀》《趙充國傳》。) 屬於中都官者曰中都官徒，(《後書・和紀》。) 亦曰三輔中都官徒（《宣紀》），女曰女徒，見下。篤癃老小女徒曰篤癃老小女徒（同上），見充者曰見徒。（見下）《論衡》'被刑謂之徒'，張斐《律序注》'罪已定爲徒'，自是，徒之名專屬於有罪充役之人，而有罪未定囚禁之人亦謂之囚徒矣。

"女徒見《宣紀》《平紀》。(詳總考）漢《令甲》：女子犯罪，作如徒六月，顧山遣歸。說以爲當於山伐木，聽使入錢顧功直，故謂之顧山。(《平紀》注引）《後漢書・光武紀》：女徒雇山歸家。注：'《漢書音義》曰：《令甲》，女子犯徒遣歸家，每月出錢雇人於山伐木，名〔曰〕雇山。'

"按：《後書》注引《令甲》與《前書》所引不同，當以《前書》爲是。'女子犯罪'爲句，'作如徒'爲句。作如徒者，言其罪應作役如男子之徒役也，說以爲云云，乃律說也。《後書》之注，傳寫有譌奪。

"復作徒，見《宣紀》女徒復作注。(詳總考）

"《漢書・昭紀》：元鳳元年，武都氐人反，遣執金吾馬適建、龍頟侯韓增、大鴻臚廣明將三輔、太常徒，皆免刑擊之。(蘇林曰：'是時太常主諸陵縣治民也。'）《宣紀》：神爵元年，西羌反，發三輔、中都官徒弛刑。（李奇曰：‘弛，廢也。謂若今徒解鉗釱赭衣，置任輸作也。’師古曰：‘中都官，京師諸官府也。《漢儀注》長安中諸官獄三十六所。弛刑，李説是也。若今徒囚但不枷鎖而責保散役之耳。’）《趙充國傳》：時上已發三輔、太常徒弛刑。（師古曰：‘弛〔刑〕謂不加鉗釱者也。弛之言解也。’）《後漢書·光武紀》：建武十二年，遣驃騎大將軍杜茂將衆郡施刑屯北邊，築亭候，修烽燧。注：‘施，讀曰弛。弛，解也。’二十二年秋九月戊辰，地震裂。遣謁者案行，其死罪繫囚在戊辰以前，減死罪一等；徒皆弛解鉗，衣絲絮。注：‘弛，解脱也。《倉頡篇》曰：“鉗，釱也。”音奇炎反。《前書音義》曰：“釱，足鉗也。”音徒計反，又大蓋反。舊法，在徒役者不得衣絲絮，今赦許之。’二十六年，於是雲中、五原、朔方、北地、定襄、雁門、上谷、代八郡民歸於本土。遣謁者分將施刑補理城郭。（‘施’與‘弛’同）《前書·宣紀》‘女徒復作’，注孟康曰：‘復，音服，謂弛刑徒也，有赦令詔書去其鉗釱赭衣。更犯事，不從徒加，與民爲例，故當復爲官作，滿其本罪年月日，律名爲復作也。’

“按：據孟康之説，是弛刑徒即復作徒，觀《趙充國傳》，是充徒役者解其刑謂之弛刑，即《昭紀》之免刑。《光武紀》但曰施刑，惟《孝和紀》‘永元三年冬十月癸未，行幸長安’，‘十二月庚辰，至自長安，減弛刑徒從駕者刑五月’，以‘弛刑徒’連文。充國之弛刑發以屯邊，《光武紀》之‘施刑發以充役’，並與復作之義不合，孟康之説有未盡也。

“《光武紀》：建武五年五月，詔見徒免爲庶人。（七年正月詔同）

“按：見，胡甸反，俗作現。見徒，見充徒役者。《御覽》（六百四十二）：孔融《肉刑論》曰：今之洛陽道橋，作徒困於斲役，十死一生，故國家嘗遣三府請詔月一案行，又置南甄官使者主養病徒，僅能存之。語所謂洛陽豪徒韓伯密，加笞十中一，髡頭至耳髮諳膝。此自爲刑，非國法之意。

"按：作徒至於十死一生，情殊可憫，當時設官以案行之，病者養之，所以待之者亦云至矣，此漢法之善者也。此文《孔集》未收。（百三家本）漢之徒大約多在本土，有事則徵發之。鍾離意辭大司徒府而送徒河内（見《後書·意傳》），此由都下發往外郡之證也。在本土故逃亡者少，晋以後，情形蓋不同矣。

"魏髡刑四，完刑、作刑各三。（詳總考）

"《御覽》（六百四十二）：《晋律》曰：髡鉗五歲刑，笞二百。（若諸主亡詐僞將吏、越武庫垣、兵守逃歸家、兄弟保人之屬，並五歲刑也。）四歲刑。（若復上闌沃殿問上變事、通露泄選舉事、謀發密事、毆兄姊之屬，並四歲刑。）三歲刑。（若傷人上而謗、僞造官印、不憂軍事、戲殺人之屬，並三歲刑也。）二歲刑。（二歲刑減一等入罰金，三歲至五歲刑皆耐罪，皆越戍作穽。走馬衆中有挾天文圖讖之屬，並爲二歲刑。）張斐《律序》曰：徒加不過六，囚加不過五，（罪已定爲徒，未定爲囚。）累作不過十二歲，（五歲徒犯一等加六歲，犯六等加爲十二歲作。）累笞不過千二百。（五歲徒加六等，笞之一千二百。）

"按：《晋律》久亡，此其僅存者。張斐，《晋志》作'張裴'，其《律序》見《晋志》而無注文。

"張裴《律序》：刑等不過一歲。（《晋志》）

"《晋志》劉頌復肉刑表：今爲徒者，類性元惡不軌之族也，去家懸遠，作役山谷，饑寒切身，志不聊生，雖有廉士介者，苟慮不首死，則皆爲盗賊，豈況本性奸凶無賴之徒乎！又令徒富者輸財，解日歸家，乃無役之人也。貧者起爲奸盗，又不制之虜也。不刑，則罪無所禁；不制，則群惡横肆。爲法若此，近不盡善也。是以徒亡日屬，賊盗日煩，亡之數者至有十數，得輒加刑，日益一歲，此爲終身之徒也。自顧反善無期，而灾困逼身，其志亡思盗，勢不得息，事使之然也。古者用刑以止刑，今反於此。諸重犯亡者，髮過三寸輒重髡之，此以刑生刑；加作一歲，此以徒生徒也。亡者積多，繫囚猥畜。議者曰囚不可不赦，復從而赦之，此爲刑不制罪，法不勝奸。下知法之不勝，相聚而謀爲不軌，月異而歲不同。故自頃年以來，奸惡陵暴，所在充斥。

“按：徒刑之敝，在晋已然，此疏所言，極爲痛切，而究不能變通者，未得其術也。苟有其術矣，而必謂舊法之不可改也，何哉？劉頌言‘終身之徒’，與張斐所言‘徒加不過六，累作不過十二歲’者不合，殆渡江之後，舊法已不盡遵行與。

“梁耐罪四。(詳總考）”

律有事狀相似而罪名相涉者，若加威勢下手取財爲强盗，不自知亡爲縛守，將中有惡言爲恐猲，不以罪名呵爲呵人，以罪名呵爲受賕，劫召其財爲持質。[1]此六者，[2]以威勢得財而名殊者也。即不求自與爲受求，所監求而後取爲盗贓，[3]輸入呵受爲留難，斂人財物積藏於官爲擅賦，加毆擊之爲戮辱。諸如此類，皆爲以威勢得財而罪相似者也。

[1]劫召其財爲持質：召，殿本作“名”。

[2]此六者：六，原本、宋本、殿本作“八”，據中華本校勘記改。

[3]所監求而後取爲盗贓：贓，原本、宋本、殿本作“賊”，據中華本校勘記改。

夫刑者，司理之官；理者，求情之機；情者，心神之使。心感則情動於中，而形於言，暢於四支，發於事業。是故奸人心愧而面赤，内怖而色奪。論罪者務本其心，審其情，精其事，近取諸身，遠取諸物，然後乃可以正刑。仰手似乞，俯手似奪，捧手似謝，擬手似訴，拱臂似自首，攘臂似格鬥，矜莊似威，怡悦似福，喜怒憂歡，貌在聲色。奸真猛弱，[1]候在視息。出口有言當爲告，下手有禁當爲賊，喜子殺怒子當爲戲，怒子殺喜子當爲賊。諸如此類，自非至精不能極其理也。

[1]奸真猛弱：中華本校勘記："《通典》一六四、《通考》一六四'真'作'貞'。"

律之名例，非正文而分明也。若八十，非殺傷人，他皆勿論，即誣告謀反者反坐。十歲，不得告言人；即奴婢捍主，主得謁殺之。賊燔人廬舍積聚，盜贓五匹以上，[1]棄市；即燔官府積聚盜，亦當與同。歐人教令者與同罪，即令人歐其父母，不可與行者同得重也。若得遺物强取强乞之類，無還贓法隨例畀之文。法律中諸不敬，違儀失式，及犯罪爲公爲私，贓入身不入身，皆隨事輕重取法，以例求其名也。

[1]盜贓五匹以上：原本、宋本、殿本"盜"下有"賊"字，據中華本校勘記删。

夫理者，精玄之妙，不可以一方行也；律者，幽理之奥，不可以一體守也。或計過以配罪，或化略以循常，[1]或隨事以盡情，或趣舍以從時，或推重以立防，或引輕以就下。[2]公私廢避之宜，除削重輕之變，皆所以臨時觀釁，使用法執詮者幽於未制之中，[3]采其根牙之微，致之於機格之上，[4]稱輕重於毫銖，考輩類於參伍，[5]然後乃可以理直刑正。

[1]或化略以循常：以，原本、宋本、殿本作“不”，據中華本校勘記改。

[2]引輕以就下：以，殿本作“而”。

[3]皆所以臨時觀釁，使用法執詮者幽於未制之中：使，原本、宋本作“者”上屬，殿本作“使”下屬，據殿本、中華本校勘記改。

[4]機格：規格，格式。

[5]考輩類於參伍：用三才五倫的標準考核人的類别。

夫奉聖典者若操刀執繩，刀妄加則傷物，繩妄彈則侵直。梟首者惡之長，斬刑者罪之大，棄市者死之下，髡作者刑之威，贖罰者誤之誡。王者立此五刑，所以寶君子而逼小人，故爲敕慎之經，皆擬《周易》有變通之體焉。欲令提綱而大道清，舉略而王法齊，其旨遠，其辭文，其言曲而中，其事肆而隱。通天下之志唯忠也，斷天下之疑唯文也，切天下之情唯遠也，彌天下之務唯大也，變無常體唯理也，非天下之賢聖，孰能與於斯！

夫形而上者謂之道，形而下者謂之器，化而財之謂之格。[1]刑殺者是冬震曜之象，[2]髡罪者似秋彫落之變，贖失者是春陽悔吝之疵也。[3]五刑成章，輒相依準，法律之義焉。

是時侍中盧珽、中書侍郎張華又表：[4]“抄《新律》諸死罪條目，懸之亭傳，[5]以示兆庶。”有詔從之。

[1]化而財之謂之格：財，殿本作“裁”。中華本校勘記：“《通典》一六四及《通考》一六四作‘推而行之謂之通，舉而措之謂之格’二句。”

[2]震曜：威猛之貌。

[3]悔吝：悔恨。

[4]侍中：官名，東漢建安中與給事黄門侍郎出入禁中，省尚書事。曹魏時爲門下之侍中省長官，常侍衛皇帝左右，掌顧問應對、諫諍糾察、平議奏事、駁奏異議等，權力甚重。三品。　盧珽：西晋范陽涿郡（今河北省涿州市）人，字子笏，咸熙中爲泰山太守、尚書、侍中。　中書侍郎：官名，三國魏文帝黄初初年設中書省，在長官中書監、中書令以下有通事郎，後增設中書郎，亦稱中書侍郎。掌草擬詔書，外出執行重要使命等。五品。　張華：字茂先，本書卷三六有傳。

[5]亭傳：供旅客和傳遞公文的人途中歇宿的处所。

及劉頌爲廷尉，[1]頻表宜復肉刑，不見省，又上言曰：

臣昔上行肉刑，從來積年，遂寢不論。臣竊以爲議者拘孝文之小仁，而輕違聖王之典刑，未詳之甚，莫過於此。

[1]劉頌：字子雅，本書卷四六有傳。

今死刑重，故非命者衆；生刑輕，故罪不禁

姦。所以然者，肉刑不用之所致也。今爲徒者，類性元惡不軌之族也，去家懸遠，作役山谷，飢寒切身，志不聊生，雖有廉士介者，[1]苟慮不首死，則皆爲盜賊，豈況本性姦凶無賴之徒乎！又令徒富者輸財，解曰歸家，乃無役之人也。貧者起爲姦盜，又不制之虜也。不刑，則罪無所禁；不制，則群惡橫肆。爲法若此，近不盡善也。是以徒亡日屬，賊盜日煩，亡之數者至有十數，得輒加刑，日益一歲，此爲終身之徒也。自顧反善無期，而灾困逼身，其志亡思盜，勢不得息，事使之然也。

[1]雖有廉士介者：雖，原本、宋本作“又”，殿本作“雖”，據殿本、中華本校勘記改。

古者用刑以止刑，今反於此。諸重犯亡者，髮過三寸輒重髡之，此以刑生刑；加作一歲，此以徒生徒也。亡者積多，繫囚猥畜。[1]議者曰囚不可不赦，復從而赦之，此爲刑不制罪，[2]法不勝姦。下知法之不勝，相聚而謀爲不軌，月異而歲不同。故自頃年以來，姦惡陵暴，所在充斥。議者不深思此故，而曰肉刑於名忤聽，[3]忤聽孰與賊盜不禁？

[1]繫囚猥畜：囚禁的犯人積壓很多。

[2]此爲：爲，殿本作“謂”。

[3]忤聽：違逆治獄的道理。　賊盜：殿本乙作“盜賊”。

聖王之制肉刑，遠有深理，其事可得而言，非徒懲其畏剥割之痛而不爲也，乃去其爲惡之具，使夫奸人無用復肆其志，止奸絶本，理之盡也。亡者刖足，無所用復亡。盗者截手，無所用復盗。淫者割其勢，[1]理亦如之。除惡塞源，莫善於此，非徒然也。此等已刑之後，便各歸家，父母妻子，共相養恤，不流離於塗路。有今之困，創愈可役，上準古制，隨宜業作，雖已刑殘，不爲虚棄，[2]而所患都塞，又生育繁阜之道自若也。

［1］勢：男性生殖器。

［2］不爲虚棄：中華本校勘記："《斠注》：《類聚》五四引劉頌上書作'虐棄'。"

今宜取死刑之限輕，及三犯逃亡淫盗，悉以肉刑代之。其三歲刑以下，已自杖罰遣，又宜制其罰數，使有常限，不得减此。其有宜重者，又任之官長。應四五歲刑者，皆髡笞，笞至一百，稍行，使各有差，悉不復居作。然後刑不復生刑，徒不復生徒，而殘體爲戮，終身作誡。人見其痛，畏而不犯，必數倍於今。且爲惡者隨發被刑，去其爲惡之具，此爲諸已刑者皆良士也，豈與全其爲奸之手足，而蹴居必死之窮地同哉！而猶曰肉刑不可用，臣竊以爲不識務之甚也。

臣昔常侍左右，數聞明詔，謂肉刑宜用，事便於政。願陛下信獨見之斷，使夫能者得奉聖慮，行之於今。比填溝壑，冀見太平。《周禮》三赦三宥，施於老幼悼耄，黔黎不屬逮者，此非爲惡之所出，故刑法逆舍而宥之。至於自非此族，犯罪則必刑而無赦，此政之理也。暨至後世，以時嶮多難，因赦解結，權以行之，又不以寬罪人也。至今恒以罪積獄繁，赦以散之，是以赦愈數而獄愈塞，如此不已，將至不勝。原其所由，肉刑不用之故也。今行肉刑，非徒不積，[1]且爲惡無具則奸息。去此二端，獄不得繁，故無取於數赦，於政體勝矣。

疏上，又不見省。

[1]非徒不積：非，原本、宋本作“之”，殿本作“非”，據殿本、中華本校勘記改。

至惠帝之世，政出群下，每有疑獄，各立私情，刑法不定，獄訟繁滋。尚書裴頠表陳之曰：[1]

夫天下之事多塗，非一司之所管；中才之情易擾，賴恒制而後定。先王知其所以然也，是以辨方分職，爲之準局。準局既立，各掌其務，刑賞相稱，輕重無二，故下聽有常，群吏安業也。舊宮掖陵廟有水火毁傷之變，然後尚書乃躬自奔赴，其非此也，皆止於郎令史而已。刑罰所加，各有常刑。

[1]裴頠：字逸民，本書卷三五有傳。

去元康四年，[1]大風之後，廟闕屋瓦有數枚傾落，免太常荀寓。[2]於時以嚴詔所譴，莫敢據正。然内外之意，僉謂事輕責重，有違於常。會五年二月有大風，主者懲懼前事。臣新拜尚書始三日，本曹尚書有疾，權令兼出，案行蘭臺。[3]主者乃瞻望阿棟之間，求索瓦之不正者，得棟上瓦小邪十五處。或是始瓦時邪，蓋不足言，風起倉卒，臺官更往，太常案行，不及得周，文書未至之頃，便競相禁止。臣以權兼暫出，出還便罷，不復得窮其事。而本曹據執，却問無已。臣時具加解遣，而主者畏咎，不從臣言，禁止太常，復興刑獄。

[1]去元康四年：去，殿本作“云”。

[2]太常：官名，漢代稱奉常，本掌禮樂宗廟、社稷祭祀，魏晋時此職掌歸尚書裁定，太常成爲閑職。三品。

[3]蘭臺：宫廷藏書的地方。

昔漢氏有盜廟玉環者，文帝欲族誅，釋之但處以死刑，[1]曰：“若侵長陵一抔土，何以復加？”文帝從之。大晋垂制，深惟經遠，山陵不封，園邑不飾，墓而不墳，同乎山壤，是以丘阪存其陳草，[2]使齊乎中原矣。雖陵兆尊嚴，唯毁發然後族之，此古典也。若登踐犯損，失盡敬之道，事止刑罪可也。

[1]釋之：張釋之，西漢南陽堵陽（今河南省方城縣東）人，字季。文帝時以貲爲騎郎。後補謁者，任謁者僕射，遷公車令。因

以事劾奏太子，受文帝重視，拜爲太中大夫，又任廷尉。以用法持平著稱。

[2]丘阪：阪，殿本作“坂”。

去八年，奴聽教加誣周龍燒草，廷尉遂奏族龍，一門八口并命。會龍獄翻，然後得免。考之情理，準之前訓，所處實重。今年八月，陵上荆一枝圍七寸二分者被斫，司徒太常，奔走道路，雖知事小，而案劾難測，搔擾驅馳，各競免負，於今太常禁止未解。近日太祝署失火，[1]燒屋三間半。署在廟北，隔道在重墻之内，又即已滅，頻爲詔旨所問。主者以詔旨使問頻繁，便責尚書不即案行，輒禁止，尚書免，皆在法外。

[1]太祝：官名，太常屬官，掌祭祀祝禱。七品。

刑書之文有限，而舛違之故無方，故有臨時議處之制，誠不能皆得循常也。至於此輩，皆爲過當，每相逼迫，不復以理，上替聖朝畫一之德，下損崇禮大臣之望。臣愚以爲犯陵上草木，不應乃用同産異刑之制。[1]案行奏劾，應有定準，相承務重，體例遂虧。或因餘事，得容淺深。

頠雖有此表，曲議猶不止。

[1]同産異刑：異，原本、宋本作“畢”，殿本作“異”，據殿本、中華本校勘記改。

時劉頌爲三公尚書，[1]又上疏曰：

自近世以來，法漸多門，令甚不一。臣今備掌刑斷，職思其憂，謹具啓聞。

[1]三公尚書：官名，尚書省三公曹長官，掌斷獄。三品。

臣竊伏惟陛下爲政，每盡善，[1]故事求曲當，則例不得直；盡善，故法不得全。何則？夫法者，[2]固以盡理爲法，而上求盡善，則諸下牽文就意，以赴主之所許，是以法不得全。刑書徵文，徵文必有乖於情聽之斷，而上安於曲當，[3]故執平者因文可引，則生二端。是法多門，令不一，則吏不知所守，下不知所避。奸僞者因法之多門，以售其情，所欲淺深，苟斷不一，則居上者難以檢下，於是事同議異，獄犴不平，[4]有傷於法。

[1]每盡善：殿本作“每思盡善”。

[2]夫法者：夫，原本、宋本作“失”，殿本作“夫”，據殿本、中華本校勘記改。

[3]曲當：完全恰當。

[4]獄犴不平：執行定罪的法令不公平。

古人有言：“人主詳，其政荒；人主期，其事理。”詳匪他，盡善則法傷，故其政荒也。期者輕重之當，雖不厭情，苟入於文，則循而行之，[1]故其事理也。夫善用法者，忍違情不厭聽之斷，輕重雖不允人心，經於凡覽，若不可行，法乃得直。又君臣之分，各有所司。法欲必奉，故令主者守文；[2]理有窮塞，故使大臣釋滯；事有時宜，故人主權斷。主者守文，若釋之執犯蹕之平也；[3]大臣釋滯，若公孫弘斷郭解之獄也；[4]人主權斷，若漢祖戮丁公之爲也。[5]天下萬事，自非斯格重爲，[6]故不近似此類，不得出以意妄議，其餘皆以律令從事。然後法信於下，人聽不惑，吏不容奸，可以言政。人主軌斯格以責群下，大臣小吏各守其局，則法一矣。

[1]則循而行之：循，原本作“佷”，即“很”之異體字，宋本作“很”，殿本作“依”，據中華本改。

[2]故令主者守文：守，原本、宋本作“平”，殿本作“守”，據下文“主者守文”及殿本改。

[3]釋之執犯蹕之平：張釋之任廷尉時，有一個人無意驚了文帝的車駕，張釋之審明緣由，判以罰金。文帝認爲判得太輕了，張釋之説：“法者天子所與天下公共也。今法如此而更重之，是法不信於民也。且方其時，上使立誅之則已。今既下廷尉，廷尉，天下之平也，一傾而天下用法皆爲輕重，民安所措其手足？”事見《史記》卷一〇二《張釋之傳》。

[4]公孫弘斷郭解之獄：西漢郭解以俠義聞名，慕之者多。有儒生批評郭解“專以奸犯公法”，結果被羨慕郭解的人所殺。郭解並不知此事。御史大夫公孫弘説：“解布衣爲任俠行權，以睚眦殺人，解雖弗知，此罪甚於解殺之。當大逆無道。”遂族郭解翁伯。事見《史記》卷一二四《游俠列傳》。

[5]漢祖戮丁公：丁公爲季布之弟，在項羽手下爲將。曾經在

彭城把劉邦打得狼狽不堪。及項羽失敗，西漢建立，丁公謁見劉邦。劉邦以丁公徇軍中，曰："丁公爲項王臣不忠，使項王失天下者，乃丁公也。"遂斬丁公，曰："使後世爲人臣者無效丁公！"事見《史記》卷一〇〇《季布傳》。

[6]自非斯格重爲：如果不是像這樣再做一遍。

古人有言："善爲政者，看人設教。"看人設教，制法之謂也。又曰"隨時之宜"，當務之謂也。然則看人隨時，在大量也，而制其法。法軌既定則行之，行之信如四時，執之堅如金石，群吏豈得在成制之内，復稱隨時之宜，傍引看人設教，以亂政典哉！何則？始制之初，固已看人而隨時矣。今若設法未盡當，則宜改之。若謂已善，不得盡以爲制，而使奉用之司公得出入以差輕重也。夫人君所與天下共者，法也。已令四海，不可以不信以爲教，方求天下之不慢，不可繩以不信之法。且先識有言，人至愚而不可欺也。不謂平時背法意斷，不勝百姓願也。

上古議事以制，不爲刑辟。夏殷及周，書法象魏。[1]三代之君齊聖，然咸棄曲當之妙鑒，而任徵文之直準，非聖有殊，所遇異也。今論時敦樸，[2]不及中古，而執平者欲適情之所安，自託於議事以制。[3]臣竊以爲聽言則美，論理則違。然天下至大，事務衆雜，時有不得悉循文如令。故臣謂宜立格爲限，使主者守文，死生以之，不敢錯思於成制之外，以差輕重，則法恒全。事無正據，名例不及，大臣論當，以釋不滯，則事無閡。至如非常之斷，出法賞罰，若漢祖戮楚臣之私己，[4]封趙氏之無功，[5]唯人主專之，非奉職之臣所得擬議。然後情求傍請之迹絶，似是而非之奏塞，此蓋齊法之大準也。主者小吏，處事無常。何則？無情則法徒克，[6]有情則撓法。積克似無私，然乃所以得其私，又恒所岨以衛其身。斷當恒克，世謂盡公，時一曲法，乃所不疑。故人君不善倚深似公之斷，而責守文如令之奏，然後得爲有檢，[7]此又平法之一端也。

[1]書法象魏：周代把治法懸於殿外高臺之上，使民觀而生畏。《周禮·天官·太宰》："正月之吉，始和，布治於邦國都鄙，乃縣治象之法於象魏，使萬民觀治象，挾日而斂之。"

[2]今論時敦樸：樸，原本、宋本、殿本作"弊"，據中華本校勘記改。

[3]自託於議事以制：託，宋本作"記"。

[4]漢祖戮楚臣之私己：即前所説劉邦殺丁公之事。

[5]封趙氏之無功：漢高祖十年（前197）九月，代相國陳豨反。劉邦爲孤立陳豨，在邯鄲封四個無功之人各千户，任之爲將。左右諫曰："從入蜀、漢，伐楚，賞未遍行，今封此，何功？"劉邦説："非汝所知。陳豨反，趙、代地皆豨有。吾以羽檄徵天下兵，未有至者，今計唯獨邯鄲中兵耳。吾何愛四千户，不以慰趙子弟！"語見《漢書》卷一下《高帝紀下》。

[6]克：殺，傷害。

[7]得：宋本作"足"。

夫出法權制，指施一事，厭情合聽，可適耳

目，誠有臨時當意之快，勝於徵文不允人心也。然起爲經制，終年施用，恒得一而失十。故小有所得者，必大有所失；近有所漏者，必遠有所苞。故諳事識體者，善權輕重，不以小害大，不以近妨遠。忍曲當之近適，以全簡直之大準。不牽於凡聽之所安，必守徵文以正例。每臨其事，恒御此心以決斷，此又法之大概也。

又律法斷罪，皆當以法律令正文，若無正文，依附名例斷之，其正文名例所不及，皆勿論。法吏以上，所執不同，得爲異議。如律之文，守法之官，唯常奉用律令。至於法律之内，所見不同，乃得爲異議也。今限法曹郎令史，意有不同爲駁，唯得論釋法律，以正所斷，不得援求諸外，論隨時之宜，以明法官守局之分。

詔下其事，侍中、太宰、汝南王亮奏以爲：[1]“夫禮以訓世，而法以整俗，理化之本，事實由之。若斷不斷，常輕重隨意，[2]則王憲不一，人無所錯矣。故觀人設教，在上之舉；守文直法，臣吏之節也。臣以去太康八年，隨事異議。周懸象魏之書，漢咏畫一之法，誠以法與時共，義不可二。今法素定，而法爲議，則有所開長，以爲宜如頌所啓，爲永久之制。”於是門下屬三公曰：[3]“昔先王議事以制，自中古以來，執法斷事，既以立法，誠不宜復求法外小善也。若常以善奪法，則人逐善而不忌法，其害甚於無法也。按啓事，欲令法令斷一，事無二門，郎令史以下，應復出法駁按，隨事以聞也。”

[1]太宰：官名，即太師，因避司馬師名諱而改名太宰。八公之一，居上公之首，爲宰相之任。一品。　汝南王亮奏以爲：中華本校勘記："《通鑑考異》云：《刑法志》敘頌奏續頠表之下，而云'侍中太宰汝南王亮'。按：頠表引元康八年事，時亮死已久，蓋《志》誤也。"

[2]常輕重隨意：原本、宋本、殿本作"常隨輕重意"，據中華本改。

[3]屬：委託，囑咐。

及於江左，元帝爲丞相時，朝廷草創，議斷不循法律，人立異議，高下無狀。主簿熊遠奏曰：[1]"禮以崇善，法以閑非，[2]故禮有常典，法有常防，人知惡而無邪心。是以周建象魏之制，漢創畫一之法，故能闡弘大道，以至刑厝。律令之作，由來尚矣。經賢智，歷夷險，隨時斟酌，最爲周備。自軍興以來，法度陵替，至於處事不用律令，競作屬命，人立異議，曲適物情，虧傷大例。府立節度，復不奉用，臨事改制，朝作夕改，至於主者不敢任法，每輒關諮，委之大官，非爲政之體。若本曹處事不合法令，監司當以法彈違，不得動用開塞，以壞成事。案法蓋粗術，非妙道也，矯割物情，以成法耳。若每隨物情，輒改法制，此爲以情壞法。法之不一，是謂多門，開人事之路，廣私請之端，非先王立法之本意也。凡爲駁議者，若違律令節度，當合經傳及前比故事，不得任情以破成法。愚謂宜令録事更立條制，諸立議者皆當引律令經傳，不得直以情言，無所依準，以虧舊典也。若開塞隨宜，權道制物，此是人君之所得行，非臣子所宜專用。主者唯當徵文據法，以事爲斷耳。”

[1]熊遠：字孝文，本書卷七一有傳。

[2]法以閑非：用法來防禦錯誤和邪惡行爲。閑，防禦。

是時帝以權宜從事，尚未能從。而河東衛展爲晋王大理，[1]考擿故事有不合情者，又上書曰：“今施行詔書，有考子正父死刑，或鞭父母問子所在。近主者所稱《庚寅詔書》，舉家逃亡家長斬。若長是逃亡之主，斬之雖重猶可。設子孫犯事，將考祖父逃亡，逃亡是子孫，而父祖嬰其酷。傷順破教，如此者衆。相隱之道離，[2]則君臣之義廢；君臣之義廢，則犯上之奸生矣。秦網密文峻，漢興，掃除煩苛，風移俗易，幾於刑厝。大人革命，不得不蕩其穢匿，通其圮滯。[3]今詔書宜除者多，有便於當今，著爲正條，則法差簡易。”元帝令曰：“禮樂不興，則刑罰不中，是以明罰敕法，先王所慎。自元康已來，事故薦臻，[4]法禁滋漫。大理所上，宜朝堂會議，蠲除詔書不可用者，此孤所虚心者也。”

[1]河東：郡名，治所在安邑縣（今山西省夏縣西北禹王城）。大理：官名，兩晋封國内主刑獄之官。

[2]相隱之道：即子爲父隱，臣爲君隱。

[3]圮滯：擁塞。

[4]薦臻：接連不斷來到。

及帝即位，展爲廷尉，又上言：“古者肉刑，事經前聖，漢文除之，增加大辟。今人户彫荒，百不遺一，而刑法峻重，非句踐養胎之義也。[1]愚謂宜復古施行，以隆太平之化。”詔内外通議。於是驃騎將軍王導、[2]太常賀循、[3]侍中紀瞻、[4]中書郎庾亮、[5]大將軍諮議參軍梅陶、[6]散騎郎張嶷等議，[7]以：[8]“肉刑之典，由來尚矣。肇自古先，以及三代，聖哲明王所未曾改也。豈是漢文常主所能易者乎！時蕭、曹已没，[9]絳、灌之徒不能正其義。[10]逮班固深論其事，[11]以爲外有輕刑之名，内實殺人。又死刑太重，生刑太輕，生刑縱於上，死刑怨於下，輕重失當，故刑政不中也。且原先王之造刑也，非以過怒也，非以殘人也，所以救奸，所以當罪。今盗者竊人之財，淫者好人之色，亡者避叛之役，皆無殺害也，則加之以刑。刑之則止，而加之斬戮，戮過其罪，死不可生，縱虐於此，歲以巨計。此乃仁人君子所不忍聞，而况行之於政乎！若乃惑其名而不練其實，惡其生而趣其死，此畏水投舟，避坎蹈井，[12]愚夫之不若，何取於政哉！今大晋中興，遵復古典，率由舊章，起千載之滯義，拯百殘之遺黎，使皇典廢而復存，黔首死而更生，至義暢於三代之際，遺風播乎百世之後，生肉枯骨，[13]惠侔造化，豈不休哉！惑者乃曰，死猶不懲，而况於刑？然人者冥也，其至愚矣，雖加斬戮，忽爲灰土，死事日往，生欲日存，未以爲改。若刑諸市朝，朝夕鑒戒，刑者咏爲惡之永痛，惡者睹殘刖之長廢，故足懼也。然後知先王之輕刑以御物，顯誡以懲愚，其理遠矣。”

［1］句踐養胎：勾踐養育人民。句踐即勾踐，《吴越春秋》載，越王勾踐準備伐吴，楚國申包胥問他伐吴的準備，勾踐説：“越國之中，吾博愛以子之，忠惠以養之，吾今修寬刑，欲民所欲，去民所惡，稱其善，掩其惡，求以報吴。願以此戰。”

［2］驃騎將軍：官名，西漢時爲重號將軍，東漢以後，居諸名號將軍之首，僅作爲軍府名號加授大臣或重要州郡長官。二品，開府位從公者一品。　王導：字茂弘，本書卷六五有傳。

［3］賀循：字彦先，本書卷六八有傳。

［4］紀瞻：字思遠，本書卷六八有傳。

［5］中書郎：官名，隸屬中書令。掌草擬詔書、外出執行重要使命等。亦作爲中書通事郎、中書侍郎的省稱。五品。　庾亮：字元規，本書卷七三有傳。

［6］大將軍諮議參軍：官名，大將軍府的屬官。掌咨詢謀議軍事，位在諸參軍之上。

［7］散騎郎：官名，即散騎侍郎。五品。　張嶷：東晋高平（今山東省巨野縣南）人，以狡妄被稱爲猾伯。

［8］以：認爲。

［9］曹：曹參，秦末泗水沛（今江蘇省沛縣）人，早年爲獄掾。秦末隨劉邦起兵，屢建戰功。先後任假左丞相、左丞相。西漢建立後任齊相國。蕭何死後繼之爲漢相。

［10］絳：即周勃，秦末泗水沛縣豐邑（今江蘇省豐縣）人。隨劉邦起兵，爲劉邦功臣。西漢建立後封絳侯，歷任太尉、相國，封絳侯。　灌：即灌嬰，秦末睢陽（今河南省商丘市）人，秦末隨劉邦起兵，屢立戰功。西漢建立後封潁陰侯。助劉邦伐臧荼、韓王信、陳豨、英布等。劉邦死後以列侯事惠帝及吕后。吕后死，與周勃滅諸吕，立文帝。後拜太尉。

[11]班固：東漢扶風安陵（今陝西省咸陽市東北）人，字孟堅，班彪子。任蘭臺令史，奉命撰寫東漢以來的史事，寫成《漢書》。和帝時隨竇憲出擊匈奴。後因竇憲失勢，受牽連而被捕入獄，死於獄中。

[12]避坎蹈井：坎與井均爲《易》經卦名，均與水有關。比喻避一害却陷入另一害。

[13]生肉枯骨：使枯骨上長出新肉。

尚書令刁協、尚書薛兼等議，[1]以爲："聖上悼殘荒之遺黎，傷犯死之繁衆，欲行刖以代死刑，[2]使犯死之徒得存性命，則率土蒙更生之澤，兆庶必懷恩以反化也。今中興祚隆，大命惟新，誠宜設寬法以育人。然懼群小愚蔽，習玩所見而忽異聞，或未能咸服。愚謂行刑之時，先明申法令，樂刑者刖，甘死者殺，則心必服矣。古典刑不上大夫，今士人有犯者，謂宜如舊，不在刑例，則進退爲允。"

[1]刁協：字玄亮，本書卷六九有傳。　薛兼：字令長，本書卷六八有傳。

[2]刖：宋本作"則"。本卷下文"樂刑者刖"同。

尚書周顗、郎曹彦、中書郎桓彝等議，[1]以爲："復肉刑以代死，誠是聖王之至德，哀矜之弘私。然竊以爲刑罰輕重，隨時而作。時人少罪而易威，則從輕而寬之；時人多罪而難威，則宜化刑而濟之。[2]肉刑平世所應立，非救弊之宜也。方今聖化草創，人有餘奸，習惡之徒，爲非未已，截頭絞頸，尚不能禁，而乃更斷足劓鼻，輕其刑罰，使欲爲惡者輕犯寬刑，蹈罪更衆，是爲輕其刑以誘人於罪，殘其身以加楚酷也。昔之畏死刑以爲善人者，今皆犯輕刑而殘其身，畏重之常人，反爲犯輕而致囚，此則何異斷刖常人以爲恩仁邪！受刑者轉廣，而爲非者日多，踴貴屨賤，[3]有鼻者醜也。[4]徒有輕刑之名，而實開長惡之源。不如以殺止殺，重以全輕，權小停之。須聖化漸著，兆庶易威之日，徐施行也。"

[1]周顗：字伯仁，本書卷六九有傳。　桓彝：字茂倫，本書卷七四有傳。

[2]則宜化刑而濟之：中華本校勘記："《斠注》：當從《通典》一六八作'死刑'。"

[3]踴貴屨賤：踴，假脚。形容受刖刑的人多。

[4]有鼻者醜：形容受劓刑的人多。

議奏，元帝猶欲從展所上，大將軍王敦以爲：[1]"百姓習俗日久，忽復肉刑，必駭遠近。且逆寇未殄，不宜有慘酷之聲，以聞天下。"於是乃止。

[1]大將軍：官名，高級軍事統帥。曹魏時多以之屯駐長安，對付蜀漢，蜀漢以其爲最高軍事長官，孫吴則别置上大將軍居其上。西晋時爲八公之一，位居上公、大司馬下，三公之上。東晋時常專擅軍政事務。一品。　王敦：字處仲，本書卷九八有傳。

咸康之世，[1]庾冰好爲糾察，[2]近於繁細，後益矯違，復存寬縱，疏密自由，律令無用矣。

[1]咸康：宋本作“成康”。

[2]庾冰：字季堅，本書卷七三有傳。

至安帝元興末，桓玄輔政，[1]又議欲復肉刑斬左右趾之法，以輕死刑，命百官議。蔡廓上議曰：[2]“建邦立法，弘教穆化，必隨時置制，德刑兼施。長貞一以閑其邪，[3]教禁以檢其慢，灑湛露以流潤，厲嚴霜以肅威，雖復質文迭用，[4]而斯道莫革。[5]肉刑之設，肇自哲王。蓋由曩世風淳，人多惇謹，圖像既陳，則機心直戢，[6]刑人在塗，則不逞改操，故能勝殘去殺，化隆無爲。季末澆僞，設網彌密，利巧之懷日滋，耻畏之情轉寡。終身劇役，不足止其奸，况乎黥劓，豈能反於善。徒有酸慘之聲，而無濟俗之益。至於棄市之條，實非不赦之罪，事非手殺，考律同歸，輕重均科，[7]減降路塞，鍾、陳以之抗言，元皇所爲留愍。今英輔翼贊，道邈伊、周，[8]誠宜明慎用刑，愛人弘育，申哀矜以革濫，移大辟於支體，全性命之至重，恢繁息於將來。”而孔琳之議不同，[9]用王朗、夏侯玄之旨。時論多與琳之同，故遂不行。

[1]桓玄：字敬道，本書卷九九有傳。

[2]蔡廓：南朝宋濟陽考城（今河南省民權縣東北）人，字子度，蔡謨曾孫。東晋義熙中，補爲御史中丞。劉宋建立後，出爲豫章太守，後又任祠部尚書。

[3]長貞一以閑其邪：長期守正專一，使奸邪不能侵入。閑，防禦。

[4]質文迭用：宋本作“質夾送用”。

[5]斯：宋本作“其”。

[6]機心直戢：狡詐之心一直收斂。

[7]輕重均科：均，原本、宋本、殿本作“約”，據中華本校勘記改。

[8]伊：伊尹。輔佐商湯及其後代外丙、仲壬、太甲的賢臣。周：周公，輔佐周武王、成王的重臣。

[9]孔琳之：字彦琳，會稽山陰（今浙江省紹興市）人。東晋末歷任西閣祭酒、司徒左西掾、後將軍長史、太尉主簿、尚書左丞、尚書吏部郎等職。劉宋建立後，爲御史中丞，明憲直法，無所屈橈。又領本州大中正，遷祠部尚書。